AF453939

OEUVRES

DE

G. FILANGIERI.

V.

DE L'IMPRIMERIE DE P. DIDOT L'AINÉ,

CHEVALIER DE L'ORDRE ROYAL DE SAINT-MICHEL,

IMPRIMEUR DU ROI.

OEUVRES

DE

G. FILANGIERI

TRADUITES DE L'ITALIEN.

NOUVELLE ÉDITION

ACCOMPAGNÉE
D'UN COMMENTAIRE PAR M. BENJAMIN CONSTANT
ET DE L'ÉLOGE DE FILANGIERI PAR M. SALFI.

TOME CINQUIÈME.

A PARIS

CHEZ P. DUFART, LIBRAIRE.
QUAI VOLTAIRE, N° 19.

M. DCCCXXII.

LA SCIENCE
DE LA LÉGISLATION.

LIVRE QUATRIÈME.

Des lois relatives à l'éducation, aux mœurs, et à l'instruction publique.

TROISIÈME PARTIE.

Des lois relatives à l'instruction publique.

CHAPITRE XLIX.

De l'influence de l'instruction publique sur la vertu et le bonheur du peuple.

L'IGNORANCE est la source de l'imperfection des lois, et leur imperfection est la source des vices du peuple ; l'erreur corrompt l'opinion, la plus invincible de toutes les puissances humaines : l'ignorance cache le bien et le mal ; l'erreur obscurcit toutes les notions de l'un et de l'autre : la première rend le peuple insensible au bien qu'on veut lui faire ; la seconde le lui fait abhorrer : l'une et l'autre empêchent le bien et perpétuent le mal.

5.   I

Dans une société naissante le peuple peut être vertueux et ignorant. Il n'est pas difficile de faire pour lui des lois qui lui conviennent, et de les lui faire adopter. L'évidence les crée (1), la superstition les sanctifie. Mais lorsqu'on est parvenu à ce période de l'état civil où les rapports se multiplient à l'infini ; où une profonde et difficile étude de ces rapports peut seule créer les bonnes lois ; où la connoissance générale de ces rapports bien combinés peut seule les faire adopter ; dans un tel état de société la vertu ne peut exister sans l'instruction publique.

Un peuple vertueux ne peut donc conserver sa vertu sans acquérir des lumières. Un peuple corrompu ne peut devenir vertueux qu'en substituant l'instruction à l'ignorance, la vérité à l'erreur.

Le méchant, dit Hobbes, *est un enfant robuste ;* le méchant n'a que les forces du corps dont la nature a sagement privé l'enfance, afin de la préserver des maux qui naissent de ces forces, lorsqu'elles ne sont pas unies à celles de l'esprit, et dirigées par elles. Chez un peuple naissant la force physique de la société est proportionnée à sa force morale. Comme l'une est très foible, il n'est pas nécessaire que l'autre ait une grande énergie pour pouvoir la diriger. Mais si, dans le progrès du temps, les forces physiques de la maturité ne sont point réglées par

---

(1) L'uniformité qu'on trouve dans le système de législation de tous les peuples barbares nous montre clairement que c'est l'évidence qui crée leurs lois ; car, dans les mêmes circonstances, tous ont imaginé les mêmes lois.

les forces morales de cet âge, le peuple deviendra, comme le méchant dont parle Hobbes, un *enfant robuste*, qui, privé d'expérience, de prévoyance, de jugement, uniquement guidé par les desirs et les caprices de l'enfance, convertira en instrument d'infortune, de douleur, et de mort, ces mêmes forces, dont l'emploi déterminé par la raison eût été pour lui une source inépuisable de bonheur. Un peuple ignorant peut donc jouir d'une sorte de prospérité tant qu'il reste dans l'état d'enfance ; mais il ne peut la conserver dans son état de maturité, ou la recouvrer après l'avoir perdue, sans les connoissances et les lumières que répand l'instruction publique.

Telle est la véritable influence de l'instruction publique sur la vertu et le bonheur des peuples ; tel est le lien qui les unit et assure leur influence réciproque.

Si les apologistes de l'ignorance et ceux de l'instruction avoient considéré cet objet sous ce point de vue, il ne se seroient pas fourni les uns aux autres les moyens de se combattre. Ils n'auroient pas également abusé de l'histoire, pour soutenir leurs systmées contraires. L'histoire, guide fidéle du moraliste et du politique, devient une source d'erreurs pour celui qui l'emploie mal, ou ne sait pas en écouter les leçons. On a beaucoup déclamé contre la méthode scolastique de nos pères ; et celle qu'on a introduite me paroît plus mauvaise encore. On proscrit le raisonnement et on abuse de l'expérience. L'histoire nous montre l'ignorance, tantôt combinée avec la vertu, avec la prospérité, avec la liberté ; tantôt combinée avec les vices, l'infortune, et la servitude. Les partisans de l'ignorance ont rapporté les faits qui tiennent à cette première situation, et n'ont pas parlé des autres; leurs adversaires ont beaucoup insisté sur les seconds, et n'ont rien dit des premiers. Les uns et les autres ont eu des sectateurs; mais tous deux ont trahi la vérité et perpétué le doute. Sans rappeler ici les faits trop connus sur lesquels les deux partis établissent la défense de leur système, que l'on combine ensemble tous ces faits, et l'on verra qu'ils ne prouvent autre chose que la vérité que nous avons indiquée. On verra que l'ignorance, compatible avec la vertu et le bonheur dans un certain période d'état civil, ne l'est plus dans les autres; que ses effets dans l'enfance d'un peuple ne sont pas les mêmes que dans sa maturité; que dans ce période la vertu et la prospérité publique ne peuvent être ni conservées, ni recouvrées, sans l'instruction publique; qu'enfin l'action de celle-ci, bornée à sa seule influence, ne doit pas être considérée comme propre à créer d'elle-même ce qui dépend du concours de beaucoup d'autres causes; et que par conséquent, toutes les fois qu'elle se trouve isolée et séparée de ces causes, elle n'a pu produire l'effet qu'elle eût nécessairement produit combinée avec les autres. Que l'on parcoure toute l'histoire; je suis sûr qu'on ne trouvera pas un seul fait à opposer à cette vérité : on verra que tout concourt à la démontrer; et si l'on ne découvre aucun fait qui la démontre entièrement, on n'en pourra conclure autre chose, sinon qu'il n'a encore existé aucun peuple où se soient réunies en

une tendance uniforme toutes les causes qui seroient
mises en action par un bon système de lois.

Comme toutes les parties d'une bonne législation
se prêtent une force et un appui réciproques, examinons d'abord quels secours l'instruction publique
recevroit des autres parties de notre système ; nous
exposerons ensuite ceux qu'elle tireroit de cette partie de la législation qui lui est immédiatement relative.

CHAPITRE I.

Des secours que l'instruction publique recevroit des autres parties de ce système de législation.

Il faudroit ignorer entièrement l'histoire des progrès de l'esprit humain, pour ne pas connoître les innombrables rapports qui existent entre l'instruction publique et l'opulence publique, entre l'état du savoir et des lumières d'un peuple et celui de son industrie et de ses richesses. En commençant par l'histoire de l'Égypte et de la Chaldée, et finissant à nos temps modernes, nous verrons que là où commence l'histoire de la science, là commencent les monuments de cette incontestable vérité. Nous verrons les premiers germes des sciences physiques, morales, et politiques, se développer au milieu des riches monarchies de l'Égypte et de l'Assyrie; nous les verrons laisser dans Memphis et à Babylone les précieux monuments de leurs progrès. Nous découvrirons dans ces monuments les traces d'une perfection que la postérité leur a contestée, parcequ'elle n'a pas su en saisir la cause secréte, mais que nous sommes fondés à supposer chez les peuples où se formèrent des hommes tels qu'Orphée, Homère, Pythagore, Platon, Solon, Lycurgue; et où les vérités sublimes de la science, enveloppées pour le profane vulgaire dans le secret et les symboles, ne se dévoiloient qu'après les plus longues et les plus difficiles épreuves à l'heureux initié (1). Le cercle d'or qui ornoit le tombeau d'Osymandyas, et qui, en trois cent soixante-cinq coudées de circonférence, renfermoit toutes les révolutions que le ciel nous présente dans le cours du même nombre de jours; la magnificence des obélisques qui étoient les gnomons de l'Égypte méridionale (2); le superbe temple

(1) Le secret qui étoit un des principaux devoirs des initiés, et qui s'est perpétué dans tous les mystères de l'antiquité, a laissé la postérité dans l'ignorance des sublimes vérités qu'on enseignoit et qu'on transmettoit dans ces mystères. Il ne nous est parvenu qu'une connoissance bien superficielle de la sagesse antique. Ses principes les plus lumineux nous doivent être nécessairement inconnus, parcequ'il n'étoit pas permis de les divulguer. La lettre de Platon à Denys, dans laquelle ce philosophe lui rappelle tout ce qu'il lui avoit dit de vive voix sous le platane, sur le nombre *un* et sur le nombre *trois*, et dans laquelle il lui fait observer que la loi inviolable du secret ne lui permettoit pas de s'étendre sur cet objet; tout ce qu'il dit sur ses écrits, qui étoient fort inférieurs à sa philosophie; le serment que nous trouvons dans les ouvrages d'Hippocrate de ne point divulguer les principes de sa science, et de ne les communiquer qu'aux seuls initiés; la lettre écrite par Alexandre à sa femme après qu'il eut été admis aux mystères, avec ordre de la brûler aussitôt qu'elle l'auroit lue, nous montrent assez combien doit être imparfaite notre connoissance de la science des anciens.

(2) Diodore, liv. I. Il ne faut pas croire que les Égyptiens, en renfermant leur année dans le période de trois cent soixante-cinq jours, n'eussent pas connu cette différence de quelques heures que l'on trouve dans leur calendrier. Leur *grande* année, appelée année *héliaque*, prouve le contraire. Le premier mois de l'année égyptienne se nommoit *thoth*. Lorsque le lever héliaque de la canicule tomboit au premier jour de ce mois, on disoit que thoth étoit caniculaire, et on comprenoit sous le nom de cycle caniculaire le temps qui s'écouloit depuis un thoth caniculaire jusqu'au suivant. Cet intervalle devoit être nécessairement de quatorze cent soixante années juliennes, et de quatorze cent soixante-une années égyptiennes,

de Bélus, élevé par Sémiramis, et sur le faîte duquel étoit placé cet observatoire célèbre, où furent faites les tables que Callisthène envoya à Aristote, où étoient inscrites les observations célestes de tant de siècles (1), et où l'on a de si fortes raisons de croire que le système solaire eût été retrouvé trente siècles avant que Copernic et Galilée en eussent soupçonné la théorie (2); ce luxe, cette magnificence dans les instruments de la science, ne nous prouvent-ils pas assez que les connoissances de ces peuples furent précédées et accompagnées de leurs richesses?

L'histoire des Phéniciens ne nous atteste-t-elle pas la même vérité? Cette république de commerçants devint le dépôt des lumières de l'Orient, après être devenue l'entrepôt de ses productions. Les anciens livres de Sanchoniaton (3), et le témoignage des plus célèbres historiens de la haute antiquité, ne nous permettent pas d'en douter (4).

L'histoire de la Grèce et des colonies grecques établies dans l'Italie ne fait que confirmer cette

---

parceque chaque année julienne excédoit l'année égyptienne d'environ six heures. Or cette longue période formoit la grande année ou l'année *héliaque* des Égyptiens.

(1) Simplicius, lib. II, *Comment. de cœl.*

(2) Voyez Aristarque de Samos, qui a rendu cette conjecture plus que probable.

(3) Voyez le fragment de cet ancien écrivain rapporté par Eusèbe, *Præparat. evangelic.*, lib. I.

(4) Voyez Strabon, lib. XVI, dans l'endroit où il parle de la cosmogonie imaginée par le Phénicien Moschus, qui vivoit à peu près à l'époque de la guerre de Troie.

vérité. Les pays où Pythagore et Thalès, Xénophon et Leucippe, Parménide et Zénon, Protagoras et Pyrrhus (1), fondèrent leurs écoles, eurent des disciples, et jetèrent les premières semences de la sagesse de la Grèce et de l'Italie; ces pays furent, comme l'on sait, les sièges de l'industrie et du commerce. Crotone (2), Milet (3), Élée (4), Athènes (5), étoient déja commerçantes et riches, lorsqu'elles commencèrent à entendre les leçons des plus anciens de leurs savants.

Si nous passons ensuite à Rome, nous voyons qu'il falloit que la patrie des Camille et des Fabricius sortît de son ancienne pauvreté, pour produire les Hortensius et les Cicéron, les Virgile et les Horace, les Pline et les Varron.

Si nous retournons dans l'Orient à une époque plus voisine de nous, nous verrons que, malgré tous les obstacles d'un pouvoir arbitraire et d'un dogme absurde, les sciences ne laissèrent pas de faire de rapides progrès en Arabie sous le règne des califes, dans ce temps où la plus grande partie des richesses de l'Asie et une portion de celles de l'Europe et de l'Afrique alloient s'engloutir dans la demeure de ces êtres mystérieux, qui, réunissant les droits du trône et ceux de l'autel, l'autorité de l'épée et celle de l'enthousiasme, vendoient les sceptres et accordoient

---

(1) Pyrrhus d'Élée, fondateur de la célèbre secte éléatique.
(2) Justin., lib. III, cap. 2.
(3) Diog. Laert., *Vitæ philosoph.*, lib. I.
(4) Strab., lib. VI.
(5) Xenoph., *de Augend. redditib.*

les investitures, ôtoient la couronne aux uns pour la donner aux autres, et mettoient à contribution presque tout l'Orient (1). Nous savons combien étoient cultivées chez les Arabes de ce temps la chimie et la médecine. C'est à eux que nous devons ces remèdes, plus doux et plus salutaires que ceux qui nous ont été transmis par les écoles d'Hippocrate et de Galien.

L'algèbre, perfectionnée successivement par Pacciolo, Scipion Ferrei, Tartaglia, Cardan, François Viète, Harriot, Descartes, et Newton, ne nous a été transmise que par les Arabes de ce temps. Ils traduisirent le célèbre Almageste de Ptolomée (2); **et** l'auteur de cette traduction porta si loin ses observations, qu'il parvint à démontrer, ou que Ptolomée avoit fixé trop au septentrion la plus grande déclinaison du soleil, ou que l'obliquité de l'écliptique avoit éprouvé quelque changement. Ce fut enfin sous le calife Almamon qu'on mesura géométriquement, la première fois, un degré du méridien, pour déterminer la grandeur de la terre.

Si nous portons enfin nos regards sur la renaissance des lettres en Europe, et sur le sort qu'elles ont eu chez les différents peuples qui l'habitent, nous serons encore plus convaincus de la vérité que

---

(1) Brucker, *Histor. philosoph.*, tome III, p. 681.

(2) C'étoit, comme l'on sait, la collection d'un grand nombre d'observations et de problèmes des anciens, relativement à la géométrie et à l'astronomie. Cette collection étoit en grec, et avoit pour titre, *Très ample collection.* Les Arabes l'appelèrent *Almagherti;* nous lui avons donné le nom d'*Almageste.*

nous avons établie. Nous verrons, dès le commencement, les lettres naître et prospérer au milieu des
richesses que le commerce, l'industrie, et l'autocratie
pontificale, appeloient dans l'Italie de toutes les parties du monde ; nous les verrons parcourir toute
l'Europe avec le commerce et les arts ; nous les verrons abandonner les peuples pauvres ou appauvris ;
nous ne les verrons s'arrêter et fleurir que chez les
nations riches.

Si la richesse publique est favorable à l'instruction
publique, la liberté civile ne lui est pas moins nécessaire. Chez les peuples où cette liberté a été affoiblie ou détruite, les sciences et les arts ont pu
avoir, par des événements particuliers, quelques
moments d'éclat, quelques circonstances heureuses ;
mais leur sort a toujours été précaire, leur existence
éphémère, leur influence bornée. La culture des
esprits suppose l'élévation des ames, et celle-ci l'absence de tous les abus de la force, la vigueur des lois,
la confiance en leur protection, en un mot la liberté civile.

Les lois qui établissent, fortifient, et étendent la
liberté civile, offrent donc en même temps à l'instruction publique un des secours les plus nécessaires
et les plus importants. Telles sont celles dont j'ai
parlé dans le troisième livre de cet ouvrage, et dont
je parlerai dans le sixième et le septième (1).

---

(1) Les lois relatives à la puissance paternelle et au bon ordre
des familles auroient une influence encore plus grande par l'union
et la paix qu'elles introduiroient dans les familles, et qui sont les
biens les plus précieux pour l'homme qui se consacre aux sciences.

L'instruction publique est aussi ennemie de la superstition, que la superstition l'est de l'instruction publique. Par une conséquence aussi sûre qu'évidente, les lois favorables à l'instruction publique concourront à détruire la superstition, et les lois qui détruisent la superstition concourront à étendre et faciliter l'instruction publique. Ceux qui ont lu le plan de cet ouvrage sentiront combien la partie de ce système législatif relative à la religion doit concourir à ce but.

Par une réaction semblable des effets sur les causes, l'instruction publique concourant, avec une foule d'autres causes, à établir et étendre l'empire des deux passions sur lesquelles est établi dans notre système de législation l'édifice des mœurs publiques, recevroit à son tour de ces deux passions les secours les plus importants. L'amour de la gloire, multipliant les efforts des talents, hâteroit les progrès de l'instruction publique; et l'amour de la patrie, dirigeant, comme on l'a vu, celui de la gloire vers les grands objets de la félicité sociale, porteroit aussi l'instruction publique vers le même but.

Cette partie de notre système de législation qui a pour objet les mœurs seroit donc doublement utile à l'instruction publique, en la dirigeant et en facilitant ses progrès.

Enfin quels secours ne lui offriroit pas celle qui a pour objet l'éducation publique? Ils sont trop évidents, trop sensibles, pour avoir besoin d'être indiqués.

CHAPITRE LI.

Des secours que l'instruction publique recevroit de cette partie de la législation qui lui est immédiatement relative ; et, avant tout, du nouveau plan d'après lequel on devroit établir les universités des études.

Revenons au point où, dans la partie scientifique de notre plan d'éducation publique, nous avons laissé les élèves de cette portion du peuple qui doit être utile à la société par ses talents ; et nous verrons qu'après avoir achevé l'ouvrage de l'éducation, les diverses routes de la science auront déja été suffisamment ouvertes à nos élèves, et qu'ils auront parcouru dans chacune une partie considérable de cette difficile carrière. Nous verrons que, pour faciliter les dispositions des différents esprits pour les sciences, il ne resteroit autre chose à faire, relativement à l'instruction de la jeunesse, déja sortie de l'éducation publique, qu'à fonder les universités des études sur un plan différent de celui qui existe aujourd'hui dans toute l'Europe, et donner à cette ancienne institution une forme qui fût analogue aux usages nouveaux, et aux circonstances où se trouveroit la jeunesse dont je parle.

Afin de développer avec plus de briéveté mes idées sur ce sujet, je suppose que tout ce que j'ai dit dans le système d'éducation scientifique que j'ai proposé est présent à l'esprit du lecteur. D'après cela, je puis, sans risquer d'être contredit, assurer que le jeune homme, déja sorti de l'éducation publique, qui voudra suivre la carrière des sciences, et se livrer à son goût particulier pour quelqu'une d'elles, aura acquis assez d'instruction pour se perfectionner sans le secours de personne. Le législateur, pour accélérer ses progrès et faciliter sa marche, en lui épargnant quelques obstacles et le garantissant de quelques erreurs, lui donnera un guide, et non un maître.

La nouvelle méthode d'instruction pour les universités seroit donc bien différente de l'ancienne. Le professeur d'une science ne seroit pas obligé de l'enseigner; il ne monteroit pas en chaire pour apprendre, dans un discours étudié, des choses qu'il pourroit aussi utilement faire connoître par ses écrits, ou que le jeune homme déja instruit pourroit trouver dans les meilleurs ouvrages publiés sur cette science. Les fonctions du professeur seroient moins faciles, mais d'une plus grande utilité. Il ne s'occuperoit qu'à aider le développement des forces de son éléve; à éclaircir les difficultés qui l'embarrassent, et qui peuvent ou le dégoûter de la science, ou l'induire en erreur; à lui offrir ces grandes vues que l'homme supérieur et qui observe la science dans son ensemble donne souvent, sans s'en apercevoir lui-même, à celui qui l'interroge. Il le dirigeroit dans le choix des livres les plus utiles à l'étude de la science. Il lui épargneroit la perte d'un temps précieux que les jeunes gens emploient si souvent à la lecture des ouvrages frivoles, doublement nuisibles pour eux, et par l'illusion du savoir qu'ils inspirent, et par l'ignorance réelle où ils laissent. Il traceroit souvnet à ses disciples l'histoire de la découverte des plus grandes vérités dont cette science est formée; il leur révéleroit les secrets de l'invention, pour faciliter leurs progrès; il leur montreroit tout ce que cette invention doit au hasard, et ce qu'elle doit au génie; il leur indiqueroit la marche que la plupart de ces idées ont dû suivre, pour passer de l'état d'opinion à l'état de vérité; il n'oublieroit pas de les préserver également, et de cette manie ancienne qui faisoit donner aux opinions l'autorité qui n'est due qu'à la vérité, et de cette manie nouvelle qui fait rejeter sans distinction, sans examen, tout ce qui est opinion, ou lié à des opinions. Il leur montreroit la différence qu'il y a entre les opinions qui ne consistent qu'en une nouvelle combinaison de mots, ou qui, loin de répandre une lumière nouvelle sur les faits de la nature ou sur les idées des hommes, falsifient, altèrent, et obscurcissent les uns et les autres; et les opinions qui, quoique neuves et hardies, sont fondées sur l'observation, généralisent un grand nombre de faits importants qui semblent isolés, leur assignent une cause commune, et les expliquent d'une manière plus probable qu'ils n'ont été expliqués dans aucune autre hypothèse. En leur faisant sentir combien la première espéce d'opinion mérite le mépris d'un homme sage, il leur prouveroit que la seconde est un des moyens les plus actifs et les plus efficaces de découvrir des vérités nouvelles et d'accélérer les progrès de l'esprit humain. Il exciteroit et dirigeroit de cette manière l'esprit de conjecture, et détruiroit un préjugé qui décourage autant les esprits inventeurs, qu'il favorise la paresse naturelle de l'homme, paresse en quelque sorte indestructible lorsqu'elle s'allie à une espéce d'application légère, et pour ainsi dire mécanique, qui nourrit la curiosité, sans exciter l'activité de l'ame. En un mot, le ministère de ces secondes institutions seroit plus difficile, mais plus précieux, s'il consistoit en une conversation de cette espéce, et non en une lecture savamment apprêtée, où l'éléve ne feroit qu'entendre des choses qu'il pourroit trouver dans les livres avec plus de facilité et de profit. Tel est l'ordre des choses que le législateur devroit établir pour l'étude des sciences dans les nouvelles universités. Le lecteur sentira aisément combien une telle méthode faciliteroit les progrès de l'instruction publique et des sciences.

CHAPITRE LII.

Des académies.

La réunion de plusieurs hommes qui, sous la protection des lois et d'après des régles prescrites par elles, travaillent de concert à la découverte de la vérité et aux progrès de la science est, sans contredit, un des principaux moyens que le législateur puisse employer pour les progrès de l'instruction publique. On connoît les réglements qui, chez plusieurs peuples de l'Europe, servent à protéger et diriger ces sociétés littéraires; on connoît les bons effets qui en sont résultés; on sait avec quel art ils ont, dans ces établissements, concilié la dépendance avec la liberté, et établi la subordination aux lois de l'état, sans soumettre à la dépendance immédiate et personnelle de ceux qui les dictent. De tels réglements n'auroient besoin que de quelques modifications pour pouvoir être généralement adoptés. Ces modifications sont si bien connues d'une partie de mes lecteurs et peuvent l'être si facilement des autres, que je ne crois pas nécessaire d'indiquer ici mes idées sur ce sujet. Il suffit, pour savoir avec exactitude ce qu'on doit faire et ce qu'on doit éviter en pareille matière, de lire les plans d'institution des diverses académies dont les succès ont été les plus certains, et de les comparer aux réglements qui ont fait périr en quelque sorte presque à leur naissance d'autres sociétés.

Je ne parlerai ici que de trois choses que le législateur doit prescrire d'une manière expresse, et sur lesquelles il est nécessaire de s'arrêter, soit à cause de leur propre importance, soit à cause de leur rapport avec ce plan d'éducation publique. La première est relative à une des sources les plus fécondes de nos erreurs.

« La science humaine, disoit Socrate (1), consiste plutôt dans l'absence de l'erreur, que dans la découverte de la vérité. » Idée profonde, digne de l'oracle qui l'a exprimée, et du disciple immortel (2) qui en sut faire un si bon usage. Nous l'avons dit plusieurs fois dans le cours de cet ouvrage, la plus grande ennemie de la vérité, c'est l'erreur, non l'ignorance. L'unique moyen d'augmenter le nombre des vérités, c'est de diminuer celui des erreurs.

On ne peut plus douter, depuis les profondes observations de Locke, que l'abus des mots et le peu de netteté des idées qu'on y attache ne soient une des plus grandes sources de nos erreurs. Avant Locke, Descartes avoit dit que les péripatéticiens, retranchés derrière l'obscurité des mots, pouvoient être comparés à des aveugles qui, pour rendre le combat égal, conduiroient un homme clairvoyant dans une caverne obscure. Que cet homme, ajou-

---

(1) « Humana scientia in negatione quâdam falsi potiùs quàm in veri affirmatione consistit. » *Argument. Marsilii Ficini in 1 dialog. Platon. de Republ.*

(2) Platon.

toit-il, sache faire pénétrer le jour dans la caverne, qu'il force les péripatéticiens d'attacher des idées nettes aux mots dont ils se servent, et son triomphe est assuré (1). Le célèbre et peut-être impraticable projet d'une langue philosophique universelle, dans laquelle le sens de chaque mot seroit déterminé avec précision, ne fut imaginé par Leibnitz que pour faire cesser cette cause générale d'erreurs.

Avant Leibnitz, Locke, et Descartes, les philosophes grecs, non seulement avoient reconnu que l'abus des mots est la source inépuisable des erreurs humaines; ils avoient encore cherché tous les moyens de détruire ou au moins de diminuer ce mal. On sait que c'étoit un des principaux objets de l'ancienne dialectique, si différente de celle qui en a usurpé le nom dans ces derniers temps; de cette dialectique dont Platon, dans sa République, interdisoit l'étude à ceux qui n'avoient pas donné de grandes et nombreuses preuves de vertu, de force de tête, d'élévation d'ame. Il falloit même que tous ceux qui réunissoient ces qualités eussent atteint l'âge de trente ans (2). C'est à cette dialectique qu'il donnoit exclusivement le nom de science (3). Ceux qui ont

---

(1) Helvétius, *De l'esprit*, disc. 1, chap. 4.

(2) *De Republ.*, *dialog.* 7, *in fine.*

(3) Voyez la partie de ce dialogue 7 où Platon fait la distinction de la *science*, de la *connoissance*, de la *foi*, de la *conjecture*. Il comprend les deux premières sous le nom général d'*intelligence*, et les deux dernières sous celui d'*opinion*. La dialectique, selon lui, mérite seule le nom de science. La géométrie ne doit avoir que le nom de *connoissance*. Ce passage mérite d'être rapporté en entier.

« Il est un point que personne ne nous contestera; c'est que cette

lu les écrits de ce philosophe sublime auront observé le soin avec lequel il détermine le sens précis des mots, afin de prévenir ou détruire les erreurs qui naissent de leur abus.

Je voudrois donc, pour mettre à profit cette vérité reconnue par les anciens et les modernes, qu'on établît une société d'hommes éclairés dont l'unique occupation fût de déterminer la signification des mots, d'en fixer d'abord avec exactitude le sens que les grammairiens appellent propre, et qui est toujours le sens unique et primitif; ensuite de se ser-

méthode de la dialectique est la seule qui essaie de saisir d'une vue générale la nature et l'essence de chaque chose ; car d'abord tous les arts sans exception, assujettis aux opinions et aux caprices des hommes, s'occupent de générations et de compositions, ou s'appliquent à la culture et à l'entretien des ouvrages de la nature et de l'art. Quant à la géométrie et aux autres sciences de cette nature, qui, selon nous, atteignent en partie ce qui est, nous voyons que la connoissance qu'elles ont de l'être ressemble à celle d'un songe ; qu'il leur sera toujours impossible de le voir de cette vue claire qui distingue la veille du songe, tant qu'elles se serviront de suppositions dont elles ne peuvent rendre raison, et auxquelles elles n'osent toucher. Quel moyen en effet de donner le nom de science à des démonstrations fondées sur des principes qu'on ne connoît pas évidemment, et sur lesquels néanmoins portent les conclusions et les propositions intermédiaires?—Il n'y a donc que la méthode dialectique qui marche par la voie de la science, parcequ'elle n'emploie les hypothèses que pour remonter à un principe qui lui sert de base; parcequ'elle tire peu à peu l'ame du sale bourbier où elle est plongée, qu'elle l'élève en haut avec le secours des arts dont nous avons parlé. Nous les avons plusieurs fois appelés du nom de *science* pour nous conformer à l'usage ; mais il faut leur donner un autre nom qui tienne le milieu entre l'obscurité de l'opinion et l'évidence de la science. Nous nous sommes servis plus haut de celui de connoissance. » *République de Platon,* tome II, in-12. Paris, 1765.

vir de ce mot pour former, régler et limiter le sens
figuré, qui consiste dans l'application qu'on fait à
un objet intellectuel, d'un mot destiné à exprimer
un objet sensible. On feroit la même chose pour le
sens étendu, qui tient le milieu entre le propre et le
figuré, et qui consiste à étendre à différents objets
sensibles, ou à différents objets intellectuels, un
mot destiné proprement à exprimer un seul de ces
objets sensibles ou de ces objets intellectuels. Il faudroit commencer par les mots dont on a le plus
abusé. On remédieroit en même temps à la pauvreté de la langue : le nombre des mots augmente-
roit en proportion de celui des nouvelles idées ; et
on préviendroit ou détruiroit de cette manière les
erreurs qui naissent et du défaut et de l'abus des
mots.

Une telle société pourroit, après un travail combiné d'un certain nombre d'années, avoir une grande
influence sur les progrès de l'esprit national. Des
hommes qui parleroient et écriroient une langue
ainsi travaillée se communiqueroient leurs idées
avec une netteté et une facilité admirables : on ne
verroit plus si souvent de ces disputes et de ces dis-
cussions vagues et embarrassées que le défaut ou l'a-
bus des mots fait naître et perpétue ; on distingue-
roit, comme je l'ai dit ailleurs (1), ce qu'on sait bien
de ce qu'on croit savoir. L'exactitude ou la fausseté
des notions deviendroit évidente, et toutes les di-

____

(1) Voyez le dernier article du chap. XXIV de ce livre, où j'ai
parlé de l'art de définir.

verses parties des connoissances humaines seroient éclairées de la même lumière.

Le second objet que je propose, et qui ne me paroît pas d'une moindre importance, c'est la composition de livres élémentaires sur les différentes sciences; lesquels, d'après ce plan d'éducation, supposent en général, pour être bien faits, les efforts réunis des hommes les plus distingués dans chacune d'elles. Je ne prétends pas que tout ce que j'ai indiqué dans ce plan ne puisse s'obtenir sans ce moyen, et que de sages instituteurs choisis avec discernement et dirigés par les lois ne puissent d'eux-mêmes exécuter ce plan : je veux dire seulement que ce plan seroit exécuté avec plus de facilité, si la composition des livres élémentaires des différentes sciences devenoit un des principaux objets du travail des sociétés littéraires.

Enfin un troisième objet aussi intéressant, aussi étroitement lié à ce plan d'éducation publique, seroit l'institution d'une société économique qui auroit pour objet la perfection de l'agriculture et des arts mécaniques.

Les membres de cette société seroient répandus dans tout l'empire, afin qu'on pût être instruit par eux de tous les maux particuliers qu'il faut faire cesser, et des biens qu'on peut faire naître. A la fin de l'année, les membres de la société fixés dans chaque province viendroient se réunir dans la capitale de cette province, pour donner leur jugement sur tout ce qui auroit été proposé par un ou plusieurs des associés de cette province et des autres. Le mémoire

qui auroit été approuvé par la pluralité des suffrages
de la société seroit remis au gouvernement, et ren-
voyé par lui aux magistrats suprêmes d'éducation
des différentes provinces, ou à celui de la province
où l'invention nouvelle devroit être exécutée. Le magistrat suprême d'éducation enverroit ce mémoire
aux magistrats particuliers d'éducation des différentes communautés renfermées dans son district;
et le magistrat particulier de chaque communauté
chargeroit de l'exécution les surveillants qui professent l'art auquel est relative l'amélioration proposée.
Un des membres de la société économique de ce lieu
dirigeroit les surveillants et les élèves de cette opération, et s'occuperoit à leur faire concevoir les principes qui démontrent l'utilité de l'invention proposée. Cette instruction, réunissant la théorie à la pratique, seroit de toutes la plus convenable pour la
partie du peuple dont je parle.

On feroit servir les fonds de l'éducation publique
aux dépenses qu'exigeroit chacune de ces expérien-
ces, et on en laisseroit les profits aux surveillants,
afin de les encourager davantage, et de les attacher
par un nouveau degré d'intérêt aux pénibles fonctions qu'ils exercent. Si l'expérience justifioit la spéculation, le mémoire seroit couronné, imprimé, et
on le répandroit avec profusion dans toute l'étendue de l'état. Le goût de la lecture, que, dans ce
plan d'éducation, nous avons cherché à donner à
toutes les classes de la société; l'absence de ces erreurs et de ces préjugés vulgaires qui s'opposent avec
tant de force à toutes les innovations utiles; l'éner-

gie que nous avons imprimée à nos élèves, et qui ne tarderoit pas à devenir commune dans le peuple, puisqu'après quelque temps ce peuple ne seroit composé que des élèves de l'éducation publique ; toutes ces causes, combinées et unies à la certitude de l'expérience, donneroient à la société économique une importance et un degré d'utilité que sans ce moyen on ne sauroit jamais ni obtenir ni espérer.

Quels avantages l'agriculture ne retireroit-elle pas d'une société principalement instituée pour elle? Ses instruments en deviendroient plus parfaits, ses opérations plus sûres, ses produits plus nombreux; une vaste étendue de terrain laissée en friche, parcequ'on ignore ou l'espéce de productions qu'on en pourroit tirer, ou l'espéce de moyens dont on pourroit se servir, seroit restituée par la main de l'homme à la force reproductive de la nature. Une foule d'erreurs funestes seroient détruites; une foule de vérités nouvelles seroient adoptées et mises en pratique. Combien de découvertes étrangères qui, pendant plusieurs siécles, restent inconnues à ceux qui en devroient profiter, seroient par ce moyen généralement répandues et exécutées ! Cet esprit de perfectionnement s'introduiroit bientôt dans tous les arts, et pénétreroit dans toutes les classes du peuple.

Pour accélérer encore ce mouvement général, il faudroit que de temps en temps quelque agriculteur, ou quelque artisan distingué dans son art, devînt membre de la société économique. C'est de cette manière qu'on pourroit honorer et récompenser son industrie et ses talents. L'homme de lettres ne perdroit rien de sa considération personnelle et de la dignité de ses travaux, en partageant avec des ci-toyens recommandables l'honneur de l'association littéraire; et l'agriculture et les arts gagneroient beau-coup à être réunis à la science : on s'attacheroit avec plus d'intérêt à des travaux dont l'opinion rehausse-roit le prix, et qui pourroient n'être plus étrangers à la gloire. Avec tant d'obstacles de moins, avec tant d'encouragements de plus, le résultat peut-il être douteux?

CHAPITRE LIII.

De la liberté de la presse.

Il existe dans chaque nation un tribunal invisible en quelque sorte, mais dont l'action est continue et plus puissante que celle de la loi, des magistrats, des ministres, et du prince; un tribunal qui, dirigé par de mauvaises lois, peut devenir une source d'abus et d'erreurs de tout genre, mais que de bonnes lois peuvent rendre l'organe de la justice et de la vertu; c'est ce tribunal, dont la puissance est invincible, qui nous montre sur-tout que la souveraineté est constamment et réellement dans le peuple, et qu'il ne cesse pas de l'exercer, quoique l'autorité immédiate en soit placée dans les mains de plusieurs ou d'un seul, d'un sénat ou d'un roi. Ce tribunal est celui de l'opinion publique.

Chez un peuple ignorant et corrompu, ce tribunal méconnoît sans cesse son véritable intérêt, et, par la toute-puissance de ses décrets, perpétue le mal et empêche le bien. Mais chez un peuple élevé d'après ce plan d'éducation publique et dominé par les deux passions que nous avons cherché à faire naître; chez un peuple préservé de l'erreur, et conduit à la vérité et à la vertu par cette foule de causes que mettroit en action notre système de lois; chez un tel peuple, ce tribunal seroit toujours juste et éclairé, et il produiroit tous les biens qui résultent de l'union, de la justice et des lumières avec la toute-puissance.

Mais de quelle manière ce tribunal pourra-t-il être instruit de l'inexécution d'une loi, des vices d'une autre, des erreurs de l'administration, d'un mal que le gouvernement a fait, ou cherche à faire? comment réunira-t-on les suffrages de ce tribunal en faveur d'une mesure utile? comment pourra-t-il connoître les projets d'un ministère inique, ou les abus d'autorité d'un magistrat? comment pourra-t-il être préservé de cette léthargie où la prospérité, combinée avec la paresse naturelle de l'homme, a si souvent plongé les peuples? comment la législation pourra-t-elle opposer la vigilance de ce tribunal conservateur à l'activité d'une ambition destructive? comment, en un mot, ce tribunal pourra-t-il constamment répondre aux vues du législateur, en offrant à l'administration ses secours pour faire le bien, et lui opposant des obstacles pour faire le mal?

Par la liberté de la presse, que les lois doivent protéger de toute leur puissance; l'intérêt public, la justice, l'exigent.

Il est un droit commun à chaque membre d'une société, droit qu'il ne peut perdre, abandonner, céder, parcequ'il résulte d'un devoir rigoureusement obligatoire pour tout homme, dans toute société. Ce devoir subsiste aussi long-temps que la société; et personne n'en peut être exempt sans être exclus de la société, ou sans que l'ordre de cette société soit troublé. Ce devoir est celui de contribuer autant qu'il est possible au bien de la société à laquelle on appartient; et le droit qui en résulte est celui de manifester à ses associés toutes les idées que l'on croit propres à diminuer la somme de leurs maux, et à augmenter celle de leurs biens.

La liberté de la presse est donc de sa nature fondée sur un droit qu'on ne peut ni perdre ni aliéner tant qu'on reste membre de la société; qui est antérieur à toutes les lois, et plus puissant qu'elles, parcequ'il dérive de cette loi suprême qui les précède et les renferme toutes; qui peut être anéanti quelques instants par des actes de violence, mais qui n'en reste pas moins sous l'éternelle sauvegarde de la justice et de la raison. L'autorité de la loi ne peut avoir plus d'influence sur l'exercice de ce droit que sur celui de tous les autres; c'est-à-dire que ses dispositions doivent porter non sur la chose, mais sur la personne qui en abuse. S'il n'est point de droit dont le méchant ne puisse abuser, et si, malgré l'impossibilité de cet abus, les lois n'interdisent aucun droit, pourquoi n'en seroit-il pas de même de celui-ci, dont l'exercice, comme on l'a vu, est bien plus précieux qu'un grand nombre d'autres pour l'homme et pour la société, et dont l'abus est plus difficile, et peut-être moins dangereux?

Le mal que l'on peut faire par la presse reste difficilement impuni, et est aisément réparé; il n'en est pas de même de celui qu'on fait avec l'épée: cependant telle est l'absurde bizarrerie de l'opinion sur ce sujet, qu'on redoute plus la presse que l'épée, et qu'on environne d'espions et d'entraves l'homme qui écrit, tandis qu'on laisse entièrement libre l'homme armé.

Pourquoi, au lieu de porter atteinte à un droit si précieux, ne pas soumettre celui qui en abuse à la loi générale relative à l'abus de tous les droits quelconques, c'est-à-dire à la peine que mérite la violation d'un droit? Pourquoi ne pas ordonner que tout écrit imprimé portera, au défaut du nom de l'auteur, celui de l'éditeur, qui en répondra si le premier reste inconnu, et qui sera obligé de le nommer au juge (1)? Chacun auroit, par ce moyen, le droit de l'appeler en jugement, et de l'accuser.

D'après notre système de procédure criminelle et de législation pénale, l'établissement de la liberté de la presse n'auroit besoin que de cette loi; car on a vu, dans cette partie de notre ouvrage, quels sont les moyens de protéger l'innocence des accusés, et de proportionner, pour les coupables, la peine au délit, c'est-à-dire à la qualité et à la gravité de l'action (2).

---

(1) Si l'auteur ne vouloit pas publier son nom, l'éditeur pourroit lui faire souscrire une déclaration pour constater en cas de plainte qu'il est le véritable auteur de l'écrit.

(2) Qu'on lise sur-tout ce que j'ai dit sur les délits contre la Divinité, le souverain, l'ordre public, les mœurs publiques, l'honneur des citoyens, et particulièrement sur les délits relatifs aux calomnies publiques; on verra que tous les délits qui peuvent être commis par la presse, sont renfermés dans cette classe. J'ajouterai ici que la liberté de la presse, loin d'être une chose funeste pour la réputation du citoyen, en est le plus ferme appui. Lorsqu'il n'existe aucun moyen de communication entre l'individu et le public, chacun est livré sans défense aux attaques secrètes de la malignité et de l'envie. On voit sa réputation s'affoiblir ou se détruire, sans connoître ni ses ennemis ni la nature de leurs manœuvres. Avec la liberté de la presse, ce mal est plus rare, et il peut être

Mais, dira-t-on, si l'erreur est toujours funeste par elle-même, quoiqu'elle ne soit pas mêlée à un délit, un auteur pourra devenir dangereux sans être coupable. Quel remède y a-t-il contre ce mal lorsque la presse est libre? Je réponds : la liberté même de la presse.

Une erreur n'est jamais funeste lorsqu'elle est généralement connue pour telle, ou lorsqu'on peut la faire connoître. Ou l'erreur d'un écrivain est donc généralement connue, et alors l'improbation publique sert à-la-fois de peine et de remède, ou elle est adoptée par un grand nombre de personnes, et alors comme il n'est pas d'erreur qui ne nuise à quelqu'un, il n'y en aura point qui ne soit attaquée; et le caractère de l'évidence n'étant jamais attaché qu'à la vérité, l'intérêt de combattre l'erreur fera ou découvrir ou éclaircir la vérité, et l'illusion de l'erreur disparoîtra bientôt. Le triomphe de la vérité sera alors la peine et le remède; et l'avantage que l'instruction publique en retirera sera l'effet de la discussion, qui est elle-même l'effet de la liberté.

La presse ne pourra manifester les erreurs sans offrir les moyens de les dévoiler et de les combattre. A la faveur de l'obscurité, elles auroient pu se propager lentement, tromper les hommes crédules, égarer les dépositaires de l'autorité publique; la liberté

---

plus facilement réparé. Le calomniateur sera arrêté par la crainte de voir manifester au public son iniquité; et la facilité de publier les faits qui attestent l'innocence rendra impuissantes la calomnie et la diffamation.

les montrera dans toute leur difformité, et assurera
à la vérité sa force et son éclat.

La publicité de l'erreur est donc le meilleur reméde contre les maux qu'elle cause : il n'y a que la
vérité qui gagne à être connue. L'erreur n'a pour
elle qu'une seule face ; la vérité les a toutes. Une
seule face ne suffira pas à un grand nombre d'ob-
servateurs; ils formeront un cercle autour de l'objet;
et ce cercle, qui sert à faire évanouir l'illusion de
l'erreur, sert à dissiper les nuages qui obscurcissent
la vérité.

La liberté de la presse, considérée, soit dans ses
rapports avec les vues exposées au commencement
de ce chapitre, soit comme l'effet nécessaire d'un
droit qu'on ne peut ni céder, ni abandonner, ni
détruire; soit comme un des plus sûrs moyens de
détruire l'erreur; soit comme un des plus puissants
instruments de la vérité; la liberté de la presse doit
donc être regardée comme une source inépuisable
de biens, comme le droit le plus propre à conserver
les autres droits, comme l'espéce de liberté qui est
le moins exposée à dégénérer véritablement en li-
cence; enfin comme un des plus grands secours que
les lois puissent offrir à l'instruction publique.

C'est par ce moyen que pourroit se réaliser le vœu
de Platon, qui desiroit, pour le bonheur des peuples, que les philosophes fussent rois, ou que les
rois fussent philosophes (1). Chez un peuple élevé

----

(1) « A moins que les philosophes ne gouvernent les états, ou que
ceux qu'on appelle aujourd'hui rois et souverains ne soient vérita-

d'après ce système de législation, ces deux avantages se trouveroient réunis. Les philosophes régneroient en dirigeant l'opinion ; et les rois, pour être honorés par elle, deviendroient philosophes.

---

blement et sérieusement philosophes, de sorte que l'autorité publique et la philosophie se rencontrent ensemble dans le même sujet, et qu'on exclue absolument du gouvernement tant de personnages qui aspirent aujourd'hui à l'un de ces deux termes à l'exclusion de l'autre ; à moins de cela, il n'est point de remède aux maux qui désolent les états, ni même à ceux du genre humain ; jamais cette république parfaite dont nous avons dressé le plan ne paroîtra sur la terre, et ne verra la lumière du jour. Voilà ce que je craignois de dire depuis long-temps. Je prévoyois combien un tel discours révolteroit la plupart des hommes. » *Républ. de Platon,* tome II, p. 63, édit. in-12. Paris, 1765.

CHAPITRE LIV.

Des prix.

Je sais qu'il n'est point de plaisirs plus vifs, plus profonds, plus durables que ceux qui naissent de la culture des sciences, et de la recherche de la vérité. Je sais que la méditation, qui semble si triste et si pénible au vulgaire, qui fait le supplice des esprits superficiels et des caractères frivoles, devient une passion très forte pour celui qui en a une fois goûté les délices. Je sais que l'énergie et l'élévation qu'elle imprime à l'ame, l'étendue qu'elle donne à l'esprit par la prodigieuse variété d'objets qu'elle présente, et le sentiment vif et profond qui en résulte, suffisent pour dédommager quelques êtres privilégiés de la peine qu'ils ont eue à découvrir la vérité. Je ne suis pas surpris de voir Démocrite s'enfermer dans une caverne, et Démétrius renoncer, pour la philosophie, au trône d'Ephèse.

Je n'en suis pas moins convaincu qu'une sage législation doit établir des prix pour les plus belles productions du talent. Les plaisirs dont j'ai parlé ne sont pas sensibles pour le commun des hommes. On ne peut les connoître qu'en les éprouvant, et les éprouver qu'après avoir long-temps enduré avec patience toutes les peines de la méditation et du travail. Il faut donc, pour que l'homme se livre à cette fatigue, qu'il soit déterminé par l'espérance d'un avantage plus présent et plus direct, il faut qu'il puisse se promettre un autre plaisir; et cet avantage, ce plaisir, bien différents de ceux dont nous avons parlé, doivent de leur nature être sensibles et certains.

Voilà le motif, l'objet, et les avantages des prix scientifiques. Ils servent plutôt à introduire les hommes dans la carrière des sciences, qu'à dédommager de leurs peines ceux qui les parcourent; à multiplier les concurrents qui se présentent sur l'arène, qu'à récompenser l'athléte qui remporte la victoire: ils serviroient enfin à donner un nouvel aliment à l'amour de la gloire, pourvu qu'ils fussent réglés et distribués d'après les principes que j'ai exposés dans le chapitre **XLIV** de ce livre (1).

––––––––––

(1) Le lecteur trouvera dans ce chapitre tous les principes généraux qui renferment la théorie des prix.

CHAPITRE LV.

Des beaux-arts.

Les rapports qui existent entre le beau, le vrai, et le bon, donnent aux arts une influence très sensible sur l'instruction publique et sur les mœurs.

Un peuple chez qui le sens intérieur du beau est sans cesse exercé, développé, perfectionné par les chefs-d'œuvre des arts, est sans doute, toutes circonstances égales, plus droit dans ses jugements, plus juste dans ses combinaisons, plus raisonnable dans ses discours, plus disposé à faire de grands progrès dans l'instruction publique, que le peuple pour qui un tel secours n'existe pas. Les idées d'ordre, de convenance, de perfection, ne peuvent se rectifier sur aucun objet, sans que les autres en éprouvent l'influence; car, aux yeux d'un observateur attentif, il y a un rapport plus immédiat qu'on ne le croit entre ce qui constitue la beauté d'une statue et la sagesse d'une loi, la perfection d'un édifice et la bonté d'un écrit, la conduite d'un poëme et celle d'une bataille, le mérite du peintre et la valeur du héros.

Quand même les beaux-arts n'auroient donc d'autre avantage que cette influence sur l'instruction publique, cela ne suffiroit-il pas pour exciter le lé-

gislateur à les protéger, et à en faciliter les progrès ?
Mais cette idée d'utilité deviendra plus sensible encore, si on réfléchit à l'influence qu'ils peuvent avoir sur les mœurs.

Un peuple chez qui les beaux-arts ont fait des progrès considérables a sans doute, toutes circonstances égales, beaucoup de moyens de plus, et beaucoup d'obstacles de moins, pour être dirigé ou maintenu sous l'empire des deux passions dont doit dépendre, comme j'ai dit, la vertu des peuples et la perfection de leurs mœurs. Par la sculpture, la peinture, l'architecture, le législateur peut réveiller, nourrir, répandre l'amour de la gloire, en employant ces arts à récompenser les vertus, et à éterniser par des monuments la gloire de celui qui les a mérités. Il peut réveiller et nourrir encore le patriotisme par les exemples que perpétue, par les impressions que communique, par les sentiments qu'inspire l'action d'un héros à laquelle le talent de l'artiste a su donner l'éclat nécessaire pour rendre ces sentiments plus énergiques et plus profonds. Il peut enfin entretenir ce sentiment naturel de l'amour de soi, si favorable au patriotisme, et qui n'est éprouvé que par les peuples qui ont le bonheur d'appartenir à une patrie qui les honore, en les faisant participer à sa gloire et à sa dignité.

On peut par la musique maîtriser, exciter, adoucir, inspirer la haine pour certains objets, et l'amour pour d'autres; on peut communiquer aux esprits une certaine énergie, et aux âmes une certaine chaleur plus puissante en effets qu'on ne le

croit (1); on peut, en un mot, réveiller ces sentiments pour lesquels nous avons si souvent employé
les secours de cet art dans notre plan d'éducation
publique, et pour lesquels la législation devroit en

---

(1) Ceux de mes lecteurs à qui l'étude des anciens n'est pas étrangère ne regarderont pas sans doute ces idées comme extravagantes.
Ils les trouveront conformes à ce que l'ancienne philosophie a de
plus certain; ils les trouveront conformes aux principes de Pythagore, de Thalès, de Platon, et d'Aristote; ils verront que la vérité
de ces idées est prouvée par les lois de Lycurgue, et par les faits
que nous ont conservés les historiens les plus célèbres; ils trouveront dans Polybe les effets de la musique chez les Arcadiens, et les
effets du défaut de musique chez les habitants de Cinet; ils trouveront dans Athénée que toutes les lois divines et humaines, les exhor-
tations à la vertu, la connoissance de tout ce qui regardoit les
dieux et les hommes, la vie et les écrits des personnes illustres, étoit
écrit en vers et chanté publiquement par un chœur, au son de différents instruments; ils verront chez quelques peuples l'usage des
chœurs de musique pendant la bataille; ils verront les diverses
émotions que Timothée produisit dans l'ame d'Alexandre par le
mode *phrygien* et par le mode *lydien*, et celles qu'au rapport de
Plutarque le musicien Terpandre excita dans Lacédémone; ils verront, dans l'histoire de Hume, qu'Édouard, roi d'Angleterre, voulant, après avoir conquis la principauté de Galles, maintenir le
peuple dans la servitude, condamna à mort les poëtes, fit brûler
leurs écrits, et défendit les fêtes, où leurs chants, accompagnés
d'une musique majestueuse et guerrière, élevoient les ames et leur
donnoient des sentiments contraires à ceux qui conviennent à la
tyrannie; ils sentiront enfin que si la musique ne produit plus les
mêmes effets chez les peuples modernes, il faut l'attribuer à deux
causes, à l'ignorance des législateurs, qui n'en connoissent ni l'importance réelle ni l'usage qu'il conviendroit d'en faire, et à l'altération de l'art, dont l'antique simplicité a été pendant si long-temps
et est encore presque par-tout altérée par un système de musique
compliqué, difficile, dépourvu de naturel et de raison, qui porte le
caractère de tous les vices du siècle, dont les principes ne sont autre
chose que des règles purement mécaniques, et dont le génie n'est
que de la bizarrerie.

diriger l'usage comme dans tous les beaux-arts, afin d'en faire des moyens d'instruction publique et de vertu (1).

Les beaux-arts doivent donc être protégés et dirigés.

Nous avons déja donné en grande partie ces moyens de perfection et de direction dans ce plan d'éducation publique. Nous en avons facilité les progrès par l'institution que nous avons formée pour les artistes (2); nous en avons dirigé l'usage par l'éducation morale à laquelle nous les avons fait participer (3); nous les avons protégés par le goût que nous avons inspiré, dans l'éducation même, à toutes les classes de l'état qui peuvent s'en servir (4); enfin nous les avons dirigés par les idées morales que nous avons fait naître dans toutes ces classes (5).

Ce qui nous reste à faire maintenant est beaucoup plus facile.

Il est une manière d'employer les beaux-arts qui

___

(1) J'espère que le lecteur ne m'opposera pas ces faits de l'histoire où la perfection des beaux-arts se trouve réunie à la corruption des mœurs, puisque j'ai prévenu cette objection dans le chapitre XLVIII, en considérant cette question par rapport aux sciences. Si les beaux-arts se sont réunis à la corruption des mœurs d'un peuple, loin d'être la cause de cette corruption, ils en ont peut-être retardé les progrès. Au milieu de tant et de si puissantes causes de corruption que pouvoient-ils faire? Qu'on les combine avec des moyens de vertu, et on verra combien ils seront puissants en bons effets.

(2) Chap. XXX

(3) Chap. X.

(4) Chap. XXIV.

(5) Chap. X.

renferme le double avantage de les favoriser et de les diriger en même temps, et qui répond parfaitement aux idées que nous avons indiquées. Il faudroit se servir des beaux-arts pour récompenser quelques espéces de mérite, pour honorer quelques vertus, pour éterniser quelques actions. Les statues, les tableaux, les monuments publics, devroient être des espéces de récompenses prescrites par les lois. Les ouvrages de l'artiste devroient couronner les vertus du héros; les vertus du héros, devroient exercer et honorer le talent de l'artiste. Il faudroit exciter les arts par les vertus, et les vertus par les arts : il faudroit rétablir entre eux cette correspondance réciproque qui contribua tant à multiplier dans la Gréce les artistes et les héros, et qui la préserva de cet oubli où furent ensevelies tant de nations, non parcequ'elles n'avoient pas eu de vertus, mais parcequ'elles n'avoient pas eu des hommes pour les célébrer (1).

Tel est le moyen que le législateur devroit employer pour diriger les beaux-arts, et les porter à ce degré de perfection et d'utilité qu'ils n'auront jamais tant qu'on ne les fera servir qu'aux jouissances du luxe, de la vanité, de la volupté; tant que l'artiste ne sera regardé et ne se regardera lui-même que comme un homme fait pour amuser les grands

---

(1) Vixere fortes ante Agamemnona
Multi ; sed omnes illacrymabiles
Urgentur ignotique longâ
Nocte : carent quia vate sacro.

Horat.

et le public, pour dérober à quelques moments
d'ennui l'inactive opulence; tant que les beaux-arts
ne seront pas placés d'une manière particulière dans
un plan de législation, au nombre des causes du
patriotisme et de la gloire, et par conséquent de la
vertu.

Que le législateur, après avoir appelé les artistes
aux bienfaits de l'éducation publique dans les colléges particuliers, comme nous l'avons dit, exerce
et honore leurs talents, en les faisant concourir aux
grandes vues de l'établissement social : il n'aura pas
besoin de faire autre chose pour assurer aux beaux-
arts l'espéce de protection et de direction qui appartient à la loi; le reste doit être abandonné au soin
de l'administration.

CHAPITRE LVI.

Des effets de l'instruction publique chez un peuple élevé d'après
ce plan de législation.

Les faits historiques peuvent-ils être regardés ici
comme l'expression d'une loi immuable de la nature? Vingt siècles d'ignorance et de barbarie doi-
vent-ils, par un décret éternel de la Providence, nécessairement succéder à un ou deux siècles de sciences et de lumières? Si l'expérience du passé nous au-
torise à adopter cette opinion, que nous dira à son
tour la raison? En matière d'expérience, il faut partir de l'égalité des causes pour arriver à l'égalité des
effets. Cette règle, indispensable à suivre lorsque
l'on veut de la connoissance du passé s'élever à la
connoissance de l'avenir, a été souvent méconnue
par quelques philosophes modernes.

Je le demande maintenant, quel est le peuple
chez qui l'instruction publique ait été déterminée
et dirigée par les causes dont on a vu le développement dans ce plan de législation? Quel est le peuple
que toutes les parties d'un système législatif aient
concouru à porter et maintenir dans cet état d'instruction où toutes les causes de la prospérité publique aient été encore celles de l'instruction publique,
et où cette instruction soit elle-même devenue un
des appuis du bonheur public? Quel est le peuple

où l'éducation scientifique des classes supérieures et la diffusion des lumières dans les classes inférieures aient été produites immédiatement par la loi, et immédiatement dirigées par elle ?

Si nous observons les causes qui concoururent aux progrès des sciences et des beaux-arts à Rome, nous en trouverons qui, loin d'avoir été celles de sa prospérité, furent celles de sa décadence et de sa ruine.

Les richesses, qui plus que toute autre chose contribuèrent à établir à Rome l'empire des sciences et des beaux-arts, au lieu d'être utiles à sa vertu et à son bonheur, devoient, comme on l'a démontré (1), corrompre ses mœurs et amener sa ruine. Une autre cause bien favorable au développement de l'esprit humain, et qui eut tant d'influence pour faire naître quelques uns de ces hommes extraordinaires, les plus grands peut-être qui aient jamais paru sur la terre, ce fut la discorde civile qui précéda, accompagna, et suivit la dictature de Sylla, et qui ne se termina que par la perte totale de la liberté. Enfin la plus directe, la plus immédiate, la plus puissante de ces causes protectrices des sciences et des beaux-arts dans Rome, ce fut l'intérêt, ce fut la vanité d'une tyrannie naissante et timide, qui, pour effacer de l'esprit des hommes le souvenir encore récent de la liberté perdue, pour dérober à leurs yeux la triste inaction de la servitude, pour laisser une sorte d'aliment à la passion de la gloire

______

(1) Chap. XLVII.

avant de la détruire sans retour, pour se concilier la bienveillance ou ne pas soulever la haine de ces hommes qui ont une si puissante influence sur l'opinion des autres, fit tourner adroitement tous les esprits vers les sciences et les beaux-arts, les honora, les récompensa, les encouragea par toute sorte de moyens, et les porta à ce degré d'éclat et de succès qui a fait l'admiration de la postérité la plus reculée.

Quels pouvoient donc être les effets des sciences et des beaux-arts produits par de telles causes, et dirigés vers une telle fin? Est-il étonnant que leur éclat ait été si court, et que leurs effets aient été si éphémères et si peu utiles?

Chez les Grecs, les sciences et les beaux-arts furent associés à la liberté; et les différentes causes de la prospérité publique étoient encore celles de l'instruction publique. Cependant on peut remarquer une différence essentielle sur cet objet entre ce peuple et celui qui seroit institué d'après notre système de législation. Entre tous les peuples qui habitoient cette heureuse région, il n'y en avoit pas un seul chez qui l'éducation scientifique fût, comme elle l'est dans notre plan, réglée et dirigée immédiatement par la loi. Cette différence toute seule, et indépendamment de celles qui résultent ensuite de l'ensemble des deux systèmes de législation, cette différence ne suffit-elle pas pour nous faire voir les effets divers qui doivent résulter de ces deux formes d'instruction publique?

Que devoit-il résulter de ce silence des lois sur

l'éducation scientifique? que devoit-il en résulter particulièrement pour des peuples doués par le climat et par la forme du gouvernement d'une si grande vivacité d'esprit, d'une si grande chaleur d'imagination? Ce qui en résulta en effet par le progrès du temps. Une foule d'écoles se transformèrent en sectes particulières de philosophie. On vit naître et s'étendre de toutes parts cet esprit de parti qui est l'ame de toute secte, et cet esprit de sophisme qui tôt ou tard doit en naître nécessairement, et qui est aussi contraire à la science que l'autre est contraire à la paix. Le temple sacré de la philosophie et des sciences se convertit en un champ de bataille où l'on ne s'occupoit qu'à défendre et attaquer des opinions, et où les succès et les revers étoient également l'ouvrage de l'abus de la raison, et portoient les plus terribles atteintes à la science et à la vérité.

Telle fut une des causes les plus puissantes qui amenèrent la décadence des sciences et des arts dans la Gréce. C'est dans leur berceau que furent placés les germes de leur destruction.

Le peu de notions que nous avons sur l'histoire de l'Egypte et de la Chaldée suffisent pour nous rassurer contre les conséquences qu'on voudroit tirer pour l'avenir de l'expérience du passé. Le voile mystérieux sous lequel quelques individus, devenus pour ainsi dire les dépositaires de toute la raison humaine, cachoient leur connoissance aux autres hommes, devoit être un obstacle puissant à cette communication des lumières, à cette réforme de l'opinion publique, à cette proscription des er-

reurs vulgaires qui, comme on l'a dit, doivent être
les résultats les plus précieux que le législateur puisse
attendre et obtenir de l'instruction publique.

Il y a plus : non seulement la loi ne régloit pas,
ne dirigeoit pas chez ces peuples l'instruction publique ; elle ne pouvoit pas même pénétrer dans le
sanctuaire sacré où la science étoit renfermée et
écartée des regards d'une curiosité profane.

Il étoit enfin un vice politique. très considérable,
mais peu observé dans la forme du gouvernement
de ces peuples. Ce vice, qui consistoit à donner au
monarque un pouvoir plus judiciaire que législatif,
devoit conduire et conduisit en effet ces gouvernements au despotisme ; il renfermoit en lui-même
toutes les causes qui ramenèrent à l'ignorance et à
la barbarie des peuples que l'histoire nous offre
comme les maîtres du genre humain.

Je ne parle pas des Arabes sous l'empire des califes. Les sciences et les arts, nés à côté d'eux, entre
le despotisme et la superstition, peuvent être comparés à un homme qui auroit le malheur de naître
dans une atmosphère corrompue, et sur un sol in-
festé de bêtes féroces.

Que dirons-nous de l'Italie à l'époque célèbre de
la renaissance des sciences et des beaux-arts? Si nous
observons d'une manière philosophique l'histoire de
ce temps, nous trouverons peut-être que les causes
les plus puissantes qui concoururent à les faire fleurir dans cette partie de l'Europe furent d'un côté l'o-
pulence des papes, de l'autre l'intérêt qu'ils avoient
de soutenir par l'opinion une autocratie temporelle

fondée sur l'opinion. En rassemblant autour de la chaire de saint Pierre les chefs-d'œuvre des arts et des lettres, et les talents les plus distingués, ils n'eurent d'autre objet que d'accroître la vénération publique pour l'homme qui étoit assis dans cette chaire. Sans doute l'autorité qui fit brûler les ouvrages de Galilée, qui payoit ou récompensoit les talents aux dépens de l'ignorance étrangère, ne pouvoit avoir un autre but en protégeant les sciences et les beaux-arts.

Si nous observons de plus l'état de l'Italie à cette époque, nous trouverons dans cette funeste politique qui dirige les gouvernements absolus et foibles un obstacle puissant à la communication des lumières et à leur durée. Des circonstances extraordinaires pouvoient produire de grands hommes dans ces gouvernements ; mais les causes qui favorisent l'ignorance et l'erreur étoient permanentes. Enfin la protection des Médicis, toute puissante qu'elle étoit, n'avoit aucun appui dans la législation, et ne recevoit d'elle aucune direction. C'étoit la protection d'un citoyen riche et magnifique, d'un démagogue ambitieux ; ce n'étoit pas celle du législateur et des lois.

Ces réflexions, qu'il seroit aisé d'étendre, suffisent pour montrer quel abus on feroit de l'expérience si on vouloit conclure du passé pour l'avenir. Abandonnons donc l'histoire et les faits, et ne consultons que la raison.

Lorsqu'un effet est produit et soutenu par le concours de plusieurs forces ; lorsque toutes les forces contraires à l'action de celles-là ont été affoiblies dans leur origine, ou détruites; lorsque la nature des forces employées est d'avoir d'autant plus de puissance qu'elles agissent avec plus de continuité; enfin lorsque l'effet qu'elles produisent devient, par cet admirable enchaînement de choses, l'aliment des forces mêmes qui concourent à le faire naître; dans ce cas, la raison ne nous dit-elle pas qu'un tel effet doit être de sa nature d'une durée éternelle?

Voilà ce qui résulteroit de l'ensemble et des différentes parties du système de législation que nous avons tracé. Il suffit, pour en être convaincu, de se rappeler les divers objets qui entrent dans la composition de ce plan.

LIVRE CINQUIÈME.

Des lois qui concernent la religion.

CHAPITRE PREMIER.

INTRODUCTION.

La religion, qui précède et prépare, opère et accompagne la naissance, les progrès, et le développement des sociétés civiles; la religion, qui, chez l'homme sauvage, n'est que le culte de la crainte rendu par lui à la cause inconnue de ses vagues terreurs, pour en prévenir ou en détourner la funeste action; qui, chez les sociétés barbares, est le principe de cette autorité, dont on ne sauroit encore tolérer l'exercice de la part des hommes, mais que l'on dépose avec plus de confiance dans la main des dieux; la religion, qui, sous les auspices de cette *théocratie*, prépare et effectue par degrés le passage difficile, lent et progressif de l'état d'*indépendance naturelle* à *la dépendance sociale* (1); qui, chez les sociétés ou ce

---

(1) Voyez le chap. XXXVI du troisième livre de cet ouvrage, dans lequel, en faisant voir le développement simultané du système pénal avec celui des sociétés civiles, j'ai démontré complètement ce que je ne fais qu'indiquer ici.

passage a déja été franchi, je veux dire chez les sociétés déja *perfectionnées*, peut venir au secours de
l'autorité publique, soit pour agrandir la puissance
des lois, soit pour obtenir ce qu'il ne leur appartient
pas de prescrire, soit pour éviter ce qu'elles ne pourroient pas toujours défendre; la religion, dis-je, qui,
destinée à produire tous ces biens, peut cependant
dégénérer en une cause trop féconde de maux redoutables, de ces maux qu'on a vu naître tant de
fois des idées religieuses erronées et du fanatisme,
la religion enfin tellement inhérente à la nature de
l'homme, si nécessaire à la formation, au perfectionnement, à la conservation des sociétés, et cependant si terrible dans sa dégénérescence et dans ses
fausses applications, pourroit-elle ne pas être considérée comme un des objets les plus importants de la
science de la législation?

Mais si cette *science* intéresse tous les peuples et
embrasse tous les temps, ne doit-elle pas embrasser
aussi, dans cette partie de ses principes, toutes les
religions et tous les cultes? L'auteur qui écrit sur
cette *science,* né dans le sein de la véritable religion,
doit-il pour cela négliger les fausses croyances? Chez
les peuples où régnent ces dernières, le législateur,
pour mettre à profit les faibles avantages qu'elles
présentent, pour prévenir ou réparer les maux plus
graves qu'elles entraînent, n'a-t-il pas besoin de plus
d'art et d'une plus profonde sagesse que chez les
peuples où la vraie religion exerce son empire? La
science qui dirige le législateur et éclaire la législation ne peut donc négliger les fausses croyances, et

5.   4

il seroit souverainement injuste d'appeler l'anathème sur l'auteur, parceque dans ce traité l'idolâtre comme le païen, le sectateur de Mahomet comme celui du Christ, trouveront également les principes qui doivent servir de base à leurs lois pour les mettre en harmonie avec tant de religions et de cultes divers. Fils du même père, individu de la même famille, pourrois-je oublier un nombre si considérable de mes frères, parcequ'ils n'ont pas eu le bonheur de participer à la plus belle portion de l'héritage paternel? Pourrois-je trahir le devoir que j'ai contracté envers l'humanité tout entière, pour éviter les jugements insensés de la pusillanime ignorance et les calomnies de la superstition? Mon amour, mon respect, mon attachement pour la religion sublime que je professe, doivent, ce me semble, affermir mon courage et non pas l'ébranler.

Je suis convaincu que les personnes qui n'ont pas une connoissance exacte de la vérité, que celles qui ne l'embrassent que pour la faire servir à leurs intérêts particuliers, et celles enfin qui la renient, seront également choquées de cette cinquième partie de mon ouvrage. Mais je dédaigne également aussi et les clameurs de l'ignorance, et les calomnies de l'hypocrisie, et les sarcasmes de cette classe d'hommes dignes de mépris, qui, trop foibles pour penser par eux-mêmes et pour n'être pas subjugués et entraînés par les opinions de leur siécle, professent l'irréligion parcequ'elle est à la mode, comme ils eussent prêché les croisades il y a sept siécles. Loin de redouter le jugement de tels hommes, suivons les

conseils du sage : osons paroître dévot aux yeux de
l'impie, impie aux yeux du fanatique. Si nous de-
meurons seul dans notre parti, nous trouverons au
fond de notre conscience un témoignage qui nous
dispensera de celui des autres. Comme écrivain, nous
avons contracté un devoir sacré, nous nous sommes
revêtu d'une sorte de magistrature publique. Nous
devons rechercher, défendre et propager la vérité.
Si nous ne la trouvons pas dans les partis extrêmes,
nous devons nous tenir également éloigné d'eux : que
nous soyons en butte aux railleries des uns, aux calomnies des autres, n'importe. Le premier besoin de
l'honnête homme est l'accomplissement de ses devoirs, et c'est pour lui qu'il travaille en s'oubliant
lui-même.

CHAPITRE II.

Vues générales sur les biens que le législateur doit rechercher dans la religion.

Quels sont les biens que le législateur doit rechercher dans la religion? quels secours peut-il obtenir de son influence? quelle part doivent avoir cette force, ce moyen, dans l'ensemble des forces et la combinaison des moyens que le législateur doit mettre en œuvre pour arriver au grand résultat de la vertu et de la prospérité publiques, et pour en assurer la durée? Telle est la première question qu'il faut résoudre, pour donner à cette partie de nos principes de législation l'ordre, la précision, l'universalité, convenables.

Nous avons eu l'occasion, dans le chapitre **XXXVI** du troisième livre, de parler des secours que la législation peut trouver dans la religion, comme cela a eu lieu en effet chez presque tous les peuples aux diverses périodes de leur état de barbarie, pour opérer le passage lent et progressif de l'état d'*indépendance naturelle* à *la dépendance sociale*, c'est-à-dire à cette dépendance absolue qu'il faut considérer comme le complément d'organisation de la société civile.

Pour ce qui concerne la longue série des secours que la religion prête à la législation dans cette période intermédiaire entre l'indépendance sauvage et la dépendance sociale, nous pouvons donc nous référer à ce que nous avons déjà solidement établi, guidés par cette éternelle expérience qui embrasse tous les temps, et remonte à l'origine de tous les peuples. Il ne nous reste plus maintenant qu'à résoudre la question proposée, en ce qui concerne la société civile déjà complétement organisée, c'est-à-dire déjà parvenue à ce point de développement où la *force publique* a entièrement triomphé des *forces individuelles*, et où son action est libre et manifeste.

Dans cet état de la société, que peut, que doit faire la religion ?

Les lois *prescrivent*, les lois *défendent*, les lois *punissent*, les lois *récompensent*. Mais la loi ne peut prescrire tout ce qu'il est nécessaire d'obtenir ; elle ne peut défendre tout ce qu'il est nécessaire d'éviter ; elle ne peut punir tout ce qui est punissable, ni récompenser tout ce qui est digne de récompense. La loi ne peut prescrire que l'accomplissement des devoirs qu'on appelle d'*obligation absolue;* mais elle n'en doit pas moins obtenir l'accomplissement de ceux qu'on appelle d'*obligation relative*. La loi ne peut défendre que le délit, mais elle n'en doit pas moins prévenir le vice. La loi ne punit pas l'homme vicieux, mais seulement le coupable ; elle ne peut même atteindre ce dernier quand le délit reste caché. La loi enfin ne sauroit découvrir tous les hommes vertueux ni récompenser toutes les bonnes actions. Mais le grand art du législateur consiste à obtenir plus qu'il ne peut prescrire, à éviter plus qu'il ne peut défendre, à épouvanter lors même qu'il ne peut

punir, à encourager lors même qu'il ne peut récompenser. Lorsqu'il a trouvé les lois qui régleront sagement l'éducation, lorsqu'il a médité celles qui
doivent introduire, établir, répandre, corroborer
l'empire des deux passions dont il a été parlé dans le
livre précédent, à quelle nouvelle force doit-il avoir
recours pour arriver à l'accomplissement de ses profonds desseins?

Cette force, c'est la religion; et nous venons de
signaler les biens que le législateur doit rechercher
en elle.

Mais quels sont maintenant les maux qu'il pourroit y rencontrer?

CHAPITRE III.

Vues générales sur les maux que le législateur doit éviter dans la religion.

I. Le dogme d'une autre vie, d'un juge suprême qui voit tout, qui récompense et qui punit; ce dogme, base des biens dont nous venons de parler, peut devenir inutile, peut même devenir pernicieux. Il peut devenir inutile, quand l'idée du bien que ce juge récompense ou du mal qu'il punit n'a aucun rapport avec l'idée de ce qui est bien ou mal relativement à la société; il peut devenir pernicieux, lorsque ces idées non seulement n'ont aucun rapport entre elles, mais se trouvent même en opposition, de telle sorte que la religion prescrive ou semble prescrire ce que le législateur doit défendre, ou bien défende ou semble défendre ce que le législateur doit prescrire. Tels sont les premiers maux que celui-ci doit éviter dans la religion.

II. Si les idées du bien et du mal religieux s'accordent avec celles du vrai bien et du vrai mal moral et social, il est encore une circonstance qui peut rendre inutile le dogme dont nous parlons; c'est celle où les principes faux ou mal entendus de l'*expiation* détruisent l'utile influence de la crainte d'une justice divine. Second écueil à éviter par le législateur.

III. Nous avons déja rappelé au lecteur l'endroit de cet ouvrage (1) où sont exposés les secours nombreux et importants que la religion prête à la législation, aux diverses périodes de l'*état de barbarie*, soit pour réparer en partie les maux causés par l'indépendance naturelle, qui exerce encore son sauvage empire dans l'enfance de la société, soit pour en préparer et en effectuer l'affoiblissement lent et progressif, jusqu'à ce degré d'anéantissement total où elle fait place à l'entière organisation de la société civile.

Nous avons vu qu'à défaut d'une *force politique*, il a fallu avoir recours à une *force théocratique*. Nous avons vu qu'il a fallu considérer certains délits publics comme *délits religieux*; qu'au lieu de punir les auteurs de ces délits comme de simples coupables, il a fallu les immoler à la Divinité comme des *sacriléges*. Nous avons vu que pour arrêter les vengeances personnelles, pour amener les accommodements, et pour préparer ainsi les hommes à confier à la force publique la défense de leurs droits et le redressement de leurs torts, il a fallu introduire les *asiles*, les *immunités sacrées*, les *tréves religieuses*. Nous avons vu que les législateurs, pour imprimer à leurs lois cette force qu'elles n'auroient pu recevoir d'aucune autre puissance, ont été obligés de les faire descendre du ciel, de les supposer données par les dieux eux-mêmes; nous les avons vus obligés de se retirer dans des antres, dans des cavernes, où le

---

(1) Chap. XXXVI, liv. III.

peuple croyoit que la Divinité résidoit et faisoit entendre sa voix, dont ils revenoient ensuite promul-
guer les oracles (1). Nous avons vu enfin que pour
obtenir tous ces résultats, il a fallu donner au corps
des ministres de la religion la principale influence
dans les affaires publiques, qui, dans un autre état
de société, appartiendroient et devroient appartenir
exclusivement au corps administrateur du gouvernement. Or, tout ce qu'on a fait ainsi avec raison
pour amener la société à son perfectionnement, est
évidemment le contraire de ce qu'on doit faire lorsqu'elle y est arrivée. Mais malheureusement des
restes nombreux de ces institutions vieillies se conservent souvent plus ou moins long-temps, non seulement lorsqu'elles ne sont plus utiles, parcequ'elles
n'ont plus de motif ni d'objet, mais encore lorsqu'elles sont devenues pernicieuses à la société, du
sein de laquelle elles auroient dû être entièrement
bannies. C'est là une troisième série de maux que le
législateur doit éviter dans la religion.

IV. A ces maux, qui sont les restes des anciennes
institutions de l'état de barbarie, vient s'en joindre
un autre qui n'est également qu'une conséquence
de cet état primitif, mais qui dépend plutôt de la
manière de penser des peuples barbares, et de l'influence qu'elle a sur leur religion, que des institutions politiques et religieuses de la même époque.

Le peuple encore barbare chez lequel l'idée de
l'*ordre*, qui est la mère de celle de la *justice*, ou

____

(1) Voyez aussi le chap. VII du liv. I.

n'existe pas ou est tout-à-fait obscure et confuse ; le peuple encore barbare, qui ne desire, n'apprécie, ne respecte, n'honore que la force ; chez lequel les caractères de la supériorité qui naît de cette force flattent uniquement la vanité du plus fort ; aux yeux duquel par conséquent le plus grand mérite, la chose la plus agréable, de la part du foible à l'égard du fort, consiste dans les signes extérieurs de respect et d'hommage ; le peuple encore barbare, dis-je, reconnoissant dans la Divinité un être plus fort, et supposant en elle la même manière de sentir, imprime à la religion le même esprit, et place dans le culte extérieur tout le mérite de la piété. Or, cette erreur qui, en raison de ce que la façon de penser des hommes change avec l'état de la société, devroit s'évanouir avec la cause qui l'a produite, cette erreur survit souvent aux temps et aux circonstances dans lesquels elle a pris naissance, et ses pernicieuses conséquences proviennent, tantôt plus, tantôt moins, ou de la nature même de la religion, ou de l'ignorance et de l'intérêt personnel des prêtres, ou de ces causes réunies qui se transmettent et se perpétuent dans le sein des sociétés déja civilisées. Quatrième écueil à éviter.

V. Chaque religion est menacée de deux espéces de maux opposées, ou de l'esprit d'*irreligion* qui prive la société de son utile influence, ou de l'esprit de *fanatisme* qui la rend l'instrument de malheurs publics et privés, et de crimes. Ce sont là les deux dernières, mais peut-être les plus redoutables séries de maux que la législation ait à prévoir dans l'emploi qu'elle fera de la religion. Nous avons ainsi généralisé avec la plus grande abstraction et la concision la plus étroite les biens que le législateur doit rechercher et les maux qu'il doit éviter dans la religion. Cherchons maintenant à connoître quelles sont les relations que les différentes religions ont ou peuvent avoir avec ces *biens* et avec ces *maux*. Cet examen est nécessaire pour arriver à savoir par quels moyens le législateur peut obtenir les uns et éviter les autres avec ces croyances diverses. Mais pour réussir dans cet examen, il est essentiel de le faire précéder d'un autre. Il faut avant tout déterminer la nature de ces religions. Les difficultés d'une telle entreprise ne doivent point nous en détourner. Rien n'est plus commode sans doute que d'éluder les obstacles; mais l'art consiste à les vaincre, et c'est dans cette victoire que réside la vrai mérite. Commençons donc par ce qui nous semble le plus difficile, je veux dire par les fausses croyances; et après avoir développé les principes qui s'y rattachent, nous passerons, en procédant avec ordre, à ce qui concerne la vraie religion.

CHAPITRE IV.

Du polythéisme (1).

Pour généraliser les principes législatifs qui concernent le polythéisme ; pour saisir, au milieu des variations dont cette religion a toujours paru et paroîtra toujours si susceptible, les *rapports généraux* que les divers polythéismes, quelque différence qu'il y ait entre eux, doivent avoir par leur nature avec les biens et les maux dont nous avons parlé ; pour marcher enfin de ces données à la recherche des opérations législatives qui doivent en dépendre, et qui par conséquent pourront être fondées sur des principes constants et universels ; pour arriver à ce but, disons-nous, il est indispensable de généraliser le sujet même de nos recherches : il faut donc former, de tous les polythéismes qui ont existé et qui pourront exister par la suite, une sorte de *polythéisme abstrait,* qui soit comme l'espèce dans laquelle se confondent tous ces *polythéismes individuels ;* il faut considérer tout ce chaos, où les similitudes sont si subtiles et les différences si frappantes, d'une vue profonde et générale qui fasse reconnoître au philosophe l'uniformité là où le vulgaire n'aperçoit que

____

(1) Je prie le lecteur de ne pas partager, à la première lecture de ce chapitre, son attention entre le texte et les notes justificatives ; mais de réserver celles-ci pour une seconde lecture.

dissemblance; il faut découvrir la nature et l'origine de ce culte; il faut enfin les trouver dans la nature invariable de l'homme et dans les circonstances universelles du genre humain.

Supposons l'homme abandonné à lui-même (1), privé de connoissances et de lumières, environné des ténébres de l'ignorance qui précéde et accompagne l'origine et l'enfance des sociétés; ramenons-le à cet état par lequel tous les peuples ont dû passer, et dans lequel une portion considérable du genre humain se trouve encore aujourd'hui plongée; combinons les effets de cette position universelle avec les propriétés universelles de l'espéce humaine, et que cette combinaison nous conduise à saisir le premier anneau de la chaîne théologique à laquelle se rattache le polythéisme de tous les peuples à toutes les époques.

Il y a dans la nature de l'homme un contraste du *fini* et de l'*infini*, dont l'observation offre au philosophe l'explication d'une multitude de phénoménes moraux, et lui fait découvrir la cause d'un grand nombre de faits. Si nous considérons nos forces et notre puissance, nous trouvons notre nature *finie* et *bornée;* mais si nous réfléchissons sur nos conceptions et sur nos desirs, nous voyons cette même nature participer de l'*infini*, puisqu'elle peut concevoir en quelque sorte l'Être infini, puisqu'elle peut desirer un bien infini et une infinité de biens.

____

(1) J'entends par ces mots l'homme qui a perdu la trace de la tradition, et qui n'est pas éclairé par le flambeau de la révélation.

L'homme ignorant n'a pu sans doute raisonner comme nous sur cet inexplicable contraste; il n'a pu comme nous le découvrir; il n'en a pas été affecté comme nous : mais les sentiments opposés qui résultent de cette participation de la nature humaine au *fini* et à l'*infini*, ont dû nécessairement agir sur lui comme ils agissent sur nous; et s'ils n'ont pas été l'objet de sa réflexion, ils n'en ont exercé que plus d'empire sur ses opinions, car moins les lumières de la raison nous éclairent, et plus l'influence de nos sentiments est puissante et immédiate.

Arrêtons-nous un moment à cette réflexion pour la consulter seulement sur ce qui intéresse notre argument; elle nous découvrira l'origine, cachée mais universelle, et la nature du *polythéisme*. Nous verrons l'homme conduit à la première idée de la Divinité par le sentiment de sa propre *foiblesse*, tandis que le sentiment opposé de sa *perfection* enveloppe cette idée dans les erreurs sur lesquelles l'orgueilleuse ignorance humaine a élevé l'édifice monstrueux de cette religion insensée, qui, quelque variée qu'elle soit dans les modifications qu'elle a subies selon les lieux et selon les temps, n'en demeure pas moins *une* et *constante* dans son origine et dans sa nature.

L'homme, affecté par la conscience de sa propre *foiblesse*, pénétré de cette crainte qu'excitoient en lui les terribles phénoménes de la nature, accablé par le sentiment de l'impuissance de ses facultés pour leur résister, a dû arrêter sa réflexion sur ces phénoménes; il a dû supposer une puissance, une force qui les produisoit; il a dû reconnoître la supériorité de cette force, de cette puissance; et dans le désespoir où il se sentoit plongé par le sentiment de sa foiblesse, lorsque cette force le menaçoit de sa ruine, il a dû lui adresser ses invocations comme les seules armes qu'il pût employer contre elle. Tel est le premier pas que l'esprit humain abandonné à lui-même, et dans la position universelle où nous l'avons supposé, a dû faire vers la religion, et qu'il a fait en réalité. C'est le règne d'*Uranos,* appelé *Cœlus* par les Latins; ou, si l'on veut, l'époque où la *force inconnue* qui agitoit la nature et épouvantoit les hommes étoit l'unique objet des vœux et du culte dictés par la terreur aux premiers humains (1).

Ce premier pas auroit pu être le seul; car, comme nous le verrons plus tard, chez les nations où les mystères furent en honneur, les adeptes qui y étoient initiés, et qui étoient choisis dans la classe la plus éclairée du peuple, revinrent après de longues erreurs, et à l'époque des lumières, au même point où leurs pères étoient naturellement parvenus : mais il étoit plus facile aux hommes d'y revenir que de s'y arrêter et de s'y fixer d'abord. L'esprit humain, affecté par les deux sentiments opposés, provenant du contraste du *fini* et de l'*infini* que nous avons observé dans la nature humaine, devoit se ressentir promptement dans ses opinions religieuses du sentiment opposé à celui qui les avoit d'abord fait naître. Si le sentiment de sa propre *foiblesse* le conduisit à invoquer et à adorer la *force inconnue,* la *puissance oc-*

---

(1) Voyez les notes justificatives, n° 1.

culte qui agitoit la nature, qui le menaçoit de sa ruine et excitoit ses terreurs, le sentiment de sa *perfection*, combiné avec l'ignorance dans laquelle nous l'avons supposé plongé, dut le rendre, et le rendit en effet *polythéiste* et *anthropomorphite*. Les hommes dans cet état de choses, n'ayant aucune connoissance des lois naturelles, et moins encore de cette science qui est la dernière qu'on acquiert, qui suppose le dernier degré de l'intelligence humaine, et qui consiste à comprendre et à reconnoître que nous ne pouvons ni ne pourrons jamais tout comprendre et tout savoir; les hommes, privés de ces secours et de cette prudence que la science et l'expérience des erreurs humaines nous donnent dans la recherche des causes des phénomènes naturels; les hommes enfin, pénétrés de cet orgueil qui veut et croit pouvoir tout savoir, et qui naît du sentiment de sa propre perfection combiné avec l'ignorance; contemplant l'espéce de guerre que les diverses *puissances* de la nature paroissent se livrer entre elles, et ne pouvant l'expliquer que par la supposition de plusieurs intelligences chargées de présider à ces *forces* et à ces *puissances* diverses; ne pouvant non plus, en raison du même sentiment de la propre *perfection*, supposer dans ces intelligences une nature différente de la leur, personnifièrent les unes et les autres, leur donnèrent une vie et des sens, les invoquèrent, les adorèrent comme plus fortes qu'eux-mêmes, leur prêtèrent, comme dit Aristote (1), non seulement les

____

(1) Polit., lib. I.

formes humaines, mais encore les affections et les passions des hommes; et s'ils leur donnèrent un chef, s'ils distinguèrent entre elles une divinité supérieure, s'ils conservèrent cette prérogative à leur ancien dieu, considéré comme ayant présidé à l'ordre et à l'organisation de toutes choses, ils changèrent souvent jusqu'au nom de cet être souverain, parcequ'ils en conçurent une nouvelle idée, limitée, circonscrite, supérieure cependant, mais toujours semblable à celle qu'ils s'étoient formée des autres divinités.

Telle est, telle fut, et telle sera toujours la première origine du *polythéisme,* constamment combiné avec l'*anthropomorphitisme.* Ce sont là les premiers anneaux de cette chaîne théologique à laquelle se rattache le *polythéisme* de tous les peuples, dans tous les temps : c'est le règne de *Saturne* et des *Titans,* qui mutilèrent le Père suprême, détruisirent son règne, et le remplacèrent; c'est l'époque de ce second culte, dans lequel la *force inconnue et universelle* cessa de recevoir seule les vœux et les hommages des mortels orgueilleux, et dut les partager avec plusieurs puissances de la même nature (1). Alors le Père suprême fut dégradé, c'est-à-dire que l'idée de la *force inconnue et universelle* fut *restreinte,* parcequ'on cessa de la considérer comme le seul et universel régulateur de la nature, et qu'on ne lui attribua plus qu'une fonction principale, semblable à celle qui préside au cours des astres, au re-

---

(1) Hésiode, *Théog.,* vers 160 à 187.

tour des saisons, à la succession des choses. Elle ne fut plus exprimée dès-lors par les noms d'*Uranos* ou *Cœlus*, c'est-à-dire de ce qui embrasse tout et renferme tout, mais par ceux de *Chronos* ou *Saturne*, qui indiquent seulement une *révolution*, un *retour périodique*, et qui ne sont autres que le *temps*, dont les révolutions célestes sont la mesure. Ce dieu remplaça ainsi l'objet de l'ancien culte avec de nouvelles idées et sous un nom nouveau (1), et fut considéré comme dépositaire et ministre des décrets du *Destin*, de cette loi première qui avoit fixé de toute éternité l'ordre immuable et successif des choses, et à laquelle les dieux mêmes étoient soumis. On lui attribua en conséquence l'exécution des changements, des révolutions, de tous les événements prédéterminés, dans l'ordre de succession que leur assignoit la grande chaîne du destin (2); on lui donna enfin deux visages, pour rappeler l'idée du passé et de l'avenir, et on le représenta dévorant ses propres enfants, parcequ'il paroissoit consumer et détruire ses propres œuvres (3).

L'erreur a une marche progressive comme la vérité : l'une et l'autre proviennent des dispositions de l'esprit humain, qui, réfléchi et conséquent, s'arrête difficilement aux premiers pas qu'il fait dans l'une de ces routes opposées. Cette vérité, confirmée par la raison et par l'expérience, nous explique le pro-

---

(1) Voyez les notes justificatives, n° 2.
(2) Voyez les notes justificatives, n° 3.
(3) Voyez les notes justificatives, n° 4.

grès naturel du polythéisme, dont nous venons de déterminer l'origine et d'exposer les premiers éléments.

Une partie des forces physiques de la nature une fois personnifiées et déifiées, il restoit peu de chose à faire pour personnifier et déifier toutes les autres ; une fois le régime du monde physique distribué entre des intelligences diverses et distinctes, il n'y avoit plus qu'un pas de là à un semblable partage dans le régime du monde moral. Le choc des passions souvent opposées entre elles offroit un phénomène semblable à celui de la guerre apparente des forces de la nature ; et il étoit naturel d'assigner une cause analogue à des effets analogues. Les *forces morales* durent donc avoir aussi des intelligences particulières et distinctes pour les animer, les transmettre, les retenir, les diriger.

Les *affections* et les *passions* durent donc être personnifiées et déifiées comme l'avoient été les éléments et les astres ; et les hommes, pour détourner d'eux-mêmes et appeler sur autrui le chagrin et la crainte, durent élever des temples et des autels aux divinités de la *tristesse* et de la *peur* (1).

Les erreurs des sens durent dans le même temps venir au secours des faux jugements de l'esprit pour fournir leur part dans cette prodigieuse multitude de dieux de toute espèce. On sait que pendant la nuit l'homme est exposé à se tromper dans les jugements qu'il porte des objets qui se présentent à lui,

______

(1) Voyez les notes justificatives, n° 5.

parceque les ténébres empêchent d'apprécier les distances et de distinguer la forme des corps. Réduit à juger d'un objet par la seule étendue de l'angle visuel, et de l'ombre qui se forme sur sa rétine, il doit arriver nécessairement que cet objet inconnu grandira et grossira prodigieusement à mesure que l'observateur s'en rapprochera. Sa dimension, qui à une distance éloignée n'étoit que de quelques pieds, à une distance de quelques pieds paroîtra être de plusieurs toises. Si le spectateur se rapproche assez pour pouvoir toucher et reconnoître cet objet, l'illusion cessera aussitôt, et au même instant l'objet qui lui avoit semblé gigantesque et monstrueux reprendra à ses yeux sa véritable grandeur, et sa forme réelle. Mais s'il fuit, ou s'il n'ose approcher, il est certain qu'il n'aura d'autre idée de cet objet que celle de l'image fantastique qu'il s'en étoit formée, et qu'il aura réellement vu une figure gigantesque et extraordinaire par sa grandeur et par sa forme (1).

Cette réflexion, en même temps qu'elle nous démontre que la croyance aux spectres, si commune de nos jours parmi le peuple, a une cause physique, et ne dépend pas uniquement, comme on l'a cru, de l'imagination, nous dévoile aussi l'origine inconnue et universelle d'un nombre considérable des divinités qui composent le *polythéisme* de tous les peuples, dans tous les temps. Les ombres, les fan-

---

(1) Voyez ce que dit à ce sujet, avec plus de développement, le célébre Buffon dans son *Histoire naturelle de l'homme*, en parlant du sens de la vue.

tômes, les spectres, les revenants modernes, durent
en effet être considérés comme autant de divinités
par·les hommes qui avoient·fait un premier pas
dans la route du *polythéisme*, dont l'imagination
étoit déja remplie de phénomènes expliqués par des
causes théologiques ; qui vivoient sur une terre plus
sauvage encore que ses habitants et féconde en
sources d'illusions, qui enfin étoient, infiniment plus
que les peuples modernes, enveloppés dans les ténèbres de l'ignorance. Les bois, les fleuves, les lacs,
la mer, durent être peuplés de divinités enfantées
par de semblables erreurs ; l'habitation de chaque
famille dut en être entourée ; les antres et les cavernes des montagnes en durent être remplis ; les
hommes devoient en rencontrer de toute part pendant la nuit ou dans les lieux habituellement obscurs. Telle dut être l'origine des nymphes qui erroient sur la terre sous le nom de *Mélies* (1), et qu'Hésiode fait ingénieusement naître des gouttes du
sang de *Cœlus*, tombées sur la terre après la fatale
mutilation de ce *dieu*, c'est-à-dire peu après la naissance du *polythéisme ;* telle dut être aussi l'origine
de tant d'autres nymphes (2) qui habitoient les montagnes et les forêts, les lacs et les marécages, les
fleuves, les fontaines, la mer, et les grottes marines ;
telle dut être encore celle des dieux Pénates et des
Lares (3), qui protégeoient la famille et veilloient à la

---

(1) **Voyez les** notes justificatives, n° 6.
(2) **Voyez les** notes justificatives, n° 7.
(3) **Voyez les** notes justificatives, n° 8.

garde des foyers dans l'enceinte desquels ils avoient été aperçus; telle dut être celle des démons appelés *Lémures*(1), que les anciens regardoient comme des divinités de la nuit, parceque c'étoit pendant la nuit seulement qu'ils étoient apparus; telle dut être celle des *Manes* (2), qui prenoient soin des tombeaux et des cendres, autour desquels on les avoit vus errer au milieu des ténèbres; telle dut être enfin l'origine commune de ces monstres déifiés sous le nom de *Géants*(3), qui habitoient l'intérieur des montagnes, et que nous voyons figurer en grand nombre dans la mythologie de tous les peuples, à toutes les époques.

Ce n'est pas tout. Suivons la marche de l'esprit humain dans ce labyrinthe d'erreurs, et nous ne risquerons pas de nous égarer: nous reconnoîtrons que ces erreurs sont des conséquences les unes des autres; nous y trouverons un ordre de progression qui s'arrête à l'instant où le fil est rompu ou abandonné. Nous avons vu comment, de la déification de quelques unes des forces physiques de la nature, on a dû passer à celle des autres; et comment de la déification de toutes ces forces physiques on a dû arriver à celle des forces morales, c'est-à-dire des affections ou des passions de l'ame; nous venons de voir comment les illusions du sens de la vue ont donné naissance à une multitude d'autres divinités, dont le lecteur a déjà pu se représenter la nature et

----

(1) Voyez les notes justificatives, n° 9.
(2) Voyez les notes justificatives, n° 10.
(3) Voyez les notes justificatives, n° 11.

les différents attributs : il n'est pas difficile maintenant de concevoir que l'esprit humain, toujours
progressif et conséquent, comme nous l'avons fait
observer, ne pouvoit s'arrêter à ce point dans sa
route. Il en est d'une série d'erreurs comme d'une
série de vérités ; la conséquence immédiate d'une
première erreur devient elle-même le principe d'une
suivante. C'est ainsi que s'accroît et s'étend la chaîne
des erreurs ; et s'il devient difficile d'y saisir immédiatement le rapport entre le premier et les derniers
anneaux, il suffira, pour le retrouver avec certitude,
de jeter un coup d'œil attentif sur les anneaux intermédiaires. Les progrès du *polythéisme* nous offrent
l'application de ce principe.

Si les affections et les passions humaines étoient
présidées et dirigées par des *Intelligences* distinctes,
pourquoi n'en eût-il pas été de même des vertus et
des talents (1)?

Si les passions vicieuses étoient regardées comme
soumises au pouvoir de quelques dieux, pourquoi
les vices eux-mêmes n'auroient-ils pas eu aussi leurs
divinités (2)?

Et si les passions, les vertus, les vices et les talents
reconnoissoient également l'influence distincte de
divinités particulières, pourquoi la même croyance
ne se seroit-elle pas étendue aux différents biens et
aux maux divers (3)?

____

(1) Voyez les notes justificatives, n° 12.
(2) Voyez les notes justificatives, n° 13.
(3) Voyez les notes justificatives, n° 14.

Les mouvements des passions diverses étant attribués à des divinités distinctes chargées de les diriger, qu'y avoit-il d'étonnant à ce que l'impuissance de repousser une pensée importune, ou l'action des remords dont le coupable est tourmenté malgré lui, inspirât l'idée d'une autre divinité, maîtresse de la pensée et des remords (1)?

Le sentiment de la *propre perfection* devoit suggérer celui de l'immortalité de l'ame, qui a en effet existé chez tous les peuples, même chez les plus ignorants; pourquoi, dès-lors, n'auroit-on pas imaginé des divinités chargées de récompenser et de punir après la mort, comme on en reconnoissoit pendant la vie (2)?

Les forces positives de la nature étant déifiées, pourquoi n'en eût-il pas été de même des forces négatives, de la *Nuit*, des *Ténébres*, de la *Mort*, du *Sommeil*, qui n'exercent pas un moindre empire sur les foibles mortels (3)?

Puisqu'il y avoit un dieu du sommeil, pourquoi n'y auroit-il pas eu des dieux pour présider aux songes (4)?

Les bois, les lacs, les fleuves, les forêts, étoient placés sous la protection d'intelligences divines; pourquoi, lorsque les hommes commencèrent à cultiver la terre, n'auroit-on pas attribué à d'autres in-

---

(1) Voyez les notes justificatives, n° 15.
(2) Voyez les notes justificatives, n° 16.
(3) Voyez les notes justificatives, n° 17.
(4) Voyez les notes justificatives, n° 18.

telligences la garde des champs, des semences, et des vignes (1)?

Puisque chaque famille, chaque foyer avoit ses dieux particuliers qui veilloient à sa sûreté et à sa prospérité, pourquoi le peuple formé par ces familles, et les villes qu'elles habitoient, n'auroient-ils pas eu aussi leurs divinités protectrices (2)?

Enfin, puisque la reproduction, le germe, et la végétation des plantes étoient soumis à la direction de divinités spéciales, par quelle raison n'en auroit-il pas été de même de la conception, de l'enfantement de la femme, de la prospérité de l'enfant, de la santé de l'homme (3)?

En un mot, il est évident que si la marche de l'esprit humain n'est pas interrompue par des circonstances particulières, une fois qu'il a fait le premier pas dans le *polythéisme*, il doit nécessairement arriver jusqu'au dieu *Crepitus*, et au dieu *Stercutius* (4).

A la tête de ce peuple immense de divinités il placera sans doute un roi. Le souvenir confus de l'*Être inconnu*, objet du culte primitif, ne se sera pas entièrement évanoui; mais le nom même de cet Être souverain représentera une idée fort inférieure à celle qu'il exprima jadis, et l'idée de son pouvoir sera singulièrement affoiblie. Ce n'est plus

---

(1) Voyez les notes justificatives, n° 19.
(2) Voyez les notes justificatives, n° 20.
(3) Voyez les notes justificatives, n° 21.
(4) Voyez les notes justificatives, n° 22.

le *monarque* absolu de la nature, comme dans le premier âge; ce n'est plus même, comme à la seconde époque, le chef d'une *oligarchie* restreinte: ce n'est plus, au lieu de cela, que le président d'un sénat immense et tumultueux, dont les membres, sans cesse révoltés contre leur chef, exercent par eux-mêmes des fonctions diverses et particulières, sans autre règle et sans autre frein que celui du destin, de cette loi antérieure à toutes choses, émanée de l'antique roi, mais dont il n'est plus que le dépositaire, et à laquelle il est soumis lui-même (1).

Telle dut être et telle fut en effet la marche du *polythéisme*. C'est ici le troisième âge d'Hésiode, où figure cette multiplicité prodigieuse de dieux; c'est le règne de Jupiter et des nouvelles divinités qui succédèrent à *Saturne* et aux *Titans*, et qui devoient naître du premier pas fait dans la route du *polythéisme*. Ceci nous explique les inconséquences du rôle bizarre que *Jupiter* joue dans la fable, où Hésiode, après l'avoir considéré comme le fils de *Chronos* ou *Saturne*, qui étoit lui-même fils d'*Uranos* ou *Cœlus*, lui donne ensuite le nom de *père des dieux*, précisément pour indiquer qu'*Uranos*, *Chronos*, et *Jupiter*, sous des noms divers, avec un pouvoir différent, adorés à des époques successives, dans les rites d'un culte distinct, n'ont été cepen-

---

(1) « Eadem necessitas et deos alligat; irrevocabilis divina pariter, et humana, cursus vehit: ille ipse omnium conditor, et rector, scripsit quidem fata, sed sequitur; semel scripsit, semper paret. » *Sénèque.*

dant qu'un *Être* unique et toujours le même (1)?

C'est aussi pour cette raison qu'Homère, en même temps qu'il nous représente *Jupiter*, la balance du *Destin* dans les mains, pesant les deux destinées d'Hector et d'Achille (2); en même temps qu'il nous montre l'impuissance des efforts de ce dieu pour soustraire aux arrêts du *Destin* son propre fils *Sarpédon*, nous présente l'image ingénieuse et sublime de la chaîne d'or de ce même *Destin* suspendue depuis *Jupiter* jusqu'à la terre, pour nous prouver également que ce maître des dieux n'étoit plus que le sujet et le dépositaire de la loi immuable d'ordre, dont il avoit, dans le commencement, été l'auteur (3).

Enfin, comme, chez tous les peuples, la naissance et les premiers progrès du *polythéisme* ont dû précéder la civilisation, il est naturel de rencontrer, à cette période de l'état de barbarie où le gouvernement peut être considéré comme entièrement théocratique, l'origine universelle de cette dernière classe de divinités qui se compose de mortels déifiés.

Le sacerdoce, dans lequel, à cette époque, tous les pouvoirs étoient concentrés, qui disposoit à son gré de l'opinion publique, auquel il appartenoit de protéger le pouvoir du roi, qui n'étoit lui-même, comme dit Aristote, que le chef de ce corps puissant; le sacerdoce, dis-je, n'a pas dû hésiter beaucoup à donner à ce roi une origine céleste : c'étoit un moyen

---

(1) Voyez les notes justificatives, n° 23.
(2) Homère, *Iliade*, liv. XXII.
(3) Voyez les notes justificatives, n° 24.

de tenir secrètes les aventures amoureuses de ses membres et de leurs adhérents, et d'assurer en même temps le sort futur d's fruits de leurs plaisirs clandestins, en substituant aux véritables auteurs de ces fruits les dieux ou les déesses dont ils étoient les prêtres.

Le temps, qui altère toutes les traditions, a dû exagérer à la postérité les actions de ces héros nés des amours des dieux avec les mortels ; et l'admiration unie à la reconnoissance est enfin arrivée à les déifier.

Je ne puis assigner une origine plus naturelle à cette dernière espéce de dieux, qu'Hésiode place, avec raison, dans le quatrième âge. Elle nous fait découvrir la source de toutes les fables qui ont pour objet les rapts, les violences, en un mot les relations amoureuses des habitants du ciel avec ceux de la terre, et celle des métamorphoses au moyen desquelles on faisoit croire aux hommes que ces relations avoient eu lieu (1).

Ce fut dans cet état de développement et de complication que les poëtes trouvèrent la religion. Ceux d'entre eux qui traitèrent les premiers l'histoire sacrée de leur nation étoient trop rapprochés de l'époque à laquelle la religion avoit reçu son dernier perfectionnement, pour pouvoir en ignorer entièrement les progrès successifs. Une tradition vague, entretenue par les hymnes et les cantiques des poëtes précédents, par les rites et les prières des prêtres, par

_____

(1) Voyez les notes justificatives, n° 25.

les solennités et les fêtes commémoratives, avoit dû
en transmettre une histoire confuse, et perpétuer
en même temps le souvenir de quelques événements mémorables. Or, comme ces événements,
soit qu'ils concernassent l'ordre physique, soit qu'ils
se rattachassent à l'ordre moral, devoient toujours
être occasionés ou par les forces physiques, ou par
les forces morales de la nature, il est évident qu'ils
durent former une partie essentielle de l'histoire
religieuse de ces temps, comme dépendant des divinités du monde physique, ou de celles du monde
moral.

Si un événement n'avoit pas été restreint dans les
intérêts d'une contrée de peu d'importance ; si ses
conséquences s'étoient étendues sur une partie considérable de la terre, ou même sur le monde entier ;
si du moins on l'avoit cru ainsi ; si un grand nombre
de forces physiques y avoient eu part, cet événement
devoit être présenté aux hommes comme une guerre
que les dieux s'étoient livrée entre eux. Telle est l'origine générale des *combats des géants*, de ces guerres
célestes, dont parlent les histoires de tous les peuples, des peuples même les plus divers et qui peuvent
le moins être supposés avoir eu des relations et des
communications entre eux (1).

Si d'autres événements avoient été heureux ou
malheureux pour un seul homme, pour une seule
famille, pour un seul peuple, pour un seul pays de

____

(1) Voyez la note justificative n° 11, où ce fait général a été entièrement éclairci.

peu d'étendue, ils étoient considérés comme des récompenses accordées à la piété, ou comme des fléaux par lesquels les dieux châtioient l'homme criminel, la famille impie, le peuple sacrilége, ou les sacriléges habitants de ce pays.

S'ils se rattachoient à des phénomènes imposants de la nature, ils étoient représentés comme des entreprises ou des réactions des divinités invisibles qui présidoient aux forces naturelles par lesquelles ces phénomènes étoient produits.

S'ils se rapportoient enfin à des guerres entre un peuple et un autre peuple, c'étoient alors des guerres préparées dans le ciel, soufflées par les dieux, et soutenues par des divinités partagées entre les partis opposés.

C'est sur ces antiques et vagues traditions que les premiers poëtes ont dû édifier leurs systèmes mythologiques. Ils ont trouvé la tradition confuse des changements et des additions progressivement subis par la religion ; ils ont trouvé l'*anthropomorphitisme* combiné avec le *polythéisme ;* ils ont trouvé le souvenir des événements généraux et particuliers, physiques et moraux, propagé théologiquement jusqu'à eux.

Ils ont trouvé les traditions exagérées des actions de ces héros, que l'imposture avoit fait naître du commerce des dieux avec les humains, et que l'ignorance, l'admiration et la reconnoissance avoient déifiés plus tard. Parfois aussi ils ont pu trouver quelques notions religieuses étrangères, apportées confusément, à cette période de l'état social, par la guerre, par le commerce, ou par d'autres circonstances.

Ils ont enfin trouvé toutes les traditions religieuses de leur pays, conservées dans un langage qui, étant celui de la naissance et de l'enfance de la société, devoit avoir cette propriété constante d'exprimer différentes idées par un même mot, propriété qui dépend de la faculté commune à tous les hommes d'acquérir d'abord des idées, et de ne trouver que plus tard des mots pour les exprimer; de telle sorte que les idées se multipliant en raison du progrès des sociétés naissantes, les expressions ne se multiplient pas simultanément, et l'on rattache pendant long-temps plusieurs idées nouvelles à un mot déja adopté; d'où il résulte que ceux qui viennent plus tard, et à une époque plus éclairée, peuvent donner des sens divers à une même expression ancienne.

Nous venons de voir tout ce que les premiers poëtes ont dû trouver, et ont trouvé en effet, dans tous les pays. Mais qu'y ont-ils ajouté? Tout ce que la poésie, mettant à profit de semblables matériaux, pouvoit élever sur une telle base.

Au lieu de dire, par exemple, que la force inconnue qui agitoit la nature et épouvantoit les hommes fut, dans le principe, sous le nom d'*Uranos* ou *Cœlus*, l'unique objet des vœux et du culte dictés par la terreur aux premiers humains, Hésiode nous dit: *Uranos régna seul dans le commencement: il tenoit les enfants nés de lui et de la Terre* (c'est-à-dire les forces particulières de la nature qui se manifestent dans le ciel et sur la terre) *cachés dans les entrailles de leur mère* (c'est-à-dire exclus des honneurs divins, que les hommes ne rendoient alors qu'à lui seul) (1).

Au lieu de dire qu'au bout d'un certain temps les hommes adressèrent leurs hommages à plusieurs forces particulières de la nature, sous le nom de *Titans*; et que, restreignant l'idée de la force primitive et universelle, qu'ils avoient appelée *Uranos* ou *Cœlus*, à celle d'une puissance qui se bornoit à régler le cours des astres, le retour des saisons, etc., ils changèrent son nom en celui de *Chronos* ou *Saturne*, pour exprimer l'idée restreinte de cette puissance toujours supérieure, mais mutilée et dégradée; le même Hésiode nous dit que la Terre, irritée de la cruauté du Ciel, qui tenoit ses fils cachés au fond du Tartare, résolut de s'en venger. Elle tira de son sein du fer et des métaux, dont elle forma une faux tranchante; elle communiqua son grand dessein à ses fils, en les excitant à la révolte et à la vengeance; et comme Saturne seul, plus audacieux que les autres, eut le courage d'accepter la redoutable mission de sa mère, elle le cacha, lui remit la faux, et lui apprit l'usage qu'il en devoit faire. Vers le soir, le Ciel répandit sur la Terre les ombres de la nuit, et au moment où il se préparoit à s'étendre sur son épouse, Saturne, d'une main hardie, mutila son père, et jeta loin derrière lui ce que le fer venoit de couper (2).

Au lieu de dire que, bientôt après ce partage du

----

(1) Voyez la *Théogonie* d'Hésiode, vers 154 à 158.
(2) Hésiode, *Théogonie*, vers 160 à 182.

culte entre diverses puissances déifiées, le nombre des dieux commença à s'accroître progressivement, et que les hommes finirent par découvrir de toute part de nouvelles divinités, il nous dit qu'aucune des gouttes de sang de *Cœlus*, tombées sur la terre après la fatale mutilation, ne demeura stérile ; que chacune d'elles donna naissance à une divinité particulière; que les redoutables furies, les nymphes qui errent sur la terre sous le nom de mélies, et les géants armés et habiles à la guerre, naquirent, après peu d'années, de ces gouttes fécondes (1).

Au lieu de dire que les hommes, après avoir adoré les *forces physiques* de la nature, adorèrent aussi les *puissances morales*, qui sont les affections et les passions dont le cœur humain est tourmenté ou affecté, il nous dit que Saturne ayant jeté dans les flots agités de la mer ce qu'il avoit coupé à son père, cette partie d'un corps immortel surnagea long-temps sur les eaux, et que de l'écume qu'elle forma naquit une nouvelle divinité, qui aborda aussitôt dans l'île de Cythère, et ensuite dans celle de Cypre. Par-tout où se montroit la belle déesse, les fleurs naissoient sous ses pas. On l'appela *Aphrodite* ou *Vénus*... L'Amour, le beau Cupidon, la suivent en tous lieux, et l'accompagnent dans l'assemblée des dieux. Les ris, la jeunesse, les propos galants, les ruses d'amour, les plaisirs, les caresses, la volupté, forment son apanage (2). C'est par une semblable fiction que le poëte

_____

(1) Hésiode, *Théogonie*, vers 183 à 187.
(2) Idem, *ibid.*, vers 188 à 206.

5.   6

fait naître de la Nuit la *Tristesse* (1) dévorante et la hideuse *Envie* (2), et, de l'union de Mars avec Vénus, la *Crainte* et l'*Épouvante* (3), etc.

A l'antique tradition de cette guerre terrible des dieux, qui dut sans doute son origine à quelque grande catastrophe, il a associé l'autre tradition du changement opéré dans l'idée de l'Être suprême, et de l'extension qui en étoit résultée pour le polythéisme. Au moyen de fictions poétiques, il y a ajouté les conférences tenues par les fils de Saturne, c'est-à-dire par les dieux nouveaux, contre les anciens; le banquet dans lequel *Jupiter*, pour affermir le courage de ses compagnons d'armes, les enivra de nectar et d'ambroisie; la harangue que ce dieu prononça, et beaucoup d'autres circonstances dont il suppose que cette fameuse guerre fut accompagnée et suivie (4). En un mot, dans toute cette fable, les éclats de la foudre, les tremblements de terre, les éruptions de volcans, les tempêtes, les inondations, le désordre et l'agitation de toutes les puissances de la nature, sont le fond de la vérité; l'interprétation donnée à cet événement, et qui le considère comme une guerre terrible entre les dieux, est l'antique tradition perpétuée jusqu'aux temps des poëtes; et tout le reste n'est qu'addition et invention poétique.

Les mêmes poëtes faisant un usage semblable des

(1) Hésiode, *Théogonie*, vers 214.

(2) Hésiode, *Poëme des œuvres et des jours*, vers 11 à 26.

(3) Hésiode, *Théogonie*, vers 336 à 338. Voyez aussi, pour les autres passions et affections, les notes justificatives, n° 5.

(4) Hésiode, *Théogonie*, vers 629 à 868.

anciens souvenirs laissés par ces phénomènes imposants de la nature, observés à une époque où tout
étoit regardé comme l'œuvre immédiate des dieux,
et devoit être transmis comme tel à la mémoire
des hommes; les poëtes, dis-je, n'eurent pas autre
chose à faire que d'orner et d'enrichir ces antiques
traditions par les images et les fictions de la poésie, pour en composer des fables semblables à
celles de la victoire remportée par Apollon sur le
serpent Python; de la vallée de Tempé ouverte par
Neptune d'un coup de son trident; des harpies, de
leurs incursions et de leurs ravages; des amours de
Jupiter avec les nymphes; et à tant d'autres de la
même nature, qui, comme celles dont nous avons
parlé, font complétement évanouir et disparoître
la vérité placée à un grand éloignement, et déja
prodigieusement dénaturée (1).

C'est de cette manière que les premiers poëtes et
les auteurs dramatiques de l'antiquité adaptèrent
aux vieilles traditions des hommes, des familles,
des peuples, des contrées, qui avoient appelé sur
eux le courroux et la vengeance des dieux, tout ce
qu'il étoit possible à la poésie d'édifier de nouveau
sur ces antiques bases; et Aristophanes sut y trouver
de quoi faire rire aux dépens des dieux tout le peuple
d'Athènes (2).

C'est également ainsi que l'ancienne tradition de
la part que prirent les dieux, divisés en deux partis,

____

(1) Voyez les notes justificatives, n° 26.
(2) Voyez les notes justificatives, n° 27.

aux intérêts opposés des Grecs et des Troyens, fournit à Homère le sujet de tant d'épisodes théologiques dont il a semé son poëme, et qui font, en général, beaucoup plus d'honneur au poëte qu'à ses personnages divins (1).

Ajoutons enfin, pour ne rien omettre de ce qui se rattache à notre sujet, que les poëtes ne se bornèrent pas à embellir les traditions exagérées des actions attribuées aux héros, par les ornements, par les allégories et les fictions de la poésie. S'abandonnant à leur inspiration poétique, qui tend, comme on peut l'observer, à *réunir les abstraits*, c'est-à-dire à former d'une espèce entière un individu imaginaire, ils combinèrent avec les traditions de leur pays, celles que d'autres peuples conservoient des actions également exagérées de leurs propres héros, semblables, sous quelques rapports, aux premiers. Confondant ainsi ces diverses histoires exagérées de héros différents et pourtant en quelque sorte semblables, ils en composèrent les histoires particulières de héros de leur invention, dans lesquelles, non seulement le merveilleux, mais aussi l'invraisemblable et l'impossible se rencontrent à chaque pas (2). Ils en firent autant des autres notions religieuses qu'ils trouvèrent chez les étrangers, les associant à celles qui leur étoient propres, et les amalgamant avec les traditions de leur pays, de manière à faire croire qu'elles avoient pris naissance à la même source et dans les

---

(1) Voyez les notes justificatives, n° 28.
(2) Voyez les notes justificatives, n° 29.

mêmes lieux (1). Ils profitèrent enfin des acceptions différentes que la pauvreté du langage primitif avoit dû donner aux expressions anciennes des vieilles traditions, pour faire subir aux faits transmis par elles les plus étranges et les plus bizarres transformations que put inventer l'imagination poétique (2).

En résumé, les poëtes, profitant de la *tradition confuse*, des *changements* et des *progrès* que la religion avoit subis ; du souvenir également confus des *événements mémorables*, soit *généraux*, soit *particuliers*, soit *physiques*, soit *moraux*, tous transmis théologiquement ; profitant sur-tout de l'*anthropomorphitisme*, dont on a vu que l'origine dut être contemporaine de celle du *polythéisme* ; profitant des *traditions exagérées* des actions attribuées aux demi-dieux ou aux héros de leur pays, et de l'intérêt qu'y prenoit l'orgueil national ; profitant également des notions religieuses *étrangères* qui parvinrent à eux, et de la facilité de les amalgamer avec les leurs ; profitant enfin du secours qu'offroit à leur imagination la pauvreté du langage primitif, dans lequel les traditions nationales étoient conservées ; les poëtes, dis-je, édifiant sur de telles bases, et se servant de semblables matériaux, exprimèrent, avec les idées postérieures des changements politiques, l'ancienne histoire des vicissitudes des opinions religieuses. Ils supposèrent une généalogie physique

____

(1) Voyez les notes justificatives, n° 30.
(2) Voyez les notes justificatives, n° 31

aux dieux, qui ne pouvoient avoir qu'une origine métaphysique, puisqu'ils avoient été enfantés par l'imagination humaine (1); ils enrichirent d'inventions poétiques les traditions des événements anciens transmis *théologiquement;* ils ajoutèrent à l'exagération des exploits de leurs demi-dieux, non seulement les fictions de la poésie, mais encore les traditions également exagérées de héros étrangers aussi déifiés, et qu'ils confondirent avec ceux de leur patrie; ils amalgamèrent de la même manière les notions religieuses de peuples étrangers avec celles de leur nation pour en former un seul système; ils prêtèrent aux expressions anciennes, dans lesquelles les traditions religieuses avoient été conservées chez eux, les plus étranges acceptions et les interprétations les plus poétiques; et c'est ainsi qu'ils firent disparoître jusqu'à la trace du culte ancien, et qu'ils multiplièrent les absurdités et les vices de cette religion déja si vicieuse et si absurde. Les poëtes qui vinrent plus tard, en suivant les traces de leurs devanciers, ne firent qu'accroître le mal et lui prêter un nouvel appui (2). C'est dans cet état de confusion, d'absurdité, de vices, que l'on doit trouver et qu'on trouve en effet le polythéisme chez les peuples qui sont déja sortis de la barbarie. Nous aurons donc à étudier quels sont les rapports généraux que le *polythéisme,* considéré sous l'aspect général que nous lui avons donné, peut avoir dans cet état de la

____

(1) Voyez les notes justificatives, n° 32.
(2) Voyez les notes justificatives, *ibid.*

société avec les biens et les maux précédemment indiqués. Mais pour porter dans cette recherche l'exactitude convenable, il est nécessaire de faire suivre l'examen auquel nous venons de nous livrer de celui qui fera le sujet du chapitre suivant.

CHAPITRE V.

Appendice au chapitre précédent.

Après avoir découvert l'origine du *polythéisme,* après l'avoir suivi dans son développement jusqu'au point où il doit être arrivé lorsque la société est déja sortie de la barbarie, il est nécessaire de porter notre examen sur la nature du *culte* qui a dû accompagner ces idées religieuses ; il est nécessaire d'observer ce culte aux mêmes périodes, de le suivre aussi dans ses variations et jusqu'au même terme, afin de parvenir à connoître la combinaison des *croyances* et des *pratiques,* en un mot l'*ensemble* de la religion dont nous nous occupons. A défaut de cette connoissance exacte, nos recherches ultérieures, auxquelles elle doit servir de base, ne pourroient être qu'incertaines et mal fondées.

Il n'est pas difficile de concevoir quel dut être le premier culte pratiqué par les mortels effrayés, qui les premiers eurent recours à la *force inconnue* dont nous avons parlé. Simple et indéterminé comme l'Être auquel il étoit adressé ; arbitraire et incertain comme le sauvage qui l'exerçoit ; dicté par la crainte, et par conséquent inopiné, interrompu, comme les causes qui le faisoient naître, il ne pouvoit avoir adopté aucun lieu déterminé, aucunes cérémonies régulières ; les sacrifices devoient lui être inconnus, et il ne pouvoit consister qu'en prières : il devoit enfin être plus intérieur qu'apparent (1).

Cette simplicité du culte primitif, analogue à celle des premières idées religieuses, ne dut pas se conserver plus long-temps que les idées mêmes auxquelles ce culte se rapportoit. Lorsqu'on passa de la croyance en la *force inconnue* à la déification de plusieurs forces, de plusieurs puissances distinctes ; lorsqu'on reconnut plusieurs dieux, et qu'on les fit semblables aux hommes ; en un mot, lorsque le *polythéisme* et l'*anthropomorphitisme* prirent simultanément naissance ; comme nous l'avons fait voir, le culte dut nécessairement se ressentir de ce changement dans les opinions religieuses ; les pratiques durent cesser d'être vagues et indéterminées, lorsque les objets de l'adoration des hommes furent déterminés et distincts ; les exercices pieux durent deve-

---

(1) Nous voyons pourquoi la plus ancienne tradition grecque rapportée par Hérodote (lib. II, cap. 52) nous apprend que le culte des Pélasges, de ces premiers habitants sauvages de la Grèce, consistoit essentiellement dans la prière. Ceci nous explique aussi comment les voyageurs ne s'accordent pas dans leurs relations, à l'égard de différents peuples sauvages observés dans des temps plus rapprochés : les uns ont affirmé que ces peuples avoient quelques idées de religion, les autres ont prétendu le contraire ; c'est que les premiers les auront surpris dans des moments de terreur, et par conséquent en prière, tandis que les autres, ne les ayant jamais observés dans de semblables circonstances, n'auront pu découvrir en eux aucun indice de religion et de culte.

Relativement aux Pélasges, le lecteur peut se rappeler ce que j'ai dit dans la première note justificative, appartenante au chapitre précédent, pour prouver qu'ils étoient adorateurs de la *force inconnue.*

nir plus fréquents : il fallut implorer la clémence ou le secours des dieux, comme on imploroit celui des hommes ; de là les offrandes, les hommages, les sacrifices, les expiations. Mais au milieu de tous ces changements et de toutes ces innovations, on doit reconnoître constamment l'influence des circonstances dans lesquelles les hommes se trouvoient et se trouveront toujours, à cette seconde période du développement des idées religieuses. Encore errants et indépendants, encore pauvres et vagabonds, moins isolés, plus rassemblés, mais cependant encore séparés et divisés, ils ne pouvoient avoir ni communion de rites, ni sacerdoce caractérisé ; ils ne pouvoient avoir ni élevé des temples, ni érigé des autels ; le culte ne pouvoit se confondre et s'exercer en commun, et les sacrifices devoient conserver quelque chose de la simplicité de cet état social. Dans l'enceinte domestique ou en pleine campagne, une grossière idole étoit placée sur quelques mottes de terre amoncelées ; on faisoit une libation aux pieds de ce simulacre ; on y brûloit un faisceau d'herbes choisies ou de laurier odorant : voilà en quoi consistoit le simple sacrifice que chaque famille offroit séparément à la divinité qu'elle imploroit par le ministère de son chef, qui étoit en même temps et son père et son pontife (1).

---

(1) Thura nec Euphrates, nec miserat India costum,
    Nec fuerant rubri cognita fila croci.
  Ara dabat fumos, herbis contenta sabinis,
    Et non exiguo laurus adusta foco.

Ovid., Fast., lib. I, v. 340.

La croyance aux augures et aux présages dut avoir
son origine à cette époque, et commencer à devenir
une partie essentielle du culte. Les hommes accoutumés à expliquer les phénomènes naturels par des
causes théologiques, observant dans la nature des
signes divers qui paroissoient être les précurseurs
de divers événements; ayant remarqué, par exemple, que la pâleur apparente ou l'extrême rougeur
du soleil ou de la lune étoient des indices constants
de changements de temps; ayant reconnu dans l'apparition ou dans l'émigration de certains oiseaux,
dans le vol ou dans le chant de quelques autres, des
présages de la même nature (1); et croyant, par une
conséquence des principes que nous avons posés,
que tout ce qui se passoit dans l'univers avoit l'homme
pour unique objet, et se rapportoit à lui seul; les
hommes, dis-je, expliquèrent encore théologiquement ces phénomènes. Ils les considérèrent comme
le langage dans lequel les dieux annonçoient aux
mortels les événements futurs; ils conclurent de là
que ces dieux prenoient soin eux-mêmes de diriger

Platon nous confirme dans cette idée par deux passages de ses
œuvres, dans le livre VI *des Lois* et dans l'*Épinome*.

Elle est également appuyée par Porphyre, qui invoque à ce sujet
l'autorité de Théophraste. Voyez *lib. de Abstin., apud Euseb. Præp.
Evang.*, lib. I, cap. 9.

Les relations des voyageurs qui ont visité les peuples de l'Amérique nous font voir que dans les lieux où les hommes vivoient
dans l'état dont nous parlons, on a toujours observé la même simplicité de culte.

(1) Voyez ce qui a été dit sur cet état de la société au ch. XXXVI
du troisième livre.

les entreprises humaines ; et, passant d'une erreur à
une autre, ils regardèrent comme un devoir de les
consulter avant de rien entreprendre. Les astres, les
oiseaux, le chant des poulets, le sifflement des serpents, tout excita leur attention, tout sembloit pouvoir être un avis des dieux, tout étoit interprété
comme tel après l'issue des événements ; et au moyen
de cette logique universelle et constante de l'ignorance, qui consiste à déduire d'un fait particulier
une règle générale, l'événement heureux ou malheureux qui avoit suivi un signe observé suffit
pour le faire considérer comme un présage favorable ou funeste dans toutes les circonstances analogues.

Tel est le fondement, telle est l'origine reculée
de la croyance aux augures et aux présages ; croyance
commune à tous les peuples barbares, et qui, si elle
dut à la cupidité et à la fourberie ses progrès et son
extension, ne dut assurément qu'à l'ignorance et à
l'erreur sa naissance et son principe. Il n'est pas
difficile de concevoir que, tant que dura l'état antérieur à la réunion du corps social, ces signes, ces
augures, ces présages, ainsi que la manière de les
entendre et de les interpréter, durent varier en raison du culte et des rites particuliers adoptés par
chaque famille, et que le chef de la famille, qui en
étoit le père et le pontife, dut en outre être son
augure.

Le polythéisme une fois introduit, ses progrès et
son extension durent nécessairement entraîner une
extension progressive du culte. A mesure que les

objets des espérances et des craintes des hommes faisoient reconnoître un nombre toujours croissant d'intelligences distributives, il étoit naturel que le culte intéressé qu'on leur rendoit exigeât des pratiques et des exercices progressivement plus nombreux. Mais comme, en même temps que le nombre des dieux se multiplioit, la société croissante recevoit des modifications et parcouroit graduellement et insensiblement cet espace qui sépare l'*indépendance sauvage* de la *dépendance sociale* (1), il étoit également nécessaire que le culte, qui éprouvoit d'une part des changements progressifs par suite de la progressive augmentation du nombre des dieux, en éprouvât aussi d'un autre côté en raison du développement de la société.

Dans cet ordre de choses constant et universel, la communication des rites particuliers dut être la première modification apportée au culte par le premier lien social qui se forma.

Lorsqu'il commença à exister une réunion, une sorte de sénat composé des pères de ces familles rassemblées et agrandies; lorsqu'on commença à y reconnoître un roi, un chef chargé de présider ce sénat et de conduire à la guerre les pères et leur famille; lorsqu'au sein de cette réunion, il fallut prendre quelque mesure importante pour la sûreté

---

(1) J'entends par *dépendance sociale* (*servitù civile*) cet état dans lequel la force publique, c'est-à-dire la force de la loi, a triomphé de toutes les forces individuelles ; et c'est cet état que je considère comme le terme du développement de la société.

commune (1), comment s'y décider, avec les opinions religieuses de ces hommes, avec la croyance générale que tous les événements étoient l'œuvre immédiate des dieux, sans avoir imploré en commun leur assistance, sans avoir en commun interrogé leur volonté? Il fallut donc dès-lors élever une enceinte sacrée; il fallut ériger l'autel public; il fallut, des rites particuliers de chaque famille, composer un rite commun; il fallut convenir des sacrifices qu'on devoit offrir, et du mode dans lequel ils seroient offerts; il fallut enfin commencer à fixer la commune croyance aux augures et aux présages, et concilier pour cela les observations particulières et héréditaires de chaque père sur les différents signes par lesquels les dieux avoient coutume d'annoncer à chaque famille leur volonté et les événements futurs (2).

Dans ce principe de culte public, il étoit naturel que les pères, qui avoient été les seuls prêtres et les seuls augures dans leurs familles, continuassent de l'être dans la cité; et que le roi, qui étoit le chef de ces pères dans le sénat et à la guerre, le fût encore dans les sacrifices et dans les augures.

Patres sacra magistratusque soli peragunto, ineuntoque. Sacra patres custodiunto.

<hr>

(1) Voyez ce qui a été dit sur cet état de la société au ch. **XXXVI** du troisième livre.

(2) Ce fait général n'a pas échappé aux regards profonds de Platon. Il dit en effet, dans le troisième livre *des Lois*, que la communication des rites particuliers accompagna la naissance de la société.

Sacrorum omnium potestas sub regibus esto (1).
Rex idem, et regi Turno gratissimus augur (2).

Lorsque le culte public fut établi, le nombre des dieux toujours croissant, la multiplicité des sacrifices qui augmentoit en raison des occasions de recourir à ces dieux de plus en plus innombrables, enfin les guerres fréquentes et les chocs intestins, qui devoient être continuels au sein de ces cités naissantes, où l'indépendance des pères se conservoit avec presque toute son ancienne vigueur (3); ces diverses causes réunies obligèrent bientôt ces mêmes pères à se démettre du ministère du culte, et à choisir parmi eux un certain nombre d'individus, pour leur confier exclusivement les fonctions sacrées. Le sacerdoce forma donc un ordre distinct, qui appartenoit à celui des patriciens par son origine et par la parenté, et à leur chef ou roi par la qualité que ce dernier conserva généralement de chef ou roi des sacrificateurs, et de régulateur suprême des choses sacrées (4).

---

(1) *Lex regia.*

(2) Virgil., *Æneid.*, lib. IX. Voyez aussi Denys d'Halicarnasse, *Antiq. rom.*, lib. II; et ce qui a été dit dans le chap. XXXVI du troisième livre de cet ouvrage.

(3) Voyez le même ch. XXXVI du troisième livre de cet ouvrage.

(4) Voyez la note justificative n° 25, appartenante au chapitre précédent, et dans laquelle ce fait se trouve prouvé par l'histoire de divers peuples. Nous ajouterons ici que dans les îles de l'hémisphère austral récemment découvertes, on a encore trouvé le sacerdoce généralement composé d'individus choisis dans le corps des patriciens, et que les rois de ces gouvernements guerriers sont les chefs du sacerdoce, avec la qualité de premiers sacrificateurs. Voyez le troisième Voyage du capitaine Cook.

L'ordre sacerdotal étant ainsi établi, le ministère sacré étant confié à un corps puissant par sa qualité et respectable par sa mission, le culte public dut nécessairement prospérer dans des circonstances si favorables. Les temples durent devenir plus augustes, les autels plus nombreux, les sacrifices plus fréquents et plus pompeux. Diverses fêtes commémoratives à l'occasion de malheurs anciennement ou récemment évités, de bienfaits anciennement ou récemment obtenus, durent être instituées à cette époque. Rien de ce qui pouvoit offrir un aliment au culte des mortels pieux, rien de ce qui pouvoit accroître leur reconnoissance ou leur crainte des dieux, ne dut assurément être négligé (1). Le langage dans lequel les hommes s'adressoient à leurs divinités se

----

(1) Les fêtes les plus anciennes chez tous les peuples nous indiquent en effet ces commémorations. Les fêtes très anciennes qui se célébroient sur la montagne de l'île de Samothrace ; celles que les Arcadiens célébroient sur le mont Lycée ; les fêtes non moins anciennes des Rhodiens, dont parle Pindare ; celles qui étoient célébrées tous les neuf ans à Delphes, en mémoire de la victoire remportée par Apollon sur le serpent Python ; celle que l'on appeloit à Rome *populifugium*, et dont parlent Denys d'Halicarnasse et Plutarque ; celles qui de temps immémorial ont été célébrées au Japon et sur la côte de Malabar ; celles enfin qu'on a observées chez les diverses nations de l'Amérique, et qui ont été récemment retrouvées dans les îles de la mer du Sud, n'indiquoient et n'indiquent toutes autre chose que ces commémorations. Seldenus a prouvé que les Persans appeloient *souvenirs* leurs fêtes anciennes. Ceux qui connoissent les rites qui se pratiquoient dans les *chronies*, dans les fêtes des *lampes*, dans celles de Cérès et de Proserpine, et dans les fêtes des Grecs appelées *antistéries* et *boédromies*, pourroient-ils ne pas reconnoître les commémorations qu'elles

formant dans les mêmes circonstances, et sous la
direction de l'ordre sacerdotal, dut acquérir alors

---

avoient pour objet? Voyez ce que dit Meursius, sous ces titres res-
pectifs, dans son traité *De Græcor. fer.*

Toutes ces fêtes et tous les mystères qui, comme nous le verrons bientôt, y prirent naissance, se terminoient par des démonstrations de contentement et de joie ; mais les cérémonies du commencement offroient en général le spectacle de la tristesse et de la
crainte. Ici, c'étoit une fuite précipitée, des pleurs, des gémissements, des hurlements, des jeûnes, des veilles de cérémonies ; là ,
c'étoit la recherche de quelque divinité, ou, si l'on veut, de quelque puissance physique déifiée, comme le soleil, la lune, etc. ,
pratique qui avoit pour objet de rappeler quelque catastrophe ,
quelque bouleversement, pendant lesquels ces divinités s'étoient
tenues cachées ; ailleurs, c'étoient des offrandes de glands, de racines, d'herbes sauvages, de fruits secs ; en un mot, tout ce qui
pouvoit rappeler le passage de la terreur à la sécurité, ou du besoin
à l'abondance.

Dans les fêtes qui étoient célébrées à Sicyone en l'honneur d'A-
pollon, sept jeunes garçons et sept jeunes vierges paroissoient être
occupés à la recherche d'Apollon et de Diane, c'est-à-dire du soleil
et de la lune, pour perpétuer le souvenir de quelque événement
pendant lequel ils s'étoient voilés. C'étoit dans une intention analogue qu'en Égypte on cherchoit Osiris avec des marques de douleur, et que chez les Syriens on célébroit la mort et la résurrection
d'Adonis, divinité qui, de même que l'Osiris des Égyptiens et l'A-
pollon des Grecs, n'étoit autre que le soleil.

Une commémoration toute semblable avoit lieu chaque année
aux époques des phases de la lune chez les Américains des Florides,
chez les Caraïbes de l'île de Saint-Domingue, chez les peuples du
Pérou, et parmi les habitants des îles Mariannes. Athénée parle
d'une ancienne danse à laquelle on donnoit le nom d'*incendie du
monde* (κοσμῶ ἐκτύρωσις). Voyez Athénée, lib. XIV, cap. 7.—Voyez
Meursius, lib. 1 ; Plutarque, *De Iside et Osiride ;* Lucien, *De dea
syria,* §. 55 ; le traité *des Cérémonies religieuses ;* l'*Histoire générale
des voyages ;* la *Conquête du Pérou ;* les *Mœurs des sauvages,* de Laffiteau ; les *Lettres édifiantes.*

Les glands, les couronnes de chêne, les herbes sauvages, les

5.   7

un caractère de dignité qu'il n'avoit pas eu jusque-là. Les hymnes et les cantiques composés par les prêtres acquirent plus de gravité et de majesté que n'en avoient ceux que les pères chantoient auparavant avec leurs familles. Les expressions pompeuses et emphatiques des nouveaux chants achevèrent d'exagérer et de dénaturer les faits qui en étoient le sujet; et les mots inventés pour distinguer ces compositions du langage vulgaire ne tardèrent pas à devenir obscurs et mystiques (1). Le mystère, enfin, si puissant pour exciter la vénération des hommes, vint à l'appui de tant d'autres moyens employés

---

racines, certains fruits, certains légumes, les jeûnes, les veilles, les costumes sauvages, et beaucoup d'autres marques de commémoration de l'ancienne misère de l'état de barbarie, de la découverte de l'agriculture, des bienfaits de la société, formoient une partie essentielle des rites observés dans les fêtes de Cérès et dans celle des Saisons à Athènes, dans celles de Pessinonte, et enfin dans la plupart de celles des Égyptiens, des Persans, et des Japonois, qui les conservent encore aujourd'hui. Voyez Diodore de Sicile, lib. I; Denys d'Halicarnasse, lib. I, cap. 18, et lib. II, cap. 8; le cinquième discours de l'empereur Julien *in honor. matr. deor;* Virgile, *Georg.*, lib. I, v. 349; Varron, dans saint Augustin, *De civit. dei*, lib. VII, cap. 20; Cicéron, *De legib.*, lib. II; Plutarque, *De Iside et Osiride;* Kempfer, lib. III, cap. 6.

Dans les fêtes nuptiales de la Grèce, un enfant couronné d'épines et de rameaux de chêne portoit à la main un crible rempli de pains, et prononçoit ces paroles: Ἔφυγον κακόν, εὗρον ἄμεινον: *J'ai évité le mal, et j'ai rencontré le bien.* Voyez Hésychius et Suidas aux mêmes mots.

(1) Cook, Forster, et leurs compagnons, qui avoient fait de grands progrès dans la langue des Taïtiens et de plusieurs autres insulaires de l'hémisphère austral, et qui comprenoient parfaitement leur langage familier, n'ont jamais pu comprendre leur langage sacré. Voyez le *Voyage de Forster*, part. IV, chap. 9.

pour la fortifier et l'accroître. Les patriciens seuls furent admis aux célébrations des plus augustes rites dans les grandes solennités : le reste du peuple, composé de tout ce qui obéissoit dans l'état précédent de famille (1), en fut exlcus. Cette distinction devoit augmenter en même temps le respect des uns et des autres, et le culte religieux gagnoit ainsi simultanément dans l'opinion de tous les ordres de la cité. Cela devoit être, cela fut généralement; et telle est, chez tous les peuples, la première origine des mystères (2).

---

(1) Voyez ce qui a été dit à ce sujet dans le chap. XXXVI du liv. III, déja cité.

(2) Le capitaine Cook qui, pendant le cours de son troisième voyage, eut l'occasion d'assister à la célébration de quelques fêtes chez divers peuples des îles de la mer du Sud, rapporte que les chefs seuls ou les patriciens avoient le droit de participer, avec les prêtres et le roi, aux rites les plus solennels, et que le reste du peuple n'y étoit point admis. La description qu'il donne de ces fêtes ne nous permet pas de douter qu'elles ne soient de la même nature que les fêtes commémoratives dont nous avons parlé, et qu'on retrouve chez tous les peuples de l'antiquité la plus reculée. Rapprochons cette observation de l'ancienne tradition grecque rapportée par Strabon, et qui nous apprend que les dactyles idéens, les curétes, les cabyres, les corybantes, furent les anciens ministres, les premiers initiés aux mystères; réfléchissons, avec cet esprit philosophique qui doit diriger de semblables recherches, au rôle que ces personnages jouent dans la fable; ajoutons à cette réflexion celle que doit faire naître la connoissance parvenue jusqu'à nous du sacerdoce des différents mystères de l'antiquité, exercé exclusivement et de droit héréditaire par quelques familles illustres d'une immémoriale origine; remarquons en outre que les pratiques qui étoient observées dans ces mystères ont un rapport frappant avec celles qu'on retrouve dans les fêtes des Indiens de la mer du Sud, c'est-à-dire qu'indépendamment des rites secrets, il y avoit des rites

La dépendance religieuse des hommes étant établie et affermie par tant de causes, ses progrès étoient assurés, son extension devoit devenir immense. L'ambition ne tarda pas à découvrir l'instrument tout-puissant qu'elle pouvoit employer à l'accomplissement de ses desseins. Le chef de la cité s'aperçut bientôt que, pour faire adopter et respecter ses lois, il falloit qu'il les fît provenir du ciel, qu'elles fussent dictées par les dieux, que chaque loi fût placée sous la protection et la puissance de la divinité qui présidoit à l'objet auquel elle avoit rapport; que, pour en rendre abominables les infracteurs, il falloit les faire considérer comme des sacriléges; que, pour les punir, il falloit les immoler à la divinité offensée par eux, et qu'il étoit nécessaire d'apaiser (1).

---

publics auxquels tout le peuple prenoit part: nous serons conduits à reconnoître que ce qui existe aujourd'hui chez ces insulaires dispersés a existé de même aux époques correspondantes de l'état de société chez les peuples de l'antiquité la plus reculée. Voyez Strabon, lib. X; la tradition des Thébains rapportée par Pausanias sur les cabyres, *Bœot.*, cap. 25; Sénéque, *Epist.* 95, où il parle de cette distinction entre les rites augustes qui étoient secrets et mystérieux, et les rites publics auxquels le peuple prenoit part; **Meursius**, *Eleusin*; enfin les relations des voyages du capitaine Cook.

(1) Chaque délit public fut considéré comme un délit **religieux**, comme une offense envers la divinité protectrice de cet objet de bien public. Il falloit apaiser cette divinité: la prière publique étoit la peine, *supplicium*; le coupable étoit la victime, *sacer esto*. Nous avons parlé de tout cela dans le chap. XXXVI du troisième livre de cet ouvrage. Les preuves que nous y avons produites sont aujourd'hui confirmées par les relations du capitaine Cook, qui a retrouvé chez les Indiens des îles de la Société la même coutume

Le sacerdoce reconnut que, pour agrandir son pouvoir, il devoit multiplier les pratiques du culte, imprimer le besoin des expiations, qui s'accomplissoient par son ministère (1), et sur-tout ajouter aux signes reconnus qui composoient la science des *augures* et des *présages*, d'autres signes, d'autres moyens dont il pût disposer à son gré (2). Le chef s'aperçut que, pour exciter ses soldats à la guerre, il falloit la faire ordonner par les dieux, la prescrire en leur nom au milieu des cérémonies sacrées, faire naître de l'exécration du ciel la haine contre le peuple qu'on alloit combattre (3), inspirer la confiance

---

d'immoler aux dieux les coupables, comme on peut le voir dans la relation de ses voyages, et dans celle de R. Forster, part. IV, ch. 10

(1) Nous lisons dans Plutarque qu'Orphée acquit une grande influence en instituant de nouvelles pratiques religieuses, et en faisant croire qu'il avoit trouvé le moyen d'expier les crimes, de purifier les coupables, et d'apaiser le courroux des dieux. (*Bœotic.*, cap. 30). Or le temps du sacerdoce bien connu d'Orphée correspond parfaitement avec cette période de l'état social de laquelle nous parlons.

(2) Tels furent les aruspices et les oracles, qui se rencontrent par-tout où le polythéisme a étendu son empire, et que le capitaine Cook a retrouvés chez ces peuples que la nature semble avoir jetés au hasard dans la vaste mer du Sud, sur des iles séparées de tout continent par des espaces immenses. Les Taïtiens et les autres Indiens des iles de la Société ont aussi leurs oracles, que le prêtre recueille dans les *morais*, en interrogeant à voix basse l'*étooa*, divinité que l'on suppose résider dans ces lieux. Le dieu répond également à voix basse, et de manière que personne autre que le prêtre ne peut entendre sa réponse. Celui-ci proclame ensuite aux assistants l'oracle qu'il a recueilli de l'étooa. Voyez la relation des Voyages du capitaine Cook, et celle déja citée de R. Forster.

(3) De là vint une coutume des Égyptiens rapportée par Hérodote, lib. II. En sacrifiant une victime, ils prioient les dieux de

et la certitude de vaincre, par la promesse des divinités protectrices de la cité (1). Le magistrat comprit que, pour donner de la force à ses arrêts, il falloit confier aux épreuves religieuses la preuve des
accusations, et faire dépendre le jugement des
hommes de celui des dieux (2); que, pour atténuer
les maux résultant des querelles particulières, pour
apaiser les haines et arrêter les vengeances personnelles, pour préparer une voie aux accommodements, il étoit nécessaire de donner de l'extension
à la sainteté des *asiles*, et d'introduire les *tréves reli-*
gieuses; il comprit, en un mot, que la foiblesse de
la force publique devoit s'appuyer sur le pouvoir
théocratique (3).

Toutes ces spéculations durent multiplier à l'infini les innovations apportées au culte, les cérémonies du rituel, et les erreurs de la multitude.

Une pratique aussi honteuse et funeste qu'elle fut
générale devoit prendre naissance au milieu de cet
état de choses. Les hommes, accoutumés à voir cou-
ler sur les autels le sang des sacriléges, n'avoient
qu'un pas à faire pour arriver de cette erreur à la
croyance que les dieux, qui se laissoient fléchir par

____

faire tomber sur sa tête seule tous les maux dont la patrie pouvoit
être menacée ; ils vendoient ensuite cette tête, vouée à l'exécration,
aux étrangers sur lesquels ils vouloient attirer la colère du ciel.

(1) Voyez ce qui a été dit sur ce sujet dans les notes justificatives
appartenantes au chapitre précédent, n° 20.

(2) Voyez le chap. XI du troisième livre de cet ouvrage, où il a
été parlé des jugements de Dieu dans les temps de barbarie.

(3) Voyez le chap. XXXVI du liv. III, déja cité tant de fois.

de semblables sacrifices, accepteroient avec plus de plaisir encore le sang d'un innocent. Dans les grands dangers, dans les circonstances graves, plus la clémence et l'appui des dieux paroissoient nécessaires, plus il sembla que l'offrande dût être précieuse; et le sacerdoce, qui voyoit son pouvoir s'accroître à mesure que les effets de la superstition humaine devenoient plus illimités, favorisa ces abominations, osa même souvent les prescrire au nom des dieux. Chez quelques peuples, on préféra le prisonnier au citoyen; chez certains autres, on choisit pour victimes des enfants, des adolescents, ou de jeunes vierges; il y en eut chez lesquels les fils et les filles des rois ne purent échapper à ces épouvantables sacrifices (1).

---

(1) Les Scythes, les peuples de la Tauride, les Gaulois, les Lusitaniens, sacrifièrent les prisonniers de préférence aux citoyens; et le mot *hostia* des Latins sembleroit dériver du mot *hostis*, et exprimer qu'on immoloit un ennemi. Voyez Hérodote, lib. V, cap. 51; Diodore de Sicile, lib. III; Lucain, *Phars.*, lib. IV et V; Strab., lib. VI.

Les Moabites, les Ammonites, les Carthaginois, les peuples de l'Achaïe, les habitants de Tenuse, les peuples de la Floride qui sont voisins de la Virginie, les Mexicains, beaucoup d'autres peuples de l'Amérique, et les Indiens dont parle le P. Duhalde, sacrifioient des enfants, des adolescents ou de jeunes vierges. Voyez le chap. 20 du *Lévitique;* Pausanias; Diodore de Sicile, lib. X; Plutarque, *Traité de la Superstition;* Gemello Carreri, t. VI; et la relation de Lemoine de Morgues.

Strabon, Tacite, Denys d'Halicarnasse, Porphyre, Macrobe, saint Athanase, Procope, et les relations des voyageurs, nous montrent ces abominations répandues sur toute la terre. Voyez Strab., *Geog.*, lib. I; Tacite, *in Agric.*, cap. 2; Macrobe, *Saturn.*, lib. I, cap. 10, et lib. V, cap. 19; saint Athanase, *Orat. contra*

Il ne restoit plus à la superstition humaine, après tant d'excès, qu'une dernière erreur, qu'un dernier excès à atteindre. Il falloit voir l'homme prosterné devant l'autel d'un autre homme; il falloit l'amener jusqu'à offrir des vœux et sacrifier des victimes à son semblable. La déification des héros enfants des dieux, qui fut, comme nous l'avons vu, l'ouvrage des prêtres, fournit au culte ce nouvel objet, et conduisit l'humanité dégradée jusqu'à ce dernier terme d'avilissement. Les sépulcres devinrent des temples, les tombes se changèrent en autels, et l'on alla quelquefois jusqu'à immoler des victimes humaines à ces divinités mortelles (1).

Vers cette même époque, les rites secrets, célébrés exclusivement par les patriciens dans les grandes fêtes commémoratives, reçurent cette forme qui a caractérisé depuis les mystères chez tous les peuples. Ils avoient été institués, comme nous l'avons vu, dans les premiers temps héroïques, et il n'étoit

---

gentes; Procop., en parlant de l'entrée des François en Italie; Fleury, *Histoire ecclésiastique du huitième siècle,* où il nous apprend que ces sacrifices étoient encore en usage à cette époque chez certains peuples.

Enfin, relativement à ce que nous avons dit au sujet des fils et des filles de rois, on connoît le sacrifice d'Aristodème, qui plongea de sa propre main le couteau sacré dans le sein de sa fille pour sauver Messène; on connoît celui des filles de Néphélé prescrit par un oracle; et enfin celui d'Iphigénie, fille d'Agamemnon, commandé par Calchas au nom des dieux.

(1) On sait que les habitants de la Phthiotide offroient une victime humaine à Pélée, et que dans l'île de Chypre on en immoloit une chaque année à Diomède. Porph., *De abst.,* lib. II.

pas étonnant que les classes inférieures de la société naissante, que la masse obéissante, qui devoit alors être plongée dans l'avilissement le plus complet et soumise à l'oppression la plus absolue, supportât patiemment cette exclusion, et vît avec une crainte respectueuse admettre à la célébration de ces mystères les patriciens seuls, qui avoient sur elle une autorité illimitée, et qui venoient eux-mêmes de renoncer au ministère du culte pour le confier à un sacerdoce émané d'eux immédiatement. Mais lorsque cette ignominieuse différence commença à s'affoiblir par les progrès de la société; quand les ordres inférieurs de la cité commencèrent, soit par leur nombre, soit par l'audace de quelques uns de leurs membres, à acquérir un degré de considération qu'ils n'avoient pas encore eu; lorsqu'il fallut songer à dissimuler une honteuse inégalité et à en atténuer les marques, la partie la plus précieuse du culte dut nécessairement se ressentir des considérations politiques qui se rattachoient à cet objet important. Admettre tout le monde indistinctement aux rites secrets, c'eût été détruire le respect qu'ils inspiroient; continuer d'en exclure les ordres inférieurs de la société étoit une distinction que le nouvel état des choses ne pouvoit plus permettre. Il fallut donc modifier l'inaccessibilité sans la détruire; il fallut ouvrir l'accès à tous les ordres, sans l'ouvrir à tous les individus. Le respect que le peuple avoit conçu pour ces célébrations mystérieuses permit à ceux qui se trouvoient en possession du ministère sacré de n'admettre parmi les aspirants de tous les ordres que

ceux qu'ils auroient jugés dignes d'obtenir cette distinction. Ce moyen étoit le seul, et les circonstances l'indiquoient si naturellement, qu'il n'est pas
surprenant d'en trouver l'application chez tous les
peuples. Ce fut donc là l'origine générale des *initiations*, et du silence exigé des *initiés* sur les mystères
qu'ils pratiquoient, ou dont ils étoient témoins. Ces
célébrations ne cachoient et ne pouvoient cacher
aucun secret (1); mais le silence si rigoureusement
exigé et les difficultés de l'initiation, qui avoient un
tout autre motif, durent bientôt faire croire que ce
secret existoit réellement. On ne tarda pas à penser
en effet que ces rites et ces cérémonies en renfermoient un d'une grande importance; avec cette prévention, il ne fut pas difficile de le trouver; les
adeptes les plus clairvoyants firent des conjectures, et
ces conjectures devinrent par la suite le grand secret.

C'est ainsi que furent institués les mystères chez
tous les peuples. On a beaucoup pensé et écrit sur
ce sujet, et il n'a donné lieu à tant d'opinions diverses, que parcequ'on n'a pas voulu observer le
cours universel et constant des choses humaines (2).

D'après tout ce que nous venons de dire, on peut

---

(1) Il suffit de réfléchir à la période à laquelle elles prirent naissance pour se convaincre de cette vérité. Les hommes, encore
presque sauvages, pouvoient-ils être dépositaires de quelque principe secret, de quelque vérité inconnue? pouvoient-ils prendre
tant de soin pour la voiler et la transmettre sous des symboles, et
dans des cérémonies si recherchées?

(2) Nous aurons bientôt l'occasion de revenir sur ce sujet, et de
mettre cette vérité dans un plus grand jour.

voir quel doit être l'état du culte chez les peuples déja sortis de la barbarie. Si nous en exceptons les sacrifices de victimes humaines et quelques pratiques introduites uniquement pour suppléer au défaut de la force publique, et qui devront disparoître peu à peu, à mesure que cette force se perfectionnera, nous trouverons, du reste, qu'une extension plus grande, produite par le temps et par des circonstances éventuelles, distinguera seule le culte de ces mêmes peuples arrivés à cette période de l'état de société. Des rites publics et secrets en grand nombre, des sacrifices multipliés, des pratiques religieuses continuelles, de fréquentes expiations, des présages, des augures, des aruspices, des oracles, des temples plus riches, des autels plus nombreux, des simulacres perfectionnés, des fêtes plus augustes et plus répétées, un sacerdoce plus imposant par le nombre de ses membres, des mystères plus secrets célébrés avec plus de solennité, quelques rites nouveaux empruntés à des peuples voisins; tels seront les éléments du culte à cette période.

Guidés par les observations que nous avons présentées, nous pouvons maintenant rechercher quels sont les rapports constants que le *polythéisme* composé de ces *croyances* et de ces *pratiques*, et considéré ainsi sous un point de vue général, doit avoir, dans cet état de la société, avec les biens et les maux précédemment indiqués; ces rapports se manifestent à nos regards sans obscurité et sans incertitude.

CHAPITRE VI.

Des rapports généraux du polythéisme avec les biens et les maux indiqués.

Si, dans une société déjà sortie de l'état de barbarie, la religion admet la pluralité des dieux, il y aura réellement trois religions dans l'état : celle du *vulgaire*, celle du *gouvernement*, celle des *sages*. La religion du vulgaire comprendra la théologie, née du développement des idées polythéistes, combinées avec les circonstances physiques et morales qui auront précédé et accompagné la naissance et l'enfance de cette société, et plus tard modifiée, ornée, enrichie par l'imagination des poëtes, qui sont, comme nous l'avons fait voir, les premiers théologiens des nations ; elle embrassera les devoirs religieux qui dépendent de ce système théologique. La religion du gouvernement se composera des augures, des présages, des oracles, des fêtes, des sacrifices, des cérémonies, et des divers modes solennels adoptés pour consulter, honorer ou apaiser les divinités reconnues. La religion des sages sera une rectification de celle du vulgaire (1).

____

(1) Varron distingue ces trois religions par les noms de μυθικη, c'est-à-dire *fabuleuse*; πολιτικη, c'est-à-dire *politique*; et φυσικη, c'est-à-dire *physique* ou *philosophique*. La première, selon lui, étoit fondée sur la théologie des poëtes, et étoit la religion du vulgaire;

Ce peuple aura une *théogonie*, qui sera nécessairement remplie d'idées d'*anthropomorphitisme*, au moyen desquelles l'imagination des poëtes, brodant sur les anciennes traditions, composera et transmettra l'histoire généalogique des dieux, et celle de leurs rapports de supériorité et de dépendance, de force et de foiblesse, de haine et d'amitié, de jalousie et d'amour, de protection et de vengeance, de fidélité et d'inconstance, de violences, de rapts, d'incestes, de fraudes, de trahisons, de rebellions, de guerres, d'alliances, de défaites, de triomphes (1). La vertu, le vice, le crime, figureront dans l'histoire des dieux comme dans celle des hommes; et l'aveugle polythéiste ne pourra se représenter autrement que semblables à lui-même les divinités objets de son culte. Au milieu de toutes ces fables, la religion promettra une autre vie, avec des récompenses aux justes et des châtiments aux méchants. Mais comment espérer que, sous l'influence d'un semblable système, les idées du bien et du mal religieux s'accordent parfaitement avec celles du vrai bien et du vrai mal moral et social. Cette religion aura donc,

---

la seconde étoit celle du gouvernement, et n'avoit pour objet que les pratiques du culte; la troisième étoit la théologie des philosophes, que Varron ne condamnoit pas, mais qu'il croyoit devoir rester confinée dans les écoles, parcequ'elle discutoit avec une liberté dangereuse la nature des dieux. Voyez Varron dans saint Augustin, *De civit. dei*; et Cicéron, *De naturâ deor.*

(1) *Denique, in hâc omnia diis attribuuntur, quæ non modò in hominem, sed etiam in contemptissimum hominem, cadere non possunt.* Varron dans saint Augustin, *De civit. dei.* Voyez aussi Cicéron, *De nat. deor.*

plus ou moins, des rapports avec les biens indiqués; mais elle en aura de plus nombreux et de plus étendus avec le premier des maux que nous avons signalés.

Si, dans le nombre immense des dieux reconnus par le polythéisme, il se trouve, comme nous l'avons fait voir, des divinités qui président aux passions et les gouvernent à leur gré, qui soient également invoquées pour les combattre ou pour les inspirer, à quoi pourra servir le dogme d'une *autre vie*, pour mettre un frein à ces passions et prévenir leurs funestes effets? Pourra-t-on jamais faire un crime à un homme de ce qui devra être considéré comme l'œuvre d'un dieu? Ne voyons-nous pas en effet dans les tragiques anciens les dieux continuellement accusés des forfaits des mortels (1)?

Si, dans cet absurde système, les vices mêmes, comme nous l'avons aussi fait voir, sont placés sous la protection de certaines divinités, comment espérer que les menaces de la religion puissent éloigner les hommes de ces vices, auxquels on suppose des protecteurs dans le ciel? Le larron pieux, en invoquant le dieu Caridote chez les Samiens, Hermès dans la Grèce, la déesse Laverne à Rome, pouvoit-il redouter des châtiments dans la vie future, pour une action commise sous les auspices d'une divinité (2)?

Si, au milieu des idées d'anthropomorphitisme,

---

(1) Voyez les notes justificatives, n° 5, appartenant au chap. IV.
(2) Voyez les notes justificatives, n° 13, appartenant au ch. IV.

nées et développées en même temps que le polythéisme, et portées à leur dernier degré par les poëtes,
la doctrine des expiations, répandue avec tant de
soin par les prêtres, et si consolante pour l'homme,
a fait chez la multitude les progrès dont elle étoit
susceptible, quelle crainte pourra inspirer la justice
céleste, dès-lors qu'on aura le moyen d'en prévenir
les effets par des pratiques expiatoires? *Quand le
mortel orgueilleux a eu le malheur de tomber dans
le crime*, dit Homère, *ne sait-il pas qu'on apaise les
dieux avec de l'encens, des prières, et des victimes* (1)?
En raison de cette erreur du polythéisme, à-la-fois
pernicieuse et nécessaire, tantôt l'homicide se croira
purgé de son crime par une ablution dans l'eau d'un
fleuve ou de la mer (2), tantôt il lui suffira de laver
ses mains dans le sang de la victime (3) : ici, le
monstre chargé de crimes n'aura, pour apaiser les
dieux, qu'à remplir d'offrandes une balance jusqu'à
ce que le poids de son corps en soit entraîné (4); là,

---

(1) Homère, *Iliade*, liv. IX, v. 495.

(2) Chez les Grecs, les Troyens, et plusieurs autres peuples de
l'antiquité. Voyez Athénée, liv. II, chap. 6, où il parle de la manière dont Achille expia le meurtre de Strambelus, roi des Léléges ;
Virg., *Æneid.*, lib. II; et Ovide, *Fast.*, lib. II.

(3) Apollonius fait imposer par Circé cette expiation à Jason
et à Médée, pour le meurtre commis sur Absirte, frère de Médée.
Voyez Apoll., *Argonaut.*, lib. IV, où il décrit tous les rites de cette
expiation, à laquelle succéda un banquet pour indiquer le terme
des remords. Voyez aussi Apollodore, lib. II, cap. 5; et Diodore, lib. IV.

(4) Chez le peuple nombreux et riche de Tinagogne. Voyez la
relation de Pinto, dans l'*Histoire générale des voyages*

le mari vendra sa femme, le père ses enfants ; et les dieux seront satisfaits, pourvu toutefois que la dîme de cet affreux produit soit fidèlement remise au pontife (1). Quand la civilisation sera plus avancée, les philosophes riront sans doute de ces erreurs ; mais le vulgaire ne les conservera pas moins avec une religieuse obstination ; et l'on sait que, dans les plus beaux jours de la Grèce et de Rome, elles ne cessèrent pas de former une partie essentielle de la religion publique. Ainsi, aux rapports nombreux que le polythéisme, dans cet état de la société, doit avoir avec le premier des maux indiqués, viennent se joindre encore ceux qu'il doit avoir avec le second.

Passons de ces réflexions, qui concernent plus particulièrement la religion du *vulgaire,* à celles qui ont pour objet direct la religion du *gouvernement,* et nous rencontrerons les rapports particuliers du polythéisme avec la troisième série des maux dont nous avons parlé.

Cette religion du *gouvernement* qui, comme nous l'avons dit plus haut, n'embrasse que les fêtes, les sacrifices, les cérémonies, les augures, les oracles, et les modes solennels adoptés pour honorer, apaiser et consulter les dieux ; cette religion du gouvernement, qui doit être en harmonie avec celle du vulgaire, et se ressentir par conséquent, dans ses pratiques, de toutes les erreurs de cette dernière ;

____

(1) Dans les royaumes du Congo, d'Angola, et de Matambola. Voyez les relations d'Ogilby, de Pigafetta, et le Pilgrimage de Purchais.

cette religion du gouvernement, dis-je, pourroit-elle ne pas avoir divers rapports intimes avec les restes des anciennes pratiques, que les circonstances politiques avoient pu rendre nécessaires ou utiles, en quelque sorte, dans l'état de barbarie où elles avoient pris naissance, mais qui deviennent pernicieuses aussitôt que les mêmes circonstances n'existent plus, aussitôt qu'on est parvenu à l'état de civilisation?

Si, chez un peuple polythéiste, et dans l'état de civilisation que nous supposons, l'institution des *asiles*, des *tréves religieuses*, des *immunités sacrées*, ne se soutient plus pour un but politique, elle se conservera néanmoins par un motif religieux. Comment ne pas regarder en effet comme un crime d'arracher du sanctuaire ou du temple le coupable qui s'y est réfugié, lorsque la religion attribue plus de pouvoir à la force qu'à la justice, lorsqu'elle considère les dieux comme susceptibles des mêmes caprices et des mêmes inconséquences que les hommes (1)?

Si chez ce même peuple, et à cette même époque de l'état social, nous ne retrouvons plus de sacrifices

______

(1) Nous voyons qu'aux temps de Sylla la maladie honteuse qui termina ses jours fut attribuée par les Romains à la violation qu'il avoit commise des asiles. Nous voyons qu'à Sparte, malgré la perfection de ses lois, il fallut souffrir que le temple de Pallas fût un asile inviolable pour les criminels condamnés à la mort. Chez d'autres peuples de la Grèce, nous retrouvons, même au plus haut degré de la civilisation, un respect semblable pour les asiles, pour les immunités, et pour les trèves religieuses. Voyez Pollux, lib. IV; Pausanias, *in Cor.*; Cicéron, *in Verrem*, lib. IV.

5.   8

de victimes humaines comme dans les temps de barbarie, nous y trouvons les *consécrations* volontaires, imaginées pour mériter des récompenses futures, ou pour apaiser, dans des circonstances graves ou des calamités publiques, le courroux des dieux, que l'on suppose avides de sang et de carnage, parcequ'on les croit susceptibles de haine et de fureur. Si nous ne voyons plus conduire violemment à l'autel le coupable, l'enfant, le prisonnier, ou la jeune vierge, nous voyons les dévots cochinchinois accourir dans la capitale de l'empire, pour se faire volontairement dévorer par les crocodiles sacrés qu'on y élève; nous voyons les fanatiques du royaume de Martaban s'étendre par milliers sur la route que parcourt chaque année leur idole en grande pompe, et se faire écraser sous les roues du char immense qui la transporte; nous voyons les mères madécasses exposer aux bêtes féroces ou étrangler de leurs propres mains les fils qu'elles ont enfantés dans les jours malheureux ou dans les heures maudites; nous voyons au Japon, et chez d'autres nations de l'Orient, l'épouse désolée se jeter sur le bûcher qui consume les restes de l'époux auquel elle a eu le malheur de survivre (1); enfin, à Rome même, dans les temps de patriotisme et de liberté, comme dans ceux d'avilissement et d'esclavage, nous voyons Curtius se précipiter dans un gouffre, les trois Décius se dé-

---

(1) Voyez la *Relation sur le Japon* dans le *Recueil des Voyages qui ont servi à l'établissement de la compagnie des Indes.* Voyez aussi les *Mémoires de Forbin*.

vouer religieusement au salut de la patrie en se jetant au milieu des phalanges ennemies (1); nous voyons, sous l'empire de Caligula et sous celui d'Adrien, de semblables dévouements consommés pour le salut des tyrans (2): en un mot, les antiques erreurs de la superstition apparoissent et se retrouvent encore au milieu des prodiges du patriotisme et de la liberté comme parmi les excès de l'esclavage et de l'adulation.

Si chez ce même peuple et dans ce même état de la civilisation, ce ne sont plus les dieux qui dictent eux-mêmes les lois, on ne cessera pas pour cela de les interroger, lorsqu'il s'agira de délibérer et de prendre une détermination importante.

Si les prêtres n'exercent plus leur antique influence comme confidents des dieux, ils n'en conserveront pas moins une très grande comme interprètes de leur langage. La science des augures, ridiculisée par le philosophe, continuera néanmoins d'être en vénération auprès du vulgaire, et sera encore par conséquent respectée du gouvernement. Inséparable de la nature de cette religion, son influence durera aussi long-temps que la religion elle-même. Au milieu de la civilisation la plus avancée, un prêtre chaldéen publiera que des signes apparus

______

(1) Tite-Live, lib. V, cap. 32; lib. VII, cap. 6; lib. VIII, cap. 10; et lib. X, cap. 5 : Cicéron, *Tuscul.*, lib. I; Varron, *De linguâ latinâ*, lib. IV. J'ai rapporté dans un chapitre du quatrième livre de cet ouvrage la formule qui, dans ces consécrations, devoit être prononcée par le prêtre, et répétée par celui qui se dévouoit.

(2) Suétone, *in Calig.*; Spart., *in Adrian.*

dans le soleil menacent le souverain, et le peuple se soulévera (1). Les prêtres de Méroë expédieront un courrier au roi pour lui annoncer l'arrêt de mort qui a été lu dans le ciel, et le roi mourra (2). L'augure dira à Nicias que les présages interrogés n'approuvent pas sa retraite, et Nicias restera en Sicile avec l'armée athénienne pour y être défait (3). A Rome, le préteur aura fixé le jour pour prononcer un jugement; et ses mesures seront inutiles, parceque le pontife lui fera savoir que ce jour est *néfaste*: les patriciens se seront réunis dans le sénat, ou le peuple dans les comices; et l'assemblée devra se dissoudre, parceque les augures auront observé quelque présage funeste dans le ciel : le général sera prêt à partir; les poulets sacrés refuseront de manger, et les aruspices feront suspendre le départ : un magistrat aura été élu, la vertu aura triomphé de l'opposition d'un puissant parti; mais les augures annonceront que l'élection a été faite sous de funestes auspices, et le magistrat sera cassé (4).

---

(1) Voyez Diodore de Sicile, lib. II. L'influence que le sacerdoce avoit en Égypte sous ce rapport, au temps même de la plus grande civilisation, ne le cédoit en rien à celle des prêtres chaldéens. Voyez le même Diodore, lib. I; Hérodote, lib. II; Strab., lib. XVII.

(2) Voyez Diodore, en ce qu'il dit de cet ancien peuple de l'Éthiopie.

(3) Voyez le même Diodore, et aussi le *Traité de l'économie* de Xénophon, où il nous apprend que ces pratiques étoient observées au milieu de la civilisation de la Grèce, dans les beaux jours de Socrate et de Platon.

(4) Voyez Cicéron, *Orat. pro Murená, de divinatione*, lib. II; Tite-Live, dec. 1, lib. IX; Aulu-Gelle, lib. VI, cap. 9; Macrobe,

Telles sont les relations générales du polythéisme avec la troisième série des maux dont nous avons parlé. Celles qu'il présente avec le mal que nous avons placé en quatrième ligne ne sont ni moins graves ni moins inhérentes à sa nature.

Une religion qui exige peu de la part de la morale, et qui par conséquent doit exiger beaucoup de la part du culte ; une religion qui ne peut se soutenir par les dogmes dont elle se compose, et qui par conséquent doit s'appuyer sur ce qui frappe les sens, sur les spectacles qu'elle présente ; une religion enfin qui fait craindre les dieux plutôt à cause de leur force qu'à cause de leur justice, qui les fait respecter et aimer plutôt en raison des biens et des maux qu'ils dispensent qu'en raison du bien qu'ils prescrivent, doit nécessairement avoir des rapports plus étroits et plus intimes qu'aucune autre avec cette erreur, signalée précédemment, qui consiste à placer dans les pratiques du culte extérieur tout le mérite de la piété. Le nombre prodigieux des fêtes chez les Grecs et chez les Romains (1) ; la multiplicité de leurs sacrifices et la nature de quelques uns ; les hécatombes

---

lib. I, cap. 6. Voyez aussi Tite-Live, en ce qu'il rapporte du départ de Postumius Albinus et de celui de Fabius Pictor, empêchés par de semblables motifs. Claudius Pulcher fit jeter dans la mer les poulets sacrés qui n'avoient pas voulu manger, en disant : « S'ils ne veulent pas manger, qu'ils boivent. » Ses malheurs furent attribués à ce mépris des aruspices.

(1) Meursius dans son traité *De Græcorum feriis*, et Potérus dans son *Archéologie grecque*, Ovide dans ses *Fastes*, et Rosinus dans ses *Antiquités romaines*, nous donnent une idée suffisante du nombre excessif des fêtes célébrées chez ces deux peuples.

dans lesquelles on immoloit cent taureaux, auxquels on ajoutoit, dans certains cas, cent lions et cent aigles (1); les sacrifices d'Agrotéra, dans lesquels à Athènes on immoloit cinq cents chèvres à-la-fois (2); les *printemps sacrés*, où tous les animaux nés pendant cette saison étoient enlevés aux besoins des hommes pour être consumés sur les autels des dieux (3); la nomination d'un dictateur, renouvelée plusieurs fois à Rome dans la seule intention d'apaiser leurs courroux (4); la multitude des rites, et l'importance qu'on attachoit à leur observance; les

---

(1) A ce sacrifice, qui consistoit ordinairement en cent taureaux et quelquefois en cent moutons, on devoit ajouter, lorsqu'il étoit offert par le pouvoir impérial, cent lions et cent aigles. Telle fut, au rapport de Capitolin, l'hécatombe offerte par l'empereur Balbinus après la défaite de Maximin. Voyez Capit., *in Balb.*

(2) Xénophon attribue l'origine de ce sacrifice au vœu que firent les Athéniens de sacrifier à Diane, surnommée Agrotéra, autant de chèvres qu'ils auroient tué de Persans; mais il ajoute que le carnage ayant été si grand qu'il devenoit impossible d'accomplir le vœu en une seule fois, on prit le parti de l'acquitter par un sacrifice annuel de cinq cents chèvres seulement à-la-fois.

(3) Tite-Live rapporte que le sacrifice nommé *ver sacrum* étoit pratiqué à Rome en l'an (*ab U. c.*) 558, à l'occasion de la défaite de l'armée romaine par les Carthaginois, et de la mort du consul Flaminius, tué dans la même bataille.

(4) En l'an de Rome 390, à l'occasion de la peste qui désoloit la ville, on eut recours pour la seconde fois à ce moyen d'apaiser les dieux; car l'époque de la première nomination d'un dictateur dans ce but nous est inconnue. En l'an 410, on y eut recours une troisième fois, à la suite d'une pluie de pierres qui avoit jeté la terreur parmi les Romains. Enfin, on en connoit encore un exemple qui remonte à l'année 422, et auquel donna lieu le désastre occasioné par un poison que répandoit une association de matrones romaines. Voyez Tite-Live, lib. I, dec. 1, et lib. VII.

funestes conséquences que l'on attribuoit à la plus légère omission de ce genre (1); les libations, les purifications continuelles, les expiations qui n'avoient pas seulement pour objet d'apaiser les dieux après un crime, mais auxquelles on avoit recours aussi pour se rendre digne de les invoquer après une souillure involontaire ou chimérique (2); les pratiques religieuses qui devoient précéder, accompagner ou suivre toutes les actions des hommes, et dont Hésiode recommande si scrupuleusement l'exacte observance à Persée, lors même qu'il lui conseille de rendre le double du mal que pourra lui avoir

---

(1) Dans la célébration des fêtes latines qui avoient lieu sur le mont Albanus, pendant le sacrifice d'une des nombreuses victimes que l'on immoloit à cette occasion, le magistrat de Lavinie oublia de prier pour le peuple romain. En revenant des cérémonies, le consul Cn. Cornélius fut frappé d'une attaque de paralysie dont il mourut, et l'on ne manqua pas d'en attribuer aussitôt la cause à l'omission qui avoit été commise. Le sénat examina l'affaire, et en remit la décision au collège des pontifes, qui jugèrent que les fêtes devoient être recommencées aux frais du peuple de Lavinie. Voyez Tite-Live, lib. X, dec. 5. Lorsque la nombreuse famille de Potitius s'éteignit, on attribua ce désastre à ce qu'elle avoit employé ses esclaves dans un sacrifice particulier offert à Hercule. Voyez Tite-Live, lib. II, dec. 1.

La défaite de l'armée romaine et la mort de Flaminius, à l'occasion desquelles on institua le sacrifice appelé *ver sacrum* dont il a été parlé, furent attribuées au départ précipité du consul avant la célébration des fêtes latines, et à l'omission des vœux accoutumés qui devoient être offerts dans le temple de Jupiter Capitolin. Tite-Live.

Dans le chapitre IV et dans les notes justificatives, n° 27, nous sommes remontés à l'ancienne origine de ces erreurs.

(2) La rencontre d'un cadavre nécessitoit une expiation comme le meurtre même. Voyez Lucien, *De deâ syriâ*, §§. 52, 53.

fait un ami (1); enfin l'expérience de tous les peuples chez lesquels le polythéisme a régné, nous offrent des preuves irrécusables de cette vérité.

A ce mal vient s'en joindre un autre. Le caractère et les attributs de certaines divinités, les récits poétiques des actions de certains dieux, doivent nécessairement apporter tôt ou tard dans le culte quelques pratiques qui blessent les mœurs, et qui peuvent les corrompre si la vigilance des lois ne prévient pas les dangers de la religion. C'est ainsi que les femmes de Byblos, ville de la Phénicie, lorsqu'elles manquoient d'assister aux fêtes d'Adonis, devoient se prostituer à un jour fixé, afin de consacrer au culte de ce dieu le produit de leurs religieuses débauches (2). Ce fut ainsi que la Grèce vit de toute part s'élever des temples à *Vénus la prostituée*, et que les cérémonies qu'on y pratiquoit ne démentoient point le caractère de la divinité qui y étoit honorée (3). C'étoit ainsi que, dans les *Aphrodisies*, célébrées en l'honneur de la même déesse, les aspirants à l'initiation devoient lui présenter une monnoie d'argent semblable à celle avec laquelle on payoit les faveurs d'une beauté vénale, et recevoient en retour un don digne de la divinité qui exigeoit de semblables offrandes (4). Amathonte, Cythère, Paphos, Gnide, et Idalie, devinrent ainsi les asiles

---

(1) Hésiode, poëme *Des œuvres et des jours*, v. 704 à 758.
(2) Lucien, *De deâ syriâ*.
(3) Athénée, *Deipn.*, lib. XIII.
(4) Meursius, *De Græcor. fer.*

de la dissolution et les tombeaux de la pudeur.
Parmi les rites sacrés qui étoient pratiqués à Lesbos,
figuroient les fêtes appelées *Callistées*, où les femmes
disputoient le prix de la beauté, et devoient se
soumettre à l'examen qu'un semblable concours rendoit nécessaire. Les temples se remplirent successivement de statues et d'autres monuments représentant des objets si infames et si monstrueux, qu'il est
impossible de concevoir comment la pudeur pouvoit
y porter ses pas et osoit y lever les yeux (1). C'est
par une semblable conséquence des mêmes causes
que les prêtresses de l'île Formose se font encore,
dans l'exercice de leur culte, un devoir des actes les
plus obscènes; qu'elles exigent des deux sexes un
état de nudité complète pendant trois mois de
l'année, et qu'elles détruisent ainsi la pudeur par
leurs pratiques religieuses (2). Ce fut enfin par suite
d'excès semblables à ceux que nous venons de signaler que le sénat dut défendre à Rome les bac-
chanales, condamner les fêtes phrygiennes en
l'honneur de Cybéle, et qu'il fit élever le temple de
Vénus hors de l'enceinte de la ville, pour éviter,
dit Vitruve, que les rites qui s'y pratiquoient ne

***

(1) Voyez Varron dans saint Augustin, *De civit. Dei*, lib. VII,
cap. 21; Clém. Alexand., *Cohortat. ad gentes.* — On connoît le *lin-
gam* des Indiens de l'Indoustan, que les femmes dévotes au dieu
Ischurem portent suspendu à leur cou, et qui est une représenta-
tion des parties génitales des deux sexes dans l'acte du coït.

(2) *Voyages pour l'établissement de la compagnie hollandoise dans
l'Inde.*

fussent une occasion de corruption pour les jeunes
gens et pour les femmes (1).

Les relations du polythéisme avec ces différents
maux sont évidentes, incontestables, inhérentes à
sa nature. Celles qu'il a avec la dernière série des
maux dont nous avons parlé ne le sont pas moins.

Le fanatisme et l'*irréligion*, ces deux excès opposés, dont l'un est ordinairement le précurseur de
l'autre, et qui, par leur opposition, sembleroient ne
pouvoir affliger simultanément les peuples, trouvent
cependant dans le polythéisme un moyen d'exercer et de combiner, chez le même peuple et dans
le même temps, leurs forces contraires. La chose
est facile à concevoir. Comme il n'y a point de religion qui présente moins d'unité, qui soit plus remplie d'inconséquences et moins satisfaisante pour une
raison un peu exercée, il n'en est aucune également
qui soit plus facile à discréditer. Mais cette religion
a un grand avantage : elle flatte l'homme, elle le ré-

(1) Voyez Tite-Live, lib. IX, dec. 1.—Le discours adressé par le
consul Sp. Postumius au sénat, à l'occasion de la réforme des bac-
chanales, en l'an de Rome 566, renferme le passage suivant : ...
« Primùm igitur mulierum magna pars est, et is fons mali hujusce
fuit : deindè simillimi feminis mares, stuprati et constupratores,
fanatici vigiles, vino, strepitibus, clamoribusque nocturnis atto-
niti, etc., etc.... Quidquid his annis libidine, quidquid fraude,
quidquid scelere peccatum est, ex illo uno sacrario scitote ortum
esse, etc., etc. » Voyez le même auteur, lib. XXXIX, cap. 15 et 16.

Voyez aussi Cicéron, *De legib.*, lib. II, où il nous apprend que
Diagonde avoit aussi défendu à Thèbes ces fêtes indécentes de
Bacchus.

Voyez enfin Vitruve, lib. II, cap. 2, où il parle de la détermination de construire les temples hors de l'enceinte de la ville.

crée par les pratiques de son culte, et ne le chagrine point par sa morale; elle menace de châtiments, mais elle offre des remédes faciles pour les éviter; elle soulage l'homme du poids des remords, sans l'obliger à sacrifier ses passions; elle commande des expiations sans exiger de repentir; elle commande des sacrifices sans exiger d'amendement. Pourvu que le sang fume sur les autels, pourvu que les temples ne soient point déserts, les dieux sont satisfaits, et ne s'offensent pas de l'absence de la vertu.

Ainsi cette religion qui alimente l'instinct pieux de l'homme, sans heurter ses autres inclinations, en même temps qu'elle est la plus facile à discréditer, est aussi la plus propre à être défendue, et défendue avec fureur. La tendance du polythéisme est donc de combiner les maux de l'irréligion avec ceux du fanatisme. Aristophane fera rire aux dépens des dieux le peuple d'Athènes (1), et Socrate sera condamné à boire la ciguë; Euripide fera retentir les théâtres de la Gréce d'applaudissements excités par les plus violentes invectives contre les dieux (2), et

____

(1) Voyez les deux comédies intitulées, l'une *Plutus*, et l'autre *les Oiseaux;* elles renferment les plus amères satires contre les dieux; ce qui fait dire à saint Augustin : « Nec alii dii ridentur in theatris quàm qui adorantur in templis, nec aliis ludos exhibitis, quàm quibus victimas immolatis. » *De civit. Dei*, lib. VI, cap. 6.

(2) Dans la tragédie intitulée *Jon*, ce personnage dit à Apollon : « Pourquoi séduire des beautés mortelles pour abandonner ensuite « leurs enfants à la mort? Songez que, puisque vous êtes des dieux, « vous devez l'exemple de la vertu... Si vous succombez à des pas- « sions coupables, vous n'avez plus le droit d'accuser les hommes, « et c'est à vous qu'il faut attribuer leurs fautes. Ils ne font qu'imi-

Anaxagore sera chargé de fers, et Aristote sera accusé, contraint de fuir, réduit à s'empoisonner, pour avoir osé attaquer la divinité du soleil (1). Le poëte remplira impunément ses satires des sarcasmes les plus irréligieux ; Eschyle pourra faire paroître sur la scène un demi-dieu dans l'état d'ivresse (2), et Héraclite sera accablé de malheurs, et Stilpon sera exilé, pour avoir dit que la Minerve de Phidias n'étoit pas une divinité (3). A Rome, les enfants même riront des plaisirs de l'Élysée et des supplices du Tartare (4) ; Lucilius, Pacuvius, Lucrèce, et Juvénal, obtiendront des suffrages pour le fiel qu'ils répandront sur les hommes et sur les dieux ; l'Amphi-

---

« ter vos vices, car c'est vous qui êtes leurs maîtres. » Voyez acte I.

Dans *Iphigénie en Tauride*, cette princesse dit à l'occasion d'un songe : « O vous que nous appelons sages, votre science est aussi « vaine qu'un songe. Je le vois, l'erreur est le patrimoine des dieux « aussi bien que celui des hommes. » Acte III. — Dans *Oreste*, il fait attribuer à Apollon le parricide commis par ce héros. « Je lui ai « obéi, dit Oreste, et j'ai tué ma mère : saisissez ce parricide, tuez- « le ; ce n'est pas moi, c'est lui qui fut l'auteur du crime. » — Les tragiques anciens sont féconds en traits du même genre.

(1) Tout le monde sait que le crime d'Anaxagore fut d'avoir enseigné que le soleil n'étoit pas animé, et qu'il n'étoit qu'une lame d'acier de la grandeur du Péloponèse ; et que celui d'Aristote fut d'avoir dit que le soleil étoit tout autre chose qu'Apollon se promenant sur un quadrige.

(2) Voyez le fragment de sa tragédie des *Cabires* dans Athénée, lib. X. — Euripide fait la même chose, en représentant Hercule tantôt furieux (*in Herc. furente*) tantôt ivre (*in Alces.*), et en lui faisant tenir les propos absurdes et insensés qui caractérisent ces deux états.

(3) Stanley, *Histoire philosophique.*

(4) *Nec pueri credunt, nisi qui nondum ære lavantur.* Juvénal, sat. II.

tryon de Plaute fera rire comme le Plutus d'Aristophane; l'Eunuque de Térence ne sera pas moins injurieux pour les dieux et n'en recevra pas moins d'applaudissements au théâtre (1); et cependant le sang des martyrs coulera de toute part, et les simulacres de ces divinités bafouées verront périr dans les tourments les mortels courageux qui refuseront de les adorer.

Au milieu de ces rapports intimes du polythéisme avec les maux que nous avons signalés, quels secours le législateur pourra-t-il tirer d'une semblable religion? ou plutôt quels obstacles n'opposera-t-elle pas à ses efforts pour fonder et assurer la prospérité du peuple sur la base de la vertu? Cette force, au lieu de concourir avec les autres au même but, ne troublera-t-elle pas leur action, ne sera-t-elle pas plutôt en opposition avec elles? Impuissante pour produire les biens qu'on doit rechercher dans la religion, combinée avec tous les maux qu'il faut éviter en elle, quel expédient laissera-t-elle au législateur d'un peuple polythéiste, sinon celui de changer la religion de ce peuple, et de substituer à la force qui s'opposoit une force qui concourra? Il n'est pas d'autre moyen pour arriver à ce grand résultat, qui ne sauroit être obtenu par une seule cause, par une force isolée, mais qui demande la combinaison de plusieurs causes, de plusieurs forces concourant si-

____

(1) Il abuse de l'exemple des dieux pour encourager au crime. « Ils l'ont fait; et moi, misérable mortel, je ne pourrois le faire! » *Ego homuncio hoc non facerem?* Eunuc., acte III, scène 5.

multanément au même but et se prêtant **un mutuel** secours. Le polythéisme devra donc être détruit; **il** faudra donc lui substituer une nouvelle religion plus capable de produire les biens et d'éviter les maux que nous avons indiqués. Ceci est une conséquence naturelle et incontestable des principes que nous avons posés. Il ne pourroit y avoir de doute que sur la possibilité de l'exécution, en raison des dangers d'une telle entreprise. J'espère que le chapitre suivant suffira pour faire cesser à ce sujet toute incertitude.

CHAPITRE VII.

Des moyens de changer cette religion.

Revenons sur nos pas, et tâchons d'inférer, de ce qui est arrivé généralement, ce qu'on pourroit généralement obtenir. Voyons quels secours pourroit offrir, dans l'entreprise d'une semblable réforme, le développement constant de l'esprit humain au milieu du progrès de la civilisation; voyons quels sont ceux que devroit fournir ce même moyen, employé et dirigé avec sagacité par la législation; examinons enfin quelles sont les mesures législatives qui devroient précéder, préparer, et accompagner cette réforme: nous arriverons ainsi à reconnoître la possibilité de ce changement, que l'ignorance des moyens propres à l'opérer a seule pu faire regarder jusqu'à ce jour comme dangereux ou impraticable.

Rappelons-nous ce qui a été dit au sujet des mystères: nous avons vu qu'après avoir pris naissance dans les premiers temps héroïques, ils ne furent, dans le principe, que des solennités religieuses instituées en mémoire de bienfaits anciennement ou récemment obtenus, de malheurs anciennement ou récemment évités; que, pour les mettre en harmonie avec l'état politique de la société à cette époque, il fallut n'admettre que les patriciens seuls à la célébration des rites les plus augustes, et en exclure le reste du peuple, c'est-à-dire la réunion de tout ce qui étoit condamné à l'obéissance dans l'état précédent de familles; que cette inégalité religieuse étant plus tard devenue incompatible avec les progrès de l'égalité politique, elle fut remplacée par un tempérament imaginé pour modifier l'inaccessibilité sans la détruire; qu'il fallut admettre à la participation aux rites mystérieux tous les ordres de la cité, sans y admettre tous les individus; qu'il fallut avoir recours aux initiations, et exiger des initiés un silence absolu sur tout ce qu'ils voyoient ou pratiquoient. Nous avons vu que ces célébrations mystiques ne cachoient aucun principe inconnu, aucun secret réel, et que cependant les difficultés de l'initiation et le silence exigé firent bientôt croire qu'elles en renfermoient un; enfin que, par une conséquence de cette prévention inévitable, les adeptes les plus éclairés firent des conjectures qui furent, dans la suite, regardées comme le grand secret. Or ce sont ces conjectures, c'est ce secret imaginé par la prévention, lorsque la civilisation commençoit à éclairer les hommes, que nous devons maintenant examiner. Quoique nous ayons peu de notions sur les mystères des anciens peuples, ce que nous en savons suffira, je l'espère, pour nous faire connoître cette matière, du moins en ce qui concerne l'usage que nous devons en faire. Un petit nombre de faits suffiront pour mettre le lecteur à portée d'en juger.

Tous les écrivains grecs et latins qui ont parlé des mystères d'Isis en Égypte, de Mytra en Perse, s'accordent à dire qu'on enseignoit dans ces célébrations mystérieuses les dogmes de l'unité de Dieu, de l'immortalité de l'ame, des récompenses et des châtiments après la mort, et autres principes étrangers à la croyance commune. Ils nous montrent les initiés aux mystères comme des hommes pieux qui détestoient les erreurs du peuple, et qui n'avoient que du mépris pour son aveuglement.

La prière que nous trouvons dans Apulée, à l'occasion de l'initiation de Lucius aux mystères d'Isis, est celle-ci : « Les puissances célestes sont tes escla- « ves, les enfers te sont soumis, l'univers roule sous « ta main, tes pieds foulent le Tartare, les astres re- « connoissent ta voix, les saisons se renouvellent à « ton commandement, les éléments obéissent à tes « ordres (1). »

Pythagore avouoit avoir appris, dans les mystères Orphiques qui se célébroient dans la Thrace, l'unité de la première cause universelle. Ces mystères, disoit-il, lui avoient dévoilé l'idée de *la substance éternelle*, *du nombre*, *du principe intelligent*, *de l'univers*, *des cieux*, *de la terre, et des êtres mixtes* (2).

Un passage de Varron nous montre les premières semences de la doctrine platonicienne sur la Divinité, comme provenant des mystères de Samothrace. On y apprenoit à considérer comme des êtres distincts le *Ciel*, la *Terre*, et le *Prototype* des choses,

---

(1) Apul., *Metam.*, lib. XI. On ne peut douter que le poëte n'ait réellement employé la formule usitée dans cette occasion.

(2) Jamblic., *De vitâ Pythagore.*

5.

qui embrasse collectivement ce que Platon appelle les *idées*. Le *Ciel* étoit l'être par lequel toutes choses étoient faites, la *Terre* étoit l'être dont toutes choses étoient formées, le *Prototype* étoit l'être sur lequel toutes choses étoient modelées. Jupiter, Junon, et Minerve, étoient les noms anciens par lesquels on exprimoit l'idée de cette triple conception (1).

Dans les mystères de Cérès célébrés à Éleusis, l'hiérophante qui paroissoit sous la figure du Créateur, après avoir commencé les rites par le chant de la généalogie des dieux, détruisoit lui-même tout ce qu'il venoit de dire pour y substituer la vérité exprimée dans les paroles suivantes : « Je dois dévoiler « un secret aux initiés : que l'entrée soit interdite « aux profanes. O toi, Musée, descendu de la bril- « lante Séléné, sois attentif à mes accents ; je t'an- « noncerai d'importantes vérités. Ne souffre pas que « de vains préjugés, que d'anciennes impressions, « t'arrachent au bonheur que tu brûles de puiser « dans la connoissance de ces vérités mystérieuses. « Considère la nature divine, contemple-la sans « cesse, régle ton esprit et ton cœur, et marche dans « une voie certaine. Admire le maître unique de

______

(1) Qui ne reconnoît l'*unique et triple* de Platon dans cette doctrine ? Voyez Varron dans saint Augustin, *De civit. Dei*, lib. VII, cap. 28.

Peut-être Cicéron y fait-il aussi allusion, lorsqu'il met les paroles suivantes dans la bouche d'un de ses interlocuteurs : « Prætereo Samothraciam, eaque quæ Lemni nocturno aditu occulta coluntur sylvestribus sæpibus densa, quibus explicatis, ad rationemque revocatis, rerum magis natura cognoscitur quàm deorum. » *De nat. deor.*, lib. II.

« l'univers. Il est un : il existe par lui-même ; c'est à
« lui seul que tous les autres êtres doivent leur exis-
« tence. Il agit en tout et par-tout : invisible aux yeux
« des mortels, il embrasse toutes choses dans son
« regard (1). »

Plutarque nous apprend que le jeune Alcibiade,
après avoir assisté aux mystères de Cérès, ne put
contenir les marques de son mépris pour la statue
de Mercure, et que le peuple indigné demanda avec
fureur sa condamnation (2).

Chrysippe, qui fut l'un des plus beaux ornements
de la secte stoïcienne, regardoit comme le plus précieux bienfait de l'initiation les idées justes qu'on y
acquéroit de la Divinité (3).

Stace indique également le principe de l'unité de
Dieu comme étant un secret qu'on enseignoit dans
les mystères :

Et triplicis mundi summum, quem scire nefastum est,
Illum sed taceo (4).

Platon paroît le suggérer aussi (5), lorsqu'il dit
que c'est une impiété de chercher à pénétrer la nature de l'Être suprême, et lorsqu'il recommande à
ceux qui ont eu le bonheur de connoître l'auteur et

---

(1) Ces paroles se trouvoient dans l'hymne chanté par l'hiérophante. Voyez Athénée, lib. XI, cap. 13 ; Clement. Alexand.,
Cohort. ad gentes, cap. 7 ; Meursius, *Eleus.*

(2) Plutarc., *in ejus vitâ.*

(3) Apud *Etym. magn.*, *in voce* τελετή.

(4) Stat., *Theb.*, lib. IV, v. 316.

(5) Plat., *De legib.*, lib. VII.

souverain arbitre de cet univers de ne point en parler au peuple. Sa lettre adressée à Denys, dans laquelle en lui rappelant ce qu'il lui avoit dit sous le platane au sujet de l'*unique et triple* il ajoute qu'un devoir sacré l'empêche de développer cette idée par écrit (1); le conseil donné à l'empereur Julien de s'adresser à l'hiérophante d'Éleusis pour recueillir des lumières sur les principes de la doctrine platonicienne qu'il cherchoit à opposer à celle du christianisme (2), sont des arguments de plus en faveur de l'analogie entre les idées de ce philosophe sur la Divinité, et celles qu'on enseignoit dans les mystères.

A l'égard du dogme d'une autre vie, le même Plutarque nous apprend que tous les mystères avoient rapport à la vie future et à l'état de l'ame après la mort. Ce qu'on y représente, dit l'inconnu qu'il fait parler, n'est qu'une ombre, une foible image de toutes les merveilles dont la contemplation est réservée à ceux qui auront été vertueux ici-bas (3). Ailleurs il nous prouve que ce dogme étoit également enseigné dans les mystères de Bacchus (4); enfin, dans son Traité sur Isis et Osiris, il en dit autant des mystères des Égyptiens.

Avant lui, Cicéron avoit dit que les mystères de Cérès avoient enseigné aux initiés, non seulement

---

(1) Rapprochez ce fait de celui qui a été rapporté plus haut sur les mystères de Samothrace.

(2) Eunapius, *in Maxim.*

(3) Plutarc., *De oraculis.*

(4) Plutarc., *Consol. ad uxor.*

à vivre heureusement, mais encore à mourir avec l'espérance de passer dans une vie plus heureuse (1).

Isocrate dit aussi que les initiés se formoient de riantes espérances pour le moment de la mort et pour l'éternité tout entière (2).

La même doctrine se retrouve dans Sophocle, dans Euripide (3), dans Aristophane (4), dans Eschine (5), dans Lucien (6), et dans Strabon (7).

Celse dit aux chrétiens : Vous vous vantez de croire à des peines éternelles ; mais tous les ministres des mystères ne les ont-ils pas annoncées aux initiés (8)?

Nous savons que les tragédies représentées dans les cérémonies nocturnes des mystères de Cérès retraçoient la félicité des justes et les supplices des méchants (9) ; nous savons aussi que certains mystères avoient été nommés *achérontiques* (10) pour indiquer que le dogme d'une autre vie y étoit développé.

Ce que dit Platon dans le Phædon répand un grand jour sur ce sujet : il dit que dans les mystères on apprenoit à considérer la vie comme un passage, comme un poste qu'il n'est pas permis d'abandon-

---

(1) Cicer., *De legib.*, lib. II.
(2) Isoc., *in Panegyr.*
(3) V. Plutarc., *De lect. poetarum.*
(4) Aristoph., *in Ranis.*
(5) Eschine le philosophe, *Axioch.*, *sive de mor.*
(6) Lucien, *Dialogue de la barque.*
(7) Strab., lib. X.
(8) Cels., *apud Orig.*, lib. VIII.
(9) Meursius, *Eleusina.*
(10) *Sacra acherontia.*

ner sans la volonté de Dieu. Il ajoute dans un autre endroit du même dialogue, que les hymnes chantés dans la célébration des mystères parloient des récompenses et des plaisirs préparés aux justes dans le ciel, et des supplices réservés aux méchants. Il ajoute enfin que la vérité annoncée par cette doctrine étoit merveilleuse pour le vulgaire et difficile à concevoir (1).

Ce dogme étoit donc enseigné dans les mystères d'une tout autre manière que dans la religion vulgaire.

Si nous recueillons enfin les autres passages des écrivains anciens qui sont relatifs à cet objet, nous trouverons par-tout les traces d'un changement de la religion vulgaire, qui étoit tout le secret des mystères.

Diodore dit que l'initiation rendoit l'homme plus religieux et plus juste qu'il ne l'étoit auparavant. Les plus grands hommes de l'antiquité, Platon, Cicéron, font l'éloge de ces mystères. Porphyre prétend que l'état de l'ame doit se trouver à la mort le même que pendant les mystères, c'est-à-dire libre de toutes les passions violentes, de l'envie, de la haine, de la colère (2). Il dit ailleurs que ceux-là seuls étoient dignes de participer à l'initiation aux mystères de la religion, qui avoient dirigé toutes leurs pensées et toutes leurs actions vers le perfectionnement de leur esprit (3).

---

(1) Plato, *in Phæd.*
(2) Tram. de Styg., *ap. Stob. eclog. phys.*, lib. I.
(3) Porphyre, *ap. Euseb. præpar. evang.*, lib. IV, cap. 8.

Personne ne peut nier, dit Proclus, que les mystères n'arrachent l'ame à cette vie matérielle et mortelle, qu'ils n'effacent les souillures de l'ignorance, en éclairant notre esprit et en dissipant les ténèbres qui l'enveloppoient par l'éclat dans lequel ils montrent la Divinité aux yeux des adeptes (1).

On voit, d'après les termes de la formule que prononçoit le héraut à l'ouverture des mystères de Cérès, que les personnes qui se présentoient pour y être admises devoient avoir les mains pures, être exemptes de crime, et avoir fourni la preuve de la sagesse de leurs discours et de l'équité de leur conduite (2). Celui qui n'avoit pas fait tous ses efforts pour arrêter l'effet d'un complot ou qui l'avoit fomenté, le citoyen qui s'étoit laissé corrompre ou qui avoit trahi sa patrie, le traître qui avoit abandonné une forteresse ou livré un vaisseau à l'ennemi, en étoient exclus (3). Dans les temps postérieurs, les sectateurs d'Épicure, ceux qui s'adonnoient à la magie, et particulièrement à la *goélie* (4), ne pouvoient y être admis (5). Apollonius Tyanéus en fut exclu par ce motif, et Néron à cause du parricide de sa mère (6).

On sait enfin que l'hiérophante vivoit dans le cé-

---

(1) Chap. **V** de ce livre, et particulièrement une note du même.

(2) Proclus, *ad Plat. polit.* Voyez aussi Jamblic., *De myst.*, cap. 10, tom. I ; Julian., *Orat. V.*

(3) Orig., *Contra Cels.*, lib. III.

(4) L'art de faire des maléfices, des sortilèges.

(5) Aristoph., *in Ranis.*

(6) Suet., *in vitâ Neron.*, cap. 34.

libat, qu'il s'enduisoit le corps de ciguë pour se rendre plus chaste, et qu'en congédiant l'assemblée il recommandoit aux initiés de *veiller* et de *se conserver purs* (1).

Ce fut peut-être de ce changement de la religion vulgaire, de cette réforme des dogmes et de la morale religieuse, devenue le véritable secret des mystères, que provint l'opinion qui régnoit parmi les initiés, et qu'on retrouve dans les anciens auteurs, qu'eux seuls pourroient participer à la félicité future. Nous voyons dans Aristophane que ceux qui prenoient part aux mystères menoient une vie innocente, sainte, et paisible; qu'ils mouroient avec l'espérance d'un avenir heureux ; que la lumière des champs fortunés leur étoit promise, tandis que les autres hommes n'avoient pour perspective que des ténèbres éternelles (2). Sophocle avoit publié la même doctrine. Selon lui, les initiés seuls pouvoient jouir des plaisirs de l'Élysée : le Tartare attendoit le reste des mortels (3). Heureux, dit Euripide, celui qui, ayant mérité de recevoir la révélation des mystères, vit dès-lors saintement (4). Diogène, en s'élevant contre cette opinion, nous en prouve lui-même l'existence (5).

---

(1) Philostrat., *in vitâ Apoll.*, lib. IV, cap. 18; Euseb., *Contra Hierocl.*

(2) Aristoph., *in Ranis.*

(3) Plutarc., *De lect. poetarum.*

(4) Id. *ibid.*

(5) Id. *ibid.* Voyez aussi Platon, *in Phæd.*; Diog. de Laer., lib. IV, cap. 2, §. 6.

Combinons maintenant ces faits les uns avec les autres, et comparons-les aux rites et aux cérémonies pratiqués dans la célébration des mystères; nous verrons clairement que toutes ces doctrines cachées, que ces dogmes secrets, ces principes nouveaux, n'ont avec les anciennes commémorations, qui furent le premier et véritable objet de ces mystères, d'autre rapport que celui qu'imaginèrent, dans le principe de la civilisation des peuples, la sagacité des adeptes, les contemplations des *époptes*, en un mot les conjectures de ceux qui y cherchèrent un secret qui n'y existoit point.

Que pouvoient en effet avoir de commun la doctrine de l'unité de la première cause universelle, le développement du dogme d'une autre vie, les principes d'une morale religieuse plus sensée, avec ces gémissements, avec ces pleurs, avec ces cris, ces jeûnes, ces fuites précipitées, avec ces recherches mélancoliques de quelque divinité, avec ces préparations mystiques de glands, de racines, d'herbes ou de fruits sauvages, de pavots, de miel, d'huile, de froment, avec ces transitions de la tristesse à la joie, enfin avec toutes ces cérémonies qui ne pouvoient être autre chose, comme nous l'avons vu (1), que des commémorations de malheurs évités ou de bienfaits obtenus instituées dans les âges héroïques, et par conséquent au milieu de la plus profonde ignorance des peuples? Qui ne voit dans les doctrines spéculatives que nous avons retracées les caractères

____

(1) Chap. V de ce livre, et particulièrement la note.

d'une époque bien postérieure, et d'un état de société infiniment plus avancé que celui dans lequel les mystères de tous les peuples ont pris naissance? Qui pourroit ne pas reconnoître ces caractères dans la prière que l'on prononçoit aux mystères d'Isis, dans les principes qui étoient enseignés aux mystères de Thrace et de Samothrace, et dans l'hymne chanté par l'hiérophante à ceux d'Éleusis? N'a-t-il pas été démontré que cet hymne est l'œuvre de l'Orphée qu'on suppose avoir vécu à une époque bien différente de celle du véritable Orphée dont il porte le nom (1)? La seule lecture de ce que Plutarque (2) et d'autres écrivains anciens nous ont transmis sur la doctrine secréte des initiés en Égypte auroit dû suffire aux savants pour reconnoître l'ouvrage des conjectures des adeptes, déja éclairés et civilisés, dans les doctrines mystérieuses qu'on a cru être cachées sous le voile de ces mystères. La figure humaine unie à un corps d'épervier, sous laquelle on a représenté Osiris, étoit pour les initiés l'intelligence secondaire, de laquelle le chef ou la suprême intelligence s'est servie pour former l'univers. Une femme

---

(1) Il suffit de consulter dans la *Bibliothèque grecque* de Fabricius les autorités qu'il cite, pour se convaincre qu'il ne nous reste rien des poésies du véritable Orphée, et que toutes celles qui portent son nom ne sont que d'un Orphée supposé, que quelques uns croient être Onomacréte, contemporain de Pisicrate; d'autres les attribuent à quelque poëte inconnu qui se seroit servi du nom d'Orphée. On se convaincra en même temps que l'hymne qui porte ce nom date d'une époque bien postérieure à celle à laquelle vivoit ce héros.

(2) Dans son traité *d'Isis et d'Osiris*.

ayant une tête de bœuf ornée de feuilles de lotos,
tenant un enfant sur son sein, représentoit Isis
nourrissant son fils Orus, et étoit pour eux la matière
première, le principe passif des générations; l'enfant étoit le monde, fruit de l'union des deux principes. Selon eux, la partie la plus subtile de la matière étoit l'air; la partie la plus subtile de l'air étoit
l'esprit; celle de l'esprit, la pensée ou l'intelligence;
enfin celle de l'intelligence, Dieu lui-même (1), Dieu
susceptible de toutes les formes, jouissant de toutes
les facultés, c'est-à-dire *chef de la substance matérielle pneumatisée et déifiée* (2), etc., etc. Peut-on
supposer que de semblables idées soient entrées dans
l'esprit des hommes ignorants et barbares qui les
premiers ont institué les mystères?

Ce fut donc un effet de la prévention de faire
croire aux initiés que les mystères renfermoient des
vérités religieuses inconnues à la multitude. Cette
prévention, combinée avec les lumières de la civilisation naissante, fit imaginer les principes théologiques que nous avons exposés, et ces principes,
fruits des spéculations des adeptes déja éclairés et
civilisés, finirent en effet par convertir les mystères
en une école, en un temple, où l'on enseignoit, où
l'on professoit une religion différente de celle du
profane vulgaire. Tout cela arriva sans la participation du gouvernement, sans l'intervention de la législation.

---

(1) Merc. Trismeg., *Pœmand. in princip*
(2) Apul., *Asclep. dial.*

Arrêtons-nous à ce point, et voyons quel parti nous pouvons tirer de ces faits.

Nous avons vu que tous les peuples ont eu leurs mystères, qui ont subi chez tous des modifications semblables à celle que nous avons indiquée; nous avons vu qu'une religion différente de celle de la multitude est devenue la religion des adeptes, et que ce changement s'est opéré sans l'intervention du gouvernement ni de la législation.

Supposons maintenant que le législateur d'un peuple polythéiste, instruit de ces faits, et convaincu, par l'évidence des motifs que nous avons exposés, de la nécessité de changer la religion de ce peuple, veuille suivre dans chacune de ses mesures la route qui lui est tracée par l'expérience; supposons que, voyant ce qui est arrivé dans les mystères des peuples anciens, il veuille avoir recours au même moyen pour opérer le changement qu'il a en vue, l'expérience lui fera voir dans ces mystères une force qui a produit d'elle-même sur une partie du peuple l'effet qu'il se propose. Que ne devra pas espérer ce législateur d'un semblable moyen, s'il s'en empare lui-même, s'il lui imprime la puissance de la loi, s'il le dirige habilement par la législation!

Son premier soin devra avoir pour objet de convenir, avec les ministres des mystères et avec les adeptes, de la nouvelle religion qu'on voudra substituer à l'ancienne. Cette convention devra demeurer secrète, ignorée de la multitude, ignorée même des initiés qui ne devront point apercevoir la main du législateur. L'origine du polythéisme de tous les peuples, celle de leurs fables et de leur culte dévoilée et développée à leurs yeux, comme elle vient de l'être par nous, fourniroit un moyen certain de discréditer dans l'esprit des initiés la religion du vulgaire. Ce devroit être là la première instruction, la première lumière à leur offrir. Les principes de la nouvelle religion leur seroient ensuite enseignés. Dans toutes ces révélations, il faudroit procéder graduellement: chaque annonce d'une nouvelle vérité devroit être précédée par des explorations et par des rites: ceux qui existeroient déja dans les mystères devroient avoir la préférence sur tous autres, lorsqu'il seroit possible de les approprier aux vues nouvelles. Cette précaution, beaucoup plus importante qu'elle ne le paroît au premier aspect, ne sauroit être négligée; car les hommes, qui se plient facilement au joug qu'ils n'aperçoivent pas, sont cependant esclaves de leurs habitudes et tellement attachés à la coutume, qu'il sera toujours plus facile de changer le but et l'objet de leur culte que d'en altérer les formes. Enfin, au nombre des devoirs secrets qui seroient imposés aux initiés devroit figurer celui de répandre la lumière par leur exemple et par leurs instructions; mais ces instructions dirigées par la main cachée du législateur, prescrites par les ministres des mystères, devroient être dictées avec une extrême prudence, conçues dans de certaines formes, et circonscrites dans de certaines limites, qu'il ne seroit pas permis aux initiés de modifier ou de dépasser.

A ces dispositions secrètes le législateur devroit

en ajouter de publiques et de manifestes. Les principales auroient pour objet d'exciter, d'étendre, d'affermir dans l'esprit du peuple le respect pour les mystères ; de rendre l'initiation desirable à tous les membres du corps social, et de faire que l'initié fût le modèle de ses concitoyens ; de régler le mode d'admission de telle sorte que les avantages qu'il n'est pas au pouvoir de l'homme d'acquérir n'y eussent aucune part, mais que ceux qui dépendent de son caractère moral, de sa vertu, de sa probité, en fussent les conditions indispensables ; de diriger la partie de l'éducation publique qui a rapport à l'instruction religieuse de manière que sans faire apercevoir prématurément la réforme projetée, elle y disposât et y préparât les esprits ; de confier par conséquent cette instruction aux initiés exclusivement ; de diminuer par degrés et sous divers prétextes, soit le nombre, soit l'influence et le pouvoir des ministres du culte profane ; en un mot, de détruire d'une main, et d'édifier simultanément de l'autre.

Enfin, lorsque le nouvel édifice élevé dans le silence des mystères auroit acquis une étendue et une solidité suffisantes, et que l'ancien se seroit proportionnellement affoibli et ébranlé ; lorsque la portion la plus influente de la société auroit adopté le nouveau culte et la nouvelle religion, et que l'autre y auroit été préparée, alors le voile mystérieux seroit déchiré, alors le législateur publieroit la nouvelle religion, et la proclameroit celle de l'état et du gouvernement. Il ne seroit pas nécessaire de proscrire l'ancienne pour la détruire : le temps, l'instruction, l'exemple, suffiroient pour abattre ce monstre chancelant qui n'auroit plus la force de se soutenir. Mais la coërcion, la violence, ne devroient avoir aucune part à sa chute ; elles retarderoient le complément de l'œuvre au lieu de l'accélérer, et discréditeroient l'influence du législateur, qui doit maîtriser et diriger les volontés sans les opprimer.

Tels sont les moyens par lesquels la religion ancienne pourroit être changée : mais quelle seroit la nouvelle qui lui devroit être substituée ? C'est ce qui nous reste à examiner.

CHAPITRE VII.

Des caractères de la religion nouvelle qui devroit être substituée à l'ancienne.

D'après tout ce que nous avons dit, il ne sera pas difficile de déterminer les caractères de la nouvelle religion qui devra remplacer l'ancienne. Choisie par le législateur, propagée par le gouvernement, destinée par la loi à concourir avec les autres moyens employés par elle pour arriver au résultat de la vertu et du bonheur publics, et pour en assurer la durée, elle devra avoir les rapports les plus étroits avec les biens que nous avons indiqués, et n'en avoir absolument aucun avec les maux qui ont été signalés.

Les devoirs qu'elle imposera, le bien qu'elle prescrira, et le mal qu'elle condamnera, bien loin d'être en contradiction avec les idées du vrai bien et du vrai mal moral et social, devront se confondre avec elles, et leur donner plus de force et d'influence. Le bien qu'elle prescrira ne sera pas seulement celui que la loi commande, mais aussi celui que le législateur doit obtenir, sans pouvoir toutefois le prescrire directement; le mal qu'elle défendra ne sera pas seulement celui que la loi condamne, mais encore celui que le législateur ne peut condamner directement, et qu'il doit cependant éviter.

Les dogmes de sa foi ne seront pas en opposition

avec les principes de sa morale ; mais il existera un rapport constant entre ce qu'il faudra croire et ce qu'il sera ordonné de faire. L'idée de la Divinité, qui embrasse toutes les perfections, viendra à l'appui de celle de la loi, qui embrasse tous les devoirs.

Ses commandements seront fondés sur le dogme d'une autre vie ; mais ce dogme ne renfermera aucun principe qui puisse en paralyser les précieux effets. L'expiation n'en sera pas exclue, l'espérance ne devra pas être ravie au coupable ; mais elle ne pourra se fonder que sur la volonté sincère de réparer le mal commis, sur le repentir véritable et sur l'amendement réel du cœur.

Son culte, digne de la Divinité à laquelle il sera rendu, n'admettra aucun rite qui puisse en rabaisser l'idée auguste, aucune pratique qui puisse offenser les mœurs, aucune obligation qui puisse dispenser des autres devoirs.

Combinée par le législateur dans un temps où le corps social a atteint sa perfection, elle ne devra se ressentir d'aucune de ces dispositions qui, dans l'enfance de la civilisation, sont les conséquences de la nécessité de suppléer au défaut de la force publique par des moyens empruntés à la théocratie. Ses temples seront le refuge des infortunés et non des malfaiteurs ; ses solennités, ses fêtes, pourront arracher les hommes au crime, mais non le criminel au châtiment. Le sacerdoce sera une des plus nobles portions du corps social sans former un corps séparé ; il sera le modéle des citoyens et non l'objet des priviléges ; il enseignera aux autres à supporter paisiblement les charges publiques, et il n'en sera pas exempt; il prêchera l'obéissance à l'autorité légitime, et ne s'y soustraira point.

Il est évident enfin qu'une religion qui présentera ces caractères ne pourra avoir aucun rapport avec les deux excès opposés du fanatisme et de l'irréligion; car il faudroit qu'elle dégénérât de son institution première pour tomber dans l'un ou dans l'autre: et cette dégénérescence ne pourroit provenir que de l'instabilité du gouvernement ou de quelque vice dans la législation, causes prévenues et détruites à l'avance par les diverses forces combinées du système de législation que je propose.

Mais quelle est la religion qui, considérée dans son institution première, présente les caractères que nous venons d'exposer? Cette recherche fera le sujet du chapitre suivant.

NOTES JUSTIFICATIVES

DES FAITS.

N° 1, page 63.

.... dictés par la terreur aux premiers humains.

Voyez la Théogonie d'Hésiode, v. 154 à 158.— Sous le voile de l'allégorie qui nous représente le Ciel tenant cachés dans les entrailles de leur mère tous les enfants nés de la Terre et de lui, on reconnoît cette première époque de la religion grecque où le polythéisme ne s'étoit pas encore introduit, et où la *force inconnue motrice de la nature* étoit seule adorée sous le nom d'*Uranos*, qui est le même que *Cœlus*, et présente l'idée de ce qui embrasse tout et renferme tout, sans qu'on eût encore songé à faire participer au culte religieux aucune des divinités qui ont été adorées depuis.

Porphyre, s'appuyant de l'autorité de Théophraste, nous confirme cette vérité. Il fait voir que, dans le principe, les pratiques de la religion furent beaucoup plus simples et plus pures, et les idées religieuses bien différentes de ce qu'elles étoient de son temps.

Il n'y avoit alors ni simulacres ni sacrifices sanglants, et la nomenclature ni la généalogie d'un peuple immense de dieux n'avoient pas encore été inventées. On rendoit de purs hommages au premier principe de toutes choses; on lui adressoit de ferventes prières; on imploroit son secours, et l'on reconnoissoit ainsi sa souveraine puissance.

L'opinion d'Hérodote(1), quelque opposée qu'elle soit en apparence à cette idée, me paroît dans le fait la confirmer clairement. Selon lui, les Pélasges qui furent les premiers habitants de la Grèce, adorèrent confusément une multitude de divinités, qu'ils ne distinguoient point les unes des autres, et auxquelles ils ne donnoient aucun nom. Or plusieurs dieux que rien ne distingue les uns des autres, qui ne sont désignés par aucuns noms particuliers, que peuvent-ils représenter sinon l'idée vague et confuse de cette *force inconnue*, adorée exclusivement dans le principe, et qu'Hérodote ne sut pas deviner, parcequ'il étoit trop rempli des idées de polythéisme dont il se voyoit environné?

Si nous jetons maintenant un regard sur les monuments qui nous restent, quoiqu'en petit nombre, de la religion primitive des autres peuples, nous y trouverons de quoi soutenir puissamment notre opinion.

Dans le fragment de Sanchoniaton qui nous a été transmis par Eusébe, fragment malheureusement altéré et tronqué par Philon de Byblos, qui, en traduisant cette antique production, a voulu la plier et l'accommoder aux idées des Grecs et aux siennes propres ; dans ce fragment, où les réflexions de Philon et d'Eusébe se trouvent associées et confondues avec les relations de l'historien antique, et qui exige une attention extrême pour y distinguer ce qui appartient à celui-ci de ce que les premiers y ont introduit, nous voyons que *Beelzemen*, c'est-à-dire le *Seigneur des cieux*, avoit été l'objet unique des vœux et du culte des premiers habitants de la Phénicie.

Apollodore, qui écrivit une histoire des Chaldéens,

____

(1) Lib. II, cap. 50.

en nous disant au commencement de son histoire des
dieux que le Ciel régna le premier sur l'univers, prouve
suffisamment que cette nation adressa ses premiers
hommages à la même divinité.

La relation incomplète qu'Hérodote (1) nous a laissée de ce qui concerne l'antique religion des Perses
nous apprend que *la vaste étendue des cieux* fut la dénomination sous laquelle leurs pères adorèrent la
divinité première et inconnue. Strabon (2), en traitant
le même sujet, nous confirme dans cette opinion. Nous
verrons bientôt comment *Mithron* devint plus tard leur
divinité suprême.

Ce que Macrobe (3) a recueilli dans ses *Saturnales*
sur le compte du dieu *Janus*, qu'il appelle le *dieu des
dieux*, prouve jusqu'à l'évidence que cette antique et
première divinité des Latins représenta, dans le principe, l'idée de la *force inconnue* dont nous parlons, et
fut l'unique objet des vœux et du culte des premiers
habitants errants du Latium. Le commencement du
discours du vieil augure rapporté par le même auteur,
les anciens poëmes des Saliens, l'opinion de Gavius
Bassus, et l'étymologie de Cornificius, fondée sur l'autorité de Cicéron qu'il invoque pour appuyer l'opinion
de ceux qui ont pensé que Janus fut considéré comme
l'univers ou le ciel; toutes ces autorités, et beaucoup
d'autres que je me dispense de reproduire, combinées
avec la fable, qui nous apprend que Janus régna le
premier sur les Latins, et leur enseigna la religion au
temps où ils vivoient dans l'indépendance sauvage la

---

(1) Lib. I, cap. 13.
(2) Lib. XV.
(3) *Saturn.*, lib. I, cap. 9.

plus entière, forment une masse de preuves évidentes pour nous convaincre de la même vérité.

Les plus anciens livres des Chinois, qui sont conservés encore aujourd'hui au nombre de cinq, et qu'on appelle les *king*, offrent de nombreux indices du culte primitif observé par les premiers pères de cette nation. On y voit que ce culte avoit pour unique objet la même *force inconnue*, nommée, comme nous l'avons rapporté, par les Grecs *Uranos*, c'est-à-dire le ciel ; par les Phéniciens *Beelzemen*, c'est-à-dire le seigneur des cieux ; par les Perses la *vaste étendue des cieux*; par les premiers Latins *Janus*, c'est-à-dire l'univers ou le ciel ; et enfin par les Chinois *Chang-ti* ou *Tien*, qui, dans leur langue, exprime la même chose, c'est-à-dire toujours le ciel ou la force qui gouverne le ciel (1).

Nous retrouvons des indices semblables dans le nom de la divinité primitive de beaucoup d'autres peuples, qui, au milieu du polythéisme où ils s'égarèrent plus tard, conservèrent cependant, en le pliant à des idées diverses, l'ancien nom de cette première divinité, dans laquelle on reconnoît l'objet exclusif du culte religieux de leurs premiers pères. Le *Knef* des Égyptiens, l'*Adonis* des Syriens, le *Baal* ou *Bélus* des Assyriens et des Moabites, le *Moloch* des Ammonites, le *Marnas* des Philistins, l'*Allah* des Arabes, le *Pappœus* des Scythes ; et chez les peuples modernes, soit de l'Amérique, soit de l'hémisphère austral, le *Manitou* des tribus Algoliques, le *Chemien* des Caraïbes, l'*Okki* ou l'*Ares-kovi* des Hurons, l'*Eatooa-rahai* des Taïtiens (2), n'ont jamais

---

(1) Voyez M. de Guignes dans le *Chou-king. Discours préliminaire*, et part. III, chap. 3.

(2) Voyez Laffiteau, *Mœurs des sauvages*, et les *Observations* de R. Forster *sur le Voyage dans l'hémisphère austral*, part. IV. ch. 10.

signifié autre chose que *le Seigneur, le Maître souverain.*
Cette vague dénomination ne peut exprimer que l'idée
vague d'un être indéfini; or quel est cet être indéfini,
sinon la *force inconnue* dont nous parlons?

Il est probable que le *Tuiston*, qui fut la première
divinité des Germains, et l'*Ésus*, qui fut celle des Gaulois, signifioient aussi la même chose. Mais le mode
dans lequel ces derniers adoroient encore leur divinité
primitive, lors même que le polythéisme avoit déja
fait parmi eux de grands progrès, nous montre clairement que l'idée que leurs premiers pères s'en étoient
formée, et qui étoit déja oubliée à cette époque, ne
différoit pas de celle que nous avons observée chez les
autres peuples. Cette divinité n'étoit représentée par
aucune image, par aucun emblème; elle n'avoit ni
temples ni autels. C'étoit dans les bois, au pied d'un
chêne, qu'on l'adoroit, qu'on lui offroit des sacrifices,
qu'on lui adressoit des vœux (1).

Ajoutons une nouvelle preuve à toutes celles que
nous venons de réunir. Le *Dieu suprême*, chez un grand
nombre de peuples, n'est désigné par aucun nom. Les
Astyriens, les Cantabres, et les Celtibériens principalement, dit Strabon, adoroient un dieu inconnu, auquel ils ne donnoient pas de nom. Les Indiens du Bré-
sil adorent et implorent, en levant simplement les
mains au ciel, le Dieu suprême, qui n'a ni nom, ni

---

(1) Ceux qui, d'après les rapports inexacts et incomplets de César
sur ce qui concerne cette religion, seroient tentés de révoquer ces
faits en doute, sont priés de lire l'*Histoire de la religion des Gaulois*,
par Dom.-Jacques Martin, publiée au commencement du siècle
présent (18ᵉ), et dans laquelle ce savant écrivain a rassemblé tout
ce qui peut servir à faire connoître cette religion. On jugera du degré de confiance que méritent les autres rapports.

temples, ni autels (1). Les Mexicains, au-dessus de la multitude des dieux que les premières relations portoient au nombre de deux mille, reconnoissoient, au rapport de Solis, un Dieu suprême qui étoit adoré dans toutes les parties de l'empire; mais ce dieu n'étoit désigné par aucun nom, et on lui rendoit hommage en contemplant les cieux avec respect(2). Quelle cause assigner à ces faits? Les premiers pères des peuples dont nous venons de parler, ne connoissant d'autre divinité que la *force inconnue*, pouvoient l'implorer et l'adorer sans lui donner aucun nom; car cet objet de leur culte, étant vague et indéterminé, ne pouvoit être défini, et il n'avoit pas besoin d'être distingué d'un autre, puisqu'il étoit unique. Il étoit naturel ensuite que leurs descendants devenus polythéistes plaçassent à la tête de leurs dieux celui qui étoit le plus ancien de tous, et qui avoit été adoré dans le principe sous une idée différente et sans porter aucun nom.

Enfin, si l'on réfléchit que, dans presque toutes les langues primitives, le mot *Dieu* a originairement indiqué *la force*, on puisera dans cette remarque une preuve de plus en faveur de notre opinion.

Les traces du premier pas fait dans la religion se trouvent donc correspondre à nos idées, aux époques, chez les peuples et dans les lieux les plus éloignés et les plus différents les uns des autres. Si, au milieu de l'obscurité qui enveloppe ce sujet, nous avons donné et nous continuons de donner la préférence à la théogonie grecque, nous n'y avons été conduits que parcequ'elle est la seule qui soit parvenue jusqu'à nous

---

(1) *Histoire générale des Voyages*, tome LIV.
(2) Ibid., tome XLVIII.

dans son intégrité, et qui nous ait été transmise directement par un des plus anciens poëtes de cette nation. Au reste, si les fragments que nous possédons des théogonies des autres peuples ne nous suffisent pas, considérés séparément, pour soutenir le système progressif de nos idées, cependant quelque incomplets et interrompus qu'ils soient, non seulement ils nous fourniront des preuves précieuses pour certaines parties, mais ils formeront encore par leur combinaison et leur rapprochement une démonstration lumineuse du système tout entier. Ainsi la théogonie générale du genre humain se trouvera éclaircie et démontrée, au moyen de la réunion et de la liaison des faits particuliers aux *théogonies* des différentes nations.

N° 2, page 66.

.... et sous un nom nouveau.

Pour juger jusqu'à quel point Hésiode indique que ce fut la même divinité qu'on adora dans le principe sous le nom d'*Uranos* ou *Cœlus* avec l'idée qu'il embrasse, et plus tard sous celui de *Chronos* ou *Saturne* avec l'idée nouvelle qu'il exprime, il suffit de rapprocher le vers 624 du vers 644. Les mêmes dieux qui, dans le premier, sont appelés fils de Saturne et de *Rhée* sont nommés dans le second fils du Ciel et de la Terre. De plus, la *Terre*, sous le nom de Γαῖα, fut l'épouse du Ciel et la mère de *Saturne*, et sous le nom de Ῥεία (*Rhée*) fut la fille du Ciel et la femme de Saturne (1). Le même dieu, sous des noms divers expri-

---

(1) *Théogonie*, vers 133 à 135 et vers 124.

mant des idées diverses, eut la même épouse sous divers noms exprimant diverses idées. *Chronos* est le même que *Saturne*, Ῥεία (*Rhée*) est la même que Γαῖα (*la Terre*), mais sous des noms nouveaux exprimant des idées restreintes. Le texte d'Hésiode nous fait voir en effet que lorsqu'il appelle la terre Γαῖα, il veut indiquer la planète, c'est-à-dire le globe terrestre tout entier; tandis que par le nom de Ῥεία il paroît n'entendre que la partie productive qu'on nomme proprement terre. C'est donc avec raison que le poëte, pour désigner la Terre comme épouse d'*Uranos* ou *Cœlus*, l'appelle Γαῖα, et ne lui donne plus que le nom de Ῥεία, qui exprime une idée plus restreinte, lorsqu'il la désigne comme épouse de *Chronos* ou *Saturne*.

Nous trouverons encore dans Hésiode d'autres passages qui indiquent également qu'*Uranos* et *Chronos* ont été le même dieu, adoré sous des noms différents exprimant des idées diverses; mais nous nous réservons de les citer en parlant du règne de Jupiter.

N° 3, page 66.

.... la grande chaîne du destin.

Voyez vers 460 à 465. Hésiode nous présente *Chronos* recevant de son père *Uranos* les secrets du destin sur les choses futures. Plus loin, vers 475 à 495, il nous montre l'impuissance des efforts de ce dieu pour se soustraire aux arrêts de l'immuable Fatalité.

Les anciens considéroient le destin comme une loi émanée, dès le principe de l'univers, du Dieu suprême, qui, après l'avoir établie, s'y trouva soumis lui-même. Le dépositaire de cette loi étoit toujours le même Dieu suprême qui en avoit été l'auteur, désigné par des

noms divers exprimant une idée progressivement restreinte ; d'abord *Uranos* ou *le Ciel*, ensuite *Chronos* ou
Saturne, enfin ζεύς ou *Jupiter*. Nous démontrerons plus
clairement cette vérité quand nous parlerons du règne
de ce dernier dieu. Il faut toutefois avertir que ces
idées vastes, étendues, et distinctes, sur le destin se dé-
veloppèrent par degré, et ne prirent pas subitement
naissance à l'époque et dans l'état où les hommes se
trouvoient, lorsqu'ils firent ce second pas dans le culte
religieux. Ce second pas a dû accompagner la première
enfance de la société comme le premier l'avoit précédée ; et si l'on veut connoître la raison pour laquelle
le règne de *Saturne* fut appelé le *siècle d'or*, c'est que
dans ce temps les hommes jouissoient encore de cette
indépendance naturelle, dont Ovide (1) nous présente
un tableau si séduisant, et dont le souvenir étoit célébré à Rome dans les saturnales. Or, si dans cet état les
hommes avoient pu acquérir quelques idées vagues et
incertaines sur l'ordre successif des choses qui se ma-
nifestoit à leurs sens par les révolutions périodiques
des astres, par le retour des saisons, etc. ; s'ils avoient
pu attribuer au premier des dieux la création et la direction de cet ordre général, ils n'avoient certainement pu du moins étendre et perfectionner tout d'un
coup ces idées, jusqu'au point qui étoit nécessaire pour
former la théorie du destin des poëtes et de la loi
d'ordre des philosophes. Un tel développement d'idées
suppose une société plus avancée et une civilisation
poussée beaucoup plus loin.

Voyez ce qui a été dit sur le *siècle d'or* dans le troisième livre de cet ouvrage, chap. XXXVI (2).

____

(1) Ovide, *Metam.*, lib. I, fab. 3.

(2) Les observations de Visdelou sur l'idée du destin chez les

N° 4, page 66.

. . . . détruire ses propres œuvres.

Ὃς δαπάνᾳς μὲν ἅπαντα, αὔξεις ἔμπαλιν αὐτος.

Qui consumis quidem omnia, et ipse rursùs auges.

Hymne de l'Orphée supposé à Saturne, v. 3. Voyez aussi Hésiode, *Théogonie*, v. 459 et 460.

Il est temps de consulter les souvenirs religieux des autres peuples ; il est temps de faire voir comment de semblables causes ont produit des effets semblables, c'est-à-dire de montrer la similitude qui existe dans les éléments des divers polythéismes, ainsi que dans les modifications et les altérations subies par l'idée primitive de la *force inconnue*, qui fut d'abord l'unique objet du premier culte des humains.

Il est hors de doute que les forces, les puissances particulières de la nature, qui ont une action plus sensible et plus frappante, qui par l'étendue de leurs effets et par leurs oppositions apparentes ont dû exciter l'étonnement et les méditations des hommes, aient été par conséquent les premiers objets, les premiers éléments du polythéisme de tous les peuples. Le soleil, la lune, la terre, l'eau, le feu, les météores, les vents, devoient être et furent en effet les premiers dieux. Nous trouvons de toute part la preuve que leur culte succéde immédiatement au règne de peu de durée de

---

Chinois, lui assignent évidemment la même origine, et font voir qu'elle a reçu chez ce peuple le même développement que parmi les Grecs. Voyez Visdelou dans les Observations sur l'*Y-king*, p. 128, à la suite du *Chou-king*.

la force inconnue; nous les voyons par-tout figurer au nombre des premiers dieux, et considérés par-tout comme les plus anciens. Depuis les Indes jusqu'aux Gaules, depuis l'Éthiopie et l'Égypte jusque dans les contrées hyperborées, dans l'ancien comme dans le nouveau continent, ce fait se montre attesté par tant de preuves que, pour peu que l'on connoisse l'histoire des premiers âges des peuples, il est impossible de le révoquer en doute. Ce que dit Hérodote (1) des dieux supérieurs des Perses; ce que rapporte Strabon (2) de ceux des Cappadociens; les antiques traditions des Égyptiens et des Éthiopiens sur leurs principaux dieux, transmises jusqu'à nous par Diodore de Sicile (3); les livres sacrés des Chinois qui nous révèlent leur immémoriale religion (4); les notions recueillies par Maxime de Tyr sur la religion des peuples qui habitoient au nord du Pont-Euxin; ce que César (5) et Tacite (6) nous ont fait connoître de l'ancienne religion des Germains, et ce que l'historien de celle des Gaulois a recueilli sur les objets de leur culte; enfin les notions que nous avons sur la religion de tant de peuples découverts dans les temps modernes (7); tous ces monuments,

----

(1) Lib. I.

(2) Lib. XV.

(3) Lib. I.

(4) *Chou-king*, part. I, chap. 2, et plusieurs autres passages. *Notions sur l'Y-king;* Ckircher, part. III, chap. 1.

(5) *De Bello gallico,* lib. VI.

(6) *De Moribus Germanorum.*

(7) Les Taïtiens, au rapport de Forster, outre le grand dieu du soleil, ont une déesse de la terre, un dieu des vents, et treize divinités de la mer. Leur déesse *O-Te papa,* femme de l'ancien dieu et première mère de tous les autres dans la théogonie de ce peuple, paroît être la terre : et, ce qui le fait supposer, c'est que, selon le

dis-je, et beaucoup d'autres que je me dispense de citer, nous démontrent que la marche du genre humain a été constante et uniforme dans ce second degré de la religion, qui est le premier du polythéisme. Toutefois est-il nécessaire d'interroger ces monuments avec cet esprit philosophique dont aucun précepte de critique ne peut tenir lieu, et qui est indispensable dans la recherche de faits si mal observés et transmis d'une manière si défectueuse.

On retrouve la même conformité d'époque pour *l'altération* ou la *restriction* de l'idée de la *force inconnue*, adorée seule dans le commencement. Nous voyons à cette seconde période figurer l'idée du temps, moins vague, mais toujours semblable à celle qu'en eurent les Grecs; nous voyons l'idée de la force inconnue, motrice de la nature, se réduire à celle d'une force présidant au cours de l'un des deux astres qui règlent les jours, les mois, les années, et qui sont la mesure la plus régulière et la plus sensible du temps; nous voyons enfin, tantôt le *soleil*, tantôt la *lune*, devenir la divinité suprême des peuples, ou, pour mieux dire, l'ancienne idée de la divinité précédente se restreindre, sous un nouveau nom ou en conservant le premier, en celle d'une force, d'une intelligence chargée de présider à la succession des temps et des choses, en dirigeant les révolutions d'un astre qui mesure le temps.

L'Osiris des Égyptiens, le Mitra des Perses, l'Adonis des Syriens, l'Ammon des Libyens, l'Assabinus des Éthiopiens, le Bélénus des Celtes, l'Allah-taala des Arabes, n'étoient autres, comme on sait, que le soleil.

---

même voyageur, ce nom signifie *roche*. Voyez R. Forster, *Observations sur le Voyage dans l'hémisphère austral*, part. IV, chap. 10.

Il étoit devenu la divinité suprême de ces peuples, de même qu'il l'étoit devenu des Péruviens, des habitants des Florides, et de plusieurs autres contrées de l'Amérique, des Taïtiens, et de diverses nations indiennes de la mer du Sud, à l'époque où ces peuples furent découverts par les Européens (1).

On peut conclure du fragment déja cité de Sanchoniaton que, chez les Phéniciens, leur *Beelzemen* ou *Seigneur des cieux*, qui avoit représenté dans le principe la force inconnue et universelle, régulatrice de la nature, ne représenta plus tard que le *soleil*, ou l'intelligence que l'on croyoit présider aux révolutions de cet astre. La même chose arriva au Moloch des Ammonites, et au Baal ou Bélus des Assyriens et des Moabites (2).

Le soleil étoit, au rapport d'Hérodote (3) et de Strabon (4), la divinité suprême des Messagètes et des Arméniens; et Apollon tira le surnom d'*Hyperboreus* de

-----

(1) Voyez la prière que les prêtres égyptiens faisoient réciter au défunt en son nom, et qui est rapportée par Porphyre, *De Rost.*, lib. IV. Voyez aussi Diodore de Sicile, lib. I; Socrate dans Eusèbe, *Præp. evang.*, lib. I; Strab., lib. XXV; Lactance, *De diis et mundo;* Stace, *Theb.*, lib. V; Macrobe, *Saturn.*, lib. I, cap. 2; *Serv.*, II de l'Énéide; Pline, lib. XII, cap. 19; et Solinus, cap. 31. Ces deux derniers parlent du cinamomum que les Éthiopiens lui consacroient. Voyez encore, relativement aux peuples de l'Amérique, Garcilassus, lib. I, cap. 1; les *Relations* de Lemoine de Mourgues *sur les peuples de la Floride, voisins de la Virginie;* Rochefort, *Histoire des Antilles;* Laffiteau, *Mœurs des sauvages*, t. I; et R. Forster, ouvrage déja cité, part. IV, chap. 10.

(2) Voyez Vossius, *De origine et progressu idolatr.*, lib. II, cap. 3; et Seldenus, en ce qu'il dit du mot *héliogabal*, qui signifioit *prêtre du soleil.*

(3) Lib. I.

(4) Lib. XII.

ce que l'astre auquel les Grecs donnèrent ce nom étoit l'objet suprême du culte des peuples hyperboréens (1).

Le même astre, sous le nom de *Penninus*, étoit le dieu par excellence des peuples qui habitoient les *Alpes pennines*, et sous le nom de *Tuiston* le dieu suprême des Germains (2).

A l'égard de la lune, nous voyons que cet astre, qui peut aussi bien que le soleil être considéré comme un mensurateur du temps, fut aussi la divinité suprême de certains peuples séparés par de grands espaces, et à des époques fort distantes les unes des autres. Elle fut adorée à ce titre dans la Tauride, vers le temps de la guerre de Troie; dans l'île de *Sen*, située près de la côte méridionale de la Basse-Bretagne, et célèbre par les druidesses qui, sous le nom de *Sénacées*, étoient les interprètes et les prêtresses de cette divinité suprême (3); au cap de Bonne-Espérance, chez les Hottentots de nos jours; enfin chez beaucoup d'autres peuples, soit anciens, soit connus dans les temps modernes (4).

Quelle que soit l'obscurité qui environne l'ancienne religion des habitants de l'antique Latium, nous pouvons avancer avec certitude que le dieu Janus, dont il a été parlé précédemment, avoit déja cessé d'être la divinité unique, et étoit déja devenu le dieu du temps avant que la religion grecque eût pénétré dans cette

---

(1) Hérodote, lib. I; Diodore, lib. II.

(2) Voyez l'*Histoire de la religion des Gaulois*, déja citée; et relativement au Tuiston des Germains, Vossius, *De orig. et progr. idol.*, lib. II, cap. 15.

(3) Voyez l'*Histoire*, déja citée, *de la religion des Gaulois*, tom. II, liv. IV.

(4) *Histoire générale des Voyages*, tom. XVIII, pag. 81 et suiv.

région, et y eût interrompu le cours naturel de sa théogonie. Comment en effet expliquer raisonnablement
l'ancienne fable du partage que Janus fit de son empire avec Saturne, si ce n'est en supposant que lorsque
cette divinité étrangère, qui étoit la même que le
Chronos des Grecs, fut connue dans le Latium comme
présidant au temps de même que Janus, elle fut ad-
mise au partage de l'empire de ce dernier, à cause de
cette conformité d'attributions et de pouvoir? Le nom
de *Bifrons* que portoit Janus; les deux visages avec
lesquels il étoit représenté dans ses anciens simulacres;
le nombre des jours de l'année que, dans la plupart de
ses images, il paroissoit indiquer avec ses deux mains;
l'opinion, conservée même dans des temps bien postérieurs, que ce dieu présidoit au principe de toutes les
calendes et de la division des mois (1); tous ces faits, et
une foule d'autres que ce n'est pas ici le lieu de rapporter, nous conduisent à affirmer que Janus, après
avoir été considéré comme l'univers ou le ciel, ou comme
l'*Uranos* des Grecs, fut ensuite considéré comme leur
Chronos, c'est-à-dire comme le dieu du temps (2).

---

(1) Macrobe, *Saturn.*, lib. I, cap. 9.

(2) Ce que la fable nous apprend du dieu *Vertumne*, et l'étymologie même de ce nom, doivent faire croire que cette antique
divinité étrusque fut l'ancien dieu du temps de ce peuple, comme
Janus l'étoit des Latins : c'est pour cette raison que beaucoup d'auteurs l'ont confondu avec ce dernier. Voyez ce qu'en dit Ovide dans
ses Métamorphoses, liv. XIV, et Properce dans sa quatrième élégie.
Les métamorphoses que ces deux poëtes prêtent à cette divinité ne
signifient pas autre chose que le changement successif du temps
aux diverses saisons.

N° 5, page 67.

.... et de la peur.

Hésiode nous présente cette progression de diverses
manières. Outre les preuves qu'il en donne, et qui seront produites à leur place, il dit dans son invocation
aux muses: « Elles chantoient, dans leurs concerts éter-
« nels, les dieux qui naquirent, au commencement, du
« Ciel et de la Terre, et les enfants de ces dieux, qui
« sont les distributeurs de tous les biens(1). » Les dieux
nés du Ciel et de la Terre furent les Titans(2), qui mutilèrent leur père commun; c'est-à-dire les forces, les
puissances de la nature, adorées les premières, lorsqu'on abandonna le culte exclusif de la force inconnue
pour se jeter dans le polythéisme. Les dieux qui naquirent des Titans furent les autres forces, les autres
puissances, dont Hésiode nous trace l'histoire poétique
et la généalogie imaginaire au moyen de fictions, de
fables, d'allégories diverses, et sous des noms qu'il
faut interroger dans leur sens primitif pour deviner
les objets qu'ils expriment, et qui ont obtenu progressivement les honneurs du culte religieux chez les
Grecs.

Ces forces, ces puissances, ne furent pas seulement
les forces physiques, mais aussi les forces morales de
la nature, comme les *affections* et les *passions*. Telle
fut *Aphrodite* ou *Vénus*, c'est-à-dire l'amour, qu'Hésiode fait naître de l'écume produite dans la mer par

----

(1) *Théogonie*, v. 45 et 46.
(2) Ibid., v. 206 et 207.

les parties génitales d'Uranos coupées par Chronos (1).
Telles furent les *furies*, qu'il suppose être nées des
gouttes du sang de ce même Uranos tombées sur la
terre après la fatale mutilation (2), et qui représentent
la Fureur, la Haine, le Dédain, la Vengeance, comme
l'expriment le sens de leur nom commun Ἐρινύς, et
celui de leurs noms particuliers Ἀληκτω, Μέγαιρα, Τισι-
φόνη (3). Telle fut l'*Envie*, dont les Grecs firent un dieu,
parceque son nom étoit masculin dans leur langue, et
les Latins une déesse, parceque le même mot étoit fé-
minin dans la leur. Hésiode et Ovide nous offrent un
portrait également frappant de cette divinité, l'un dans
son poëme *Des œuvres et des jours* (4), l'autre dans ses
Métamorphoses (5). Telle fut l'*Émulation*, peinte par Hésiode dans le même poëme; telle fut encore la *Tristesse*, personnifiée et déifiée par les Grecs sous le nom
de Ἀχλυς, c'est-à-dire *obscurité*, *ténèbres*, et qui figure
dans le poëme d'Hésiode, *le Bouclier d'Hercule* (6); telles
furent enfin la *Crainte* et l'*Épouvante*, Φόβος et Δεῖμος,
qu'Hésiode fait naître de Vénus et de Mars (7), et qu'il
considère, dans le poëme que je viens de citer, comme
les compagnons de ce dernier (8). Homère attribue à
ces deux divinités la même origine et les mêmes fonc-

(1) *Théogonie*, v. 188 à 206.
(2) Ibid., v. 183 à 185.
(3) Euripide place la déesse Lyssa au nombre des furies, parcequ'elle inspiroit la fureur et la rage (*Herc. fur.*). Virgile y place
aussi la Discorde (*Æn.*, lib. VIII, v. 702).
(4) V. 11 à 26.
(5) Lib. II.
(6) V. 264 à 270.
(7) *Théogonie*, v. 930 à 936.
(8) *Boucl. d'Herc.*, v. 195, et 463 à 466.

tions (1); on les voit dans son divin poëme, tantôt représentées sur l'égide formidable de Minerve ou sur le bouclier d'Agamemnon (2), tantôt précipitant le char de Mars pour voler à la défense d'Ascalaphe (3), ou bien s'élançant des vaisseaux des Grecs pour mettre en fuite les Troyens, au milieu du trouble et de la consternation causés par le combat d'Hector et d'Ajax (4).

Nous savons que ces deux divinités avoient un temple à Sparte et un à Rome (5); et nous voyons dans la tragédie d'Eschyle des *Sept devant Thèbes* les sept chefs de cette expédition jurer, les mains plongées dans le sang de la victime du sacrifice, par *Mars*, par *Pallas*, et par le dieu de *la peur* (6).

<h2 style="text-align:center">N° 6, page 69.</h2>

.... sous le nom de Mélies.

Hésiode, *Théogonie*, v. 184 à 187.

Ces nymphes étoient *errantes*, et n'avoient aucune demeure fixe et stable, parceque les accidents qui avoient donné lieu à l'illusion au moyen de laquelle on croyoit les avoir rencontrées dépendoient d'une foule de combinaisons, et ne pouvoient être fixes et

---

(1) *Iliade*, lib. IV.
(2) Lib. XI.
(3) Lib. XV.
(4) Lib. XV.
(5) Tite-Live, lib. II.
(6) Les Chinois avoient aussi des esprits ou divinités qui présidoient aux passions et aux affections de l'ame. Voyez le *Traité sur quelques points de la religion de la Chine*, par Longobardi, vol. IV des Œuvres de Leibnitz, p. 104 et suiv.

permanents. Elles erroient, suivant l'expression d'Hésiode, ἐπ᾽ ἀπείρονα γαῖαν, *super immensam terram*, parcequ'elles avoient dû être aperçues de toute part et rencontrées en tous lieux. Le nom même de nymphe confirme admirablement mon idée : Νύμφη, *nymphe*, signifie *voilée*, *cachée*. On sait que les nouvelles épouses étoient appelées de ce nom parcequ'elles marchoient couvertes d'un voile ; des parties délicates que, chez l'un des deux sexes, la nature a pris soin de cacher sous un double abri portent le nom de *nymphes* ; ce nom est aussi celui du bouton de rose avant l'épanouissement de la fleur ; on le donne enfin au papillon qui n'a pas encore brisé l'enveloppe dans laquelle s'opère sa merveilleuse métamorphose. Or tout ce qu'on voit dans l'obscurité apparoît sous une forme imparfaite, indéterminée, et comme au travers d'un voile.

J'espère que les cinq notes suivantes verseront un grand jour sur cet objet.

N° 7, page 69.

.... de tant d'autres nymphes.

Voyez Hésiode, *Théogonie*, v. 240 à 264, où il parle des cinquante nymphes marines, filles de Nérée et de Doris ; et v. 346 à 366, où il est question de trois mille autres nymphes, filles de l'Océan et de Téthys, *qui, dispersées çà et là, habitoient tantôt la terre et tantôt les ondes.*

Cette opinion sur la nature amphibie de ces nymphes, et sur leur habitation inconstante, tantôt sur la terre, tantôt sous les eaux, nous démontre suffisamment qu'elles n'ont pu avoir d'autre origine que les illusions d'optique dont nous avons parlé. Une nymphe étoit apparue pendant la nuit dans une forêt marécageuse, sur le bord d'un fleuve, près d'une fontaine ou d'un lac; on ne l'y rencontroit plus pendant le jour, parceque les ténèbres étoient dissipées; on ne l'y rencontroit plus les nuits suivantes, parceque les accidents qui avoient produit la première illusion ne se représentoient pas: on concluoit de là que cette nymphe avoit disparu en se plongeant dans les eaux. Il en étoit de même de celles qu'on avoit cru apercevoir sur les bords de la mer, dans les grottes marines, ou sur la mer même (1).

Cette mystérieuse demeure des nymphes offre encore, en y réfléchissant, une autre preuve à l'appui de notre opinion. Les montagnes boisées, les forêts sauvages, les marais, les lacs, les fleuves, les fontaines, la mer, les grottes marines, étoient les lieux les plus propres à favoriser de telles erreurs. En effet, l'illusion auroit pu se dissiper par le rapprochement vers l'objet qui la produisoit; mais cet objet étoit rendu inaccessible, soit par les obstacles que présentoit la nature même du lieu, soit par l'effet du trouble que jettent dans l'imagination l'horreur et la crainte, si faciles à exciter dans les lieux de cette sorte, indépendamment même des ténèbres.

Enfin, quand nous retrouvons ces divinités chez les peuples et dans les temps les plus éloignés les uns

---

(1) Les trois vers suivants d'Homère, rapportés par Pausanias, font allusion à ce fait:

Nymphes, retirez-vous dans vos grottes profondes;
Un vieillard fortuné vous attend sous les ondes;
Retournez près de lui pour embellir sa cour.

des autres, nous ne pouvons douter qu'elles n'aient eu une cause unique et une commune origine.

Virgile nous apprend qu'elles étoient connues des anciens habitants du Latium, bien avant qu'ils eussent eu la moindre relation avec les Grecs, et précisément à l'époque religieuse que nous leur avons assignée. Dans ce beau passage de l'Énéide où Évandre dévoile à Énée l'antique histoire du pays qu'il occupe, et sur le sol duquel Rome ensuite fut fondée, le narrateur s'exprime ainsi : « Cette contrée n'étoit jadis qu'une « vaste forêt, séjour des nymphes et des faunes, qui ne « tiroient leur origine d'aucun autre pays. Les hommes « qui l'habitoient étoient sauvages et grossiers comme « les arbres qu'ils voyoient naître; ils étoient si étran- « gers à toute civilisation qu'ils ignoroient même l'art « d'atteler les bœufs à la charrue, etc. (1). »

Tous les peuples du Mexique ont regardé les fleuves, les lacs, et les marais, comme peuplés de divinités semblables; et l'on sait qu'ils jetoient chaque année un enfant dans les eaux pour tenir compagnie aux dieux qui y faisoient leur séjour (2).

A l'extrémité de l'autre hémisphère les Coréens avoient la même croyance; et lorsqu'ils devinrent tributaires de la Chine, leur roi obtint de conserver la prérogative qui lui appartenoit de sacrifier seul à ces divinités chimériques. Les *Esprits* des cinq montagnes principales de la Chine, des quatre mers, et des quatre fleuves, auxquels les Chinois rendoient les honneurs divins, paroissent provenir de la même erreur (3).

Une semblable superstition régnoit chez les Scy-

---

(1) Virg., *Æn.*, lib. VIII, v. 314.
(2) Laffiteau, *Mœurs des sauvages*, tome I.
(3) *Notions sur l'Y-king*, p. 428.

thes, chez les Germains, et chez les Gaulois. Les dieux *Sulèves*, *Commodèves*, et *Sylvains* de ces derniers, avoient exactement la même origine. Enfin les lois très anciennes de la Norwége qui défendent d'adorer les génies des fleuves, des lacs, et des tombeaux (1), nous font voir que des illusions analogues avoient produit de semblables effets parmi les anciens habitants de cette contrée éloignée.

N° 8, page 69.

.... des dieux Pénates et des Lares.

Les noms de *Lares* et *Larves* qu'on donnoit à ces dieux présentent l'idée d'apparitions nocturnes, de fantômes, de spectres. Les masques des anciens étoient appelés *larvæ*, probablement parcequ'ils déguisoient comme un spectre celui qui les portoit. On croyoit de même que le fantôme apparu par une illusion d'optique autour de la demeure d'un homme cachoit la divinité qui veilloit à sa garde. L'interprétation donnée au mot *penates* par quelques personnes qui, d'après ce qu'en dit Denys d'Halicarnasse (2), le traduisent par *dieux secrets, dieux cachés;* l'ancienne tradition étrusque rapportée par Arnobius (3), et de laquelle on peut conclure que le nombre de ces dieux fut toujours ignoré aussi bien que leurs noms particuliers; enfin l'antiquité du culte des Lares et des Pénates bien antérieur à la fondation de Rome, et la célébration de

---

(1) Voyez l'*Introduction à l'histoire du Danemarch*, tome II.
(2) Lib. X.
(3) Lib III.

leur fête au milieu des saturnales, forment une série de preuves qui, combinées ensemble, démontrent clairement que ces divinités ne durent leur origine qu'aux illusions et aux erreurs dont nous avons parlé, et que cette origine remonte exactement à l'époque qui lui est assignée dans notre système. Cette époque est celle où les hommes, encore enveloppés des ténèbres de la plus barbare ignorance, devoient être bien plus crédules que le peuple de nos jours. Cependant nous voyons de nos jours, malgré les lumières dont le peuple est entouré, qu'une seule illusion, prise par une femme pour l'apparition d'un *esprit*, peut suffire pour accréditer, parmi tous les habitants d'une province, l'existence de cet esprit dans le même lieu. La cause célèbre relative à ce fait, et plaidée récemment devant nos tribunaux, nous met à l'abri de toute imputation d'exagération.

N° 9, page 70.

.... des démons appelés Lémures.

L'idée que Nonnius nous a transmise de ces divinités correspond parfaitement à la même origine. *Lemures sunt larvæ nocturnæ, et terrificationes imaginum et bestiarum* (1). Le rite antique dont parle Varron, et qui étoit pratiqué pendant la nuit pour expulser de la maison ces *Lémures*, nous confirme encore dans notre opinion, en nous montrant les traces de la terreur qui dut donner lieu dans le principe à ces apparitions ou à ces illusions, d'où provint la croyance en de semblables

____

(1) *De propriet. sermon.*

divinités: *Quibus temporibus, in sacris fabam jactant noctu, ac dicunt se Lemures domo extra januam ejicere* (1). Voici en quoi consistoit cette cérémonie. Pendant les trois nuits consacrées à la célébration des fêtes de ces divinités, le chef de la famille sortoit de son lit vers minuit, manifestant une sainte épouvante; il faisoit un certain bruit avec ses doigts, et en frappant sur un vase de bronze, comme pour éloigner de lui les dieux nocturnes; ensuite il jetoit des fèves derrière ses épaules, et ne devoit point se retourner pendant cette opération. On voit dans tout ceci les traces de la terreur qui avoit produit les apparitions auxquelles ces dieux durent leur origine. Son antiquité remonte à l'époque que nous lui avons assignée; car ce culte existoit longtemps avant Rome, où l'on reconnoissoit qu'il avoit pris naissance parmi les anciens habitants du Latium.

N° 10, page 70.

.... *celle des Manes.*

Les poëtes grecs et latins distinguoient, comme on sait, trois choses dans l'homme, le corps, l'ame, et son *ombre* ou fantôme. Homère, en parlant du privilége accordé à Tirésias par Proserpine (2); Virgile, lorsqu'il fait invoquer par Énée les *ombres paternelles* (3), et dans les paroles qu'il fait prononcer à Didon au mo-

---

(1) Varr., lib. I, *De vit. pop. Rom.*
(2) *Odyss.*, lib. XI.
(3) . . . . .Salvete, recepti
    Necquicquam cineres, animæque, umbræque paternæ.
Æneid., lib. V.

ment de se donner la mort (1), nous indiquent ce principe de la mythologie ancienne, développé plus clairement encore par Lucréce dans les vers suivants :

Esse Acherusia templa ,
Quo neque permanent animæ, neque corpora nostra ,
Sed quædam simulacra modis pallentia miris (2).

Les Égyptiens avoient eu à peu près la même idée ; ils pensoient que l'ame étoit composée d'un corps subtil et lumineux, et d'une *intelligence*. Le corps subtil étoit, selon eux, la partie la plus matérielle de l'ame, son image, sa première enveloppe ; et l'*intelligence* en étoit la partie la plus légère (3).

Pythagore avoit soutenu et enseigné une doctrine semblable dans son hypothése des équivalents. Il supposoit l'ame revêtue d'un corps léger et aérien, qui lui servoit de première enveloppe lorsqu'elle étoit unie au corps mortel.

Nous voyons des idées analogues, à de légères différences près, naître et se propager chez presque tous les peuples dans cette période des temps héroïques qui répond à l'époque religieuse dont nous nous occupons.

Or ces ombres, ces corps subtils, que les Grecs et les Latins regardoient comme devant être séparés, par la mort, des ames auxquelles ils appartenoient, reçurent d'eux le nom de *manes*. Les dieux qui portoient le même nom étoient considérés comme les protecteurs de ces ombres et des tombeaux autour desquels on

----

(1) Et nunc magna mei sub terras ibit imago.

Æneid., lib. IV.

(2) Lucret., lib. I.

(3) Voyez au sujet de cette doctrine des Égyptiens ce qui sera dit dans le septième chapitre de ce V⁰ livre.

pensoit qu'elles avoient coutume d'errer pendant la nuit. De là vint l'usage de leur recommander les morts, comme l'indiquent les anciennes inscriptions tumulaires : D. M. *Diis Manibus.*

Comment ne pas voir maintenant que cette croyance à des ombres errantes autour des tombeaux, à des dieux protecteurs de ces ombres et de ces tombeaux, n'a pu prendre naissance que dans les illusions de la vue et les erreurs des sens? L'opinion, rapportée par Servius, de ceux qui croyoient que les *dieux Manes* étoient des divinités nocturnes, errantes entre le ciel et la terre, présidant à l'humidité de la nuit, et qui avoient donné leur nom au matin, *mane;* l'opinion constante des anciens, si habilement employée par Virgile(1), si clairement indiquée par Properce(2), que les ombres ne pouvoient errer sur la terre et apparoître aux hommes que pendant la nuit, et qu'ennemies de la lumière elles devoient être rendues aux enfers à l'approche du jour; ces deux opinions, dis-je, ne confirment-elles pas la nôtre, en nous révélant l'ancienne tradition des apparitions nocturnes dans lesquelles ces divinités ont eu leur origine?

L'idée des Taïtiens sur leur dieu *Orometooa*, qui, selon eux, fait son séjour dans le voisinage des cime-

---

(1) Il décrit l'apparition de l'ombre d'Anchise à Énée pendant la nuit qui suivit l'incendie des vaisseaux en Sicile; et il fait dire à l'ombre que l'*Orient*, c'est-à-dire le Soleil son ennemi, l'oblige à se retirer. Lib. V, v. 721 à 740.

(2) . . . . .Nocte
Vaga ferantur, nox clausas liberat umbras,
. . . .
Luce jubent leges Lethea ad stagna reverti, etc.
Prop. *lib. IV, elegia VII.*

tières, et sur leurs dieux *Techee*, qui veillent à la garde
du cadavre de l'homme dont chacun d'eux a pris soin
pendant la vie (1), semble provenir de la même cause,
et suppose les mêmes erreurs. La croyance qu'ils ont
que ces divinités pénètrent quelquefois dans les habi-
tations, à la faveur des ténèbres, est encore une preuve
qu'elles ont pris naissance dans de semblables illusions.

N° 11, page 70.

.... *sous le nom de géants.*

Je réclame l'attention du lecteur pour les réflexions
qui vont suivre.

Nous voyons les géants représentés comme des êtres
monstrueux; nous trouvons l'idée de ces géants constamment associée à celle des montagnes; nous les
voyons figurer comme principaux personnages dans
les guerres des dieux. Ce n'est pas chez un seul peuple,
à une seule époque, dans une seule mythologie; c'est
chez tous les peuples, à toutes les époques, dans toutes
les mythologies, qu'ils se montrent à nous sous le
même aspect. Les trois géants d'Hésiode, *Cottus*, *Bria-*
rée, et *Gygès*, ont chacun cinquante têtes et cent
bras (2); leur stature est extraordinaire, leur force in-
calculable: ils lancent à-la-fois trois cents rochers; ils
sont les principaux combattants dans la guerre entre
les dieux nouveaux et les anciens (3). Les entrailles de

____

(1) Voyez R. Forster, *Voyage dans l'hémisphère austral*, part IV.
chap. 10.
(2) *Théogonie*, v. 148 à 153.
(3) Ibid., v. 713 à 716.

la terre sont leur demeure(1); et pour nous faire voir les rapports qu'ils ont avec la mer (avec laquelle on sait que tout volcan en activité doit communiquer), le poëte fixe le séjour de Cottus et de Gygès dans la profondeur de l'Océan, et il donne pour épouse à Briarée la fille de Neptune.

Le même Hésiode nous fait connoître *Typhon*, dont le nom signifie en grec *fumée*, *vapeur enflammée*(2), et qui a cent têtes semblables à celle d'un dragon. Ses langues sont noires, ses yeux jettent des flammes; de toutes ses têtes s'élancent des tourbillons de feu; les sons de sa voix sont multipliés et inintelligibles; ses cris retentissent jusqu'aux cieux, et ses mugissements ébranlent les montagnes lointaines. Au moment de la rencontre de Jupiter avec ce géant, dans le fort du combat, on nous peint des tempêtes, des tremblements de terre, des tourbillons de vent, des éruptions enflammées, des embrasements, des incendies(3).

De semblables idées se retrouvent exprimées par Ovide et par d'autres poëtes, par les historiens anciens, et par les mythologistes. Ici les géants déracinent des montagnes, les lancent contre les dieux, les amoncèlent les unes sur les autres, transportent *Ossa* sur *Pélion*. Là, Typhon est écrasé sous le poids de la Sicile; l'Etna pèse sur sa tête; les efforts du géant pour se dégager produisent les tremblements de terre, et son souffle enflammé est la cause des éruptions de ce

----

(1) *Théogonie*, v. 734 à 737.

(2) *Ibid.*, v. 815 à 820.

(3) *Théogonie*, v. 820 à 868. Qu'on se rappelle aussi que, selon Hésiode, ce géant étoit fils du Tartare et de la Terre (*Théogonie*, v. 800).

volcan (1). Diodore appelle les environs de Cumes le pays des géants (2). Selon la tradition d'Apollodore (3), c'étoient les champs de Phlégra qui étoient leur demeure; et dans l'attaque des dieux, ils lançoient des chênes déracinés, des arbres, des rochers enflammés. Pallène en Macédoine, et un endroit de l'Arcadie d'où l'on voit sortir des vapeurs embrasées, ont également été considérés, selon Pausanias, comme le séjour des géants (4).

Il est dit dans le fragment de Sanchoniaton déja cité plusieurs fois, que les géants, fils de *Phos*, *Phur*, et *Phlox*, c'est-à-dire de la *Lumière*, du *Feu*, et de la *Flamme*, étoient d'une stature monstrueuse, et avoient donné leur nom aux monts Cassius, Liban, Anti-Liban, et Bratis.

On trouve dans les antiques traditions égyptiennes *Typhon*, le grand ennemi d'Osiris, représenté comme un monstre ayant un grand nombre de têtes et de mains, dont les bras s'étendoient jusqu'aux extrémités du monde, et dont la tête étoit enveloppée d'épais nuages. Un feu brûlant sortoit de sa bouche; il avoit embrasé des espaces immenses; sa naissance avoit été violente, car il n'étoit sorti du sein de sa mère qu'en le déchirant; il avoit été englouti dans un tourbillon de flamme; il se tenoit caché au fond du lac Sabonide, et les vapeurs qui s'en exhaloient étoient son haleine. Ce sont là autant de figures des tremblements de terre qui précèdent les premières éruptions des volcans, des

---

(1) Ovid., *Fast.*, lib. IV; *Metam.*, lib. V. Voyez aussi Pindare, *Pyth.* 1; Eschyle, *in Prometh.*; Hygin, *Fab.* 151; Nonnus, *Fab.* 152.
(2) Diod., lib. V.
(3) Apollod., lib. I.
(4) Pausan., *in Arcad.*

phénomènes qui accompagnent et suivent leur extinction, de la formation des marais et des lacs qui remplissent leurs anciens cratères, et des vapeurs méphitiques qu'ils exhalent (1).

Les mêmes traditions parlent de figures effrayantes que l'on vit sortir de la terre pendant les persécutions souffertes par Osiris. Ces figures étoient des géants monstrueux, dont les uns étoient armés d'une multitude de bras, et les autres tenoient des quartiers de rochers qu'ils lançoient contre le ciel ; chacun d'eux étoit distingué par quelque entreprise merveilleuse qu'on lui attribuoit, et tous portoient des noms épouvantables. Ces horribles figures, selon le rapport de Plutarque, étoient représentées dans les lieux obscurs des temples ; et le peuple qui assistoit aux sacrifices, tout en chantant les louanges d'Osiris, frappoit ces images monstrueuses, et les chargeoit de malédictions pour les maux que, dans sa croyance, elles avoient apportés au monde. Cette pratique toutefois n'empêchoit point que ces divinités exécrées ne reçussent aussi des hommages, puisque le même Plutarque nous dit qu'on sacrifioit quelquefois à Typhon (2).

Dans l'Edda, qui renferme la mythologie scandinave, il est parlé longuement des géants et de leur guerre contre les dieux. De sombres et gigantesques images figurent dans les fables relatives à ce sujet; mais rien absolument n'y indique que ces formes monstrueuses soient attribuées à des hommes. Les géants dont il y est question sont enchaînés dans les cavités obscures de la terre ; leurs efforts pour rompre les

----

(1) Plut., *in Iside et Osiride*. Idem, *De Oraculis*. Hérodote, lib. III.
(2) Plut., *in Iside et Osiride*. Voyez aussi Diodore, lib. I.

chaînes qui les captivent, ébranlent les montagnes et occasionent les tremblements de terre. Ces chaînes seront un jour brisées ; alors ils sortiront de leur sombre demeure pour aller détrôner les dieux : l'arc-en-ciel sera le pont sur lequel ils passeront pour arriver à la voûte céleste ; et dans ce moment, toutes les calamités possibles pèseront de nouveau sur le genre humain (1).

Chez les Japonnois, l'histoire des premiers âges du monde ne se compose que de traditions des combats des dieux contre les géants. Les monstres qui y figurent sont, à peu de chose près, semblables à ceux des peuples dont nous venons de parler ; et il en est de même des actions qu'on leur attribue. Il existe encore dans ce pays des fêtes et des cérémonies commémoratives de ces anciennes guerres (2).

Les vieilles traditions des peuples de l'Indostan, leurs fêtes commémoratives, leurs rites, leurs hymnes, leurs légendes, rappellent les mêmes idées de géants, de guerres de géants, de monstres qui ont combattu contre les dieux, et qui ont été vaincus par eux. L'un avoit ouvert des gouffres horribles ; l'autre avoit frappé le soleil et la lune ; ceux-ci avoient creusé des abymes dans lesquels la terre devoit être engloutie ; ceux-là enfin furent écrasés sous des montagnes qu'ils avoient lancées, et qu'un dieu renversa sur eux (3).

La même croyance se rencontre encore chez les

____

(1) Voyez les fables 2, 4, 16, 17, 31.

(2) Voyez Kempher, liv. III, chap. 1 : et Charlevoix, *Histoire du Japon*, livre préliminaire, chap. 13.

(3) Voyez l'auteur des *Cérémoines religieuses*, tom. IV ; l'*Histoire générale des voyages*, tom. X ; les *Lettres édifiantes*, tom. XII et XIII ; et M. Dellon, *Des divinités qu'adorent les peuples de l'Inde*, tom. III.

5. 12

peuples de l'Amérique. De toute part, dans l'ancien monde comme dans le nouveau, on retrouve la tradition des géants et de leur guerre contre les dieux. Le sein des montagnes est habité par eux; ils sont la cause des tremblements de terre. Dans certains pays, lorsqu'on sent la terre frémir, les habitants prennent les armes, et lancent des traits et des flèches contre le flanc des montagnes, croyant ainsi arrêter les esprits captifs qui voudroient s'échapper pour envahir la contrée (1).

Rapprochons ces faits les uns des autres, et voyons quelle peut être la cause commune d'une erreur si générale.

Dans les grandes catastrophes que le globe a éprouvées les montagnes ont dû principalement attirer l'attention et exciter la terreur des malheureux mortels. Les tremblements de terre, qui ont brisé et fait crouler des montagnes entières, qui les ont quelquefois transportées les unes sur les autres, qui en ont détaché des parties énormes; les éruptions volcaniques qui ont produit des phénomènes horribles et épouvantables, qui ont embrasé des espaces immenses, et causé des changements remarquables dans les mers voisines, sont des événements que le temps a pu altérer, mais non point effacer de la mémoire des hommes, sur l'esprit desquels les idées de désordre et de ruine font une impression qui ne peut être balancée par les idées opposées d'ordre et de paix.

Or supposons, ce qu'on ne sauroit nier, que quelqu'une de ces catastrophes ait précédé ou accompagné l'époque religieuse dont nous nous occupons,

____

(1) Voyez le P. Lafiteau, *Mœurs des sauvages*, tom. II.

c'est-à-dire celle où le polythéisme exerçoit déja son empire; supposons encore une chose qui a dû arriver, et sans laquelle il seroit impossible d'expliquer la cause d'une erreur si générale et si uniforme; supposons, dis-je, qu'au milieu des exhalaisons enflammées d'un volcan (1), ou de quelque autre phénomène, une illusion produite par la terreur ait fait apercevoir quelque spectre sur le sommet de la montagne ou dans les environs, que pouvoit-il en résulter? Aussitôt ce spectre est l'*intelligence* qui habite la montagne; cette *intelligence* qui a des formes démesurées et monstrueuses est le *géant* qui ébranle la terre; ce *géant*, qui a lancé des rochers et des flammes contre le ciel, a dû être en guerre avec les dieux.

Je ne nie point qu'il n'ait pu être un temps où la nature plus jeune et plus vigoureuse dut se montrer plus gigantesque dans ses productions; je ne nie point qu'il n'ait pu y avoir alors des hommes et des animaux d'une stature colossale, et même des animaux dont l'espèce n'existe plus aujourd'hui; mais tout ce que rapportent les traditions relatives aux guerres des géants n'a aucun rapport avec de tels hommes et de tels animaux. Les illusions d'optique qui donnèrent naissance aux lémures, aux nymphes, et aux autres divinités de la même nature, ont pu seules également enfanter les géants dont il est ici question. Hésiode enfin nous prouve suffisamment que leur origine fut la même et leur époque contemporaine, lorsqu'il dit que les mêmes gouttes du sang de Cœlus, tombées sur la terre après la

____

(1) L'auteur d'un hymne qu'on attribue à Homère dit que Junon irritée contre Jupiter descendit sur la terre, et en fit sortir des vapeurs qui donnèrent naissance à l'épouvantable Typhon.

mutilation de ce dieu, donnèrent naissance aux nymphes Mélies et aux géants (1).

N° 12, page 71

à

.... des vertus et des talents.

Les unes et les autres eurent en effet leurs divinités. Telles étoient celles de la bonne foi et de l'honneur, dont parlent Cicéron et Plutarque, comme ayant été adorées avec une égale vénération chez les Grecs et chez les Latins (2): telles étoient celles de la justice et de l'équité, invoquées sous les noms de *Thémis*, d'*Astrée*, et de *Dicé* par les Grecs, et sous celui de *Sidic* par les Phéniciens (3): telles étoient la déesse de la pitié, et celle de la miséricorde, qui eut à Rome un temple fameux nommé *Asile*, par antonomase (4); *Métis*, déesse de la prudence, qu'Hésiode donne pour première épouse à Jupiter (5); *Aleteia* ou la Vérité, que les uns regardent comme fille de Jupiter, et d'autres comme fille du Temps (6); *Stygée*, qui présidoit aux ser-

---

(1) *Théogonie*, v. 185 à 187.

(2) Cic., *De naturâ deorum*, lib. II, et *Orat. pro Mur.*; Plutarc., *De fort. Rom.* Denys d'Halicarn., lib. II.

(3) Hésiode, *Théog.*, v. 901, 906; *Des œuvres et des jours*, v. 256, 274. Voyez aussi l'hymne d'Orphée à cette déesse, et la tragédie *des Phéniciens* d'Euripide. Ce dernier nous montre la déesse dont il s'agit représentée sur le bouclier de Polynice avec cette devise : *Je te rétablirai.* Voyez enfin le fragment déja cité de Sanchoniaton dans Eusèbe.

(4) Cic., *De legib.*, lib. II; Pline, lib. VII, cap. 36; Serv. *in* VIII *Æn.*

(5) Hésiode, *Théogonie*, v. 886, 887.

(6) Pindare, *Olymp.*, ode 10.

ments (1); la déesse de la pudeur et de la modestie,
qui eut deux temples à Rome, parceque les dames romaines répugnoient à sacrifier à cette divinité en commun avec les femmes du peuple (2). Tel étoit encore
Harpocrate, dieu du silence et de la discrétion, que
les Latins invoquoient sous le nom de la déesse *Angéronie* (3), à laquelle ils associèrent le dieu *Aius locutius*,
c'est-à-dire le dieu qui fait parler à propos (4). Telles
étoient enfin, à l'égard des talents, Mnémosine (5), et
les neuf Muses, filles de cette déesse et de Jupiter (6);
la divinité de l'*Harmonie* (7); les trois *Graces*, Aglaia,
Thalie, Euphrosine, filles de Jupiter et de la belle
Eurynome. Ces dernières non seulement étoient considérées comme les dispensatrices du don de plaire, sans
lequel tous les autres sont superflus, mais on leur attribuoit encore le pouvoir d'inspirer la plus douce des
vertus, la reconnoissance. De là vient que dans toutes
les langues leur nom exprime le sentiment dont on
paie un bienfait; et ce fut pour cela que les habitants
de la Chersonèse, reconnoissants des secours qu'ils

---

(1) Hésiode, *Théogonie*, v. 397, 400, et vers 775, 807.

(2) Tite-Live, lib. X, cap. 25. Les Grecs donnoient à cette divinité le nom de Αἰδώς. Voyez Hésiode, poëme *Des œuvres et des jours*,
v. 197, 198.

(3) Numa Pompilius régla le culte de cette divinité, à Rome, sous
le nom de *Tacita*. Sa fête étoit célébrée dans le temple de la déesse
Volupia. Macrobe, *Sat.*, lib. I, cap. 10.

(4) Tite-Live, lib. V, cap. 5; Cic., *De divinitate*, lib. I et II; Aulu-
Gelle, lib. XVI; Macrobe, *Sat.*, lib. III, cap. 9.

(5) C'est-à-dire la *Mémoire*. Elle étoit fille de Jupiter, et avoit
avec lui engendré les Muses. Hésiode, *Théog.*, v. 53, 60, 915, 917.

(6) Voyez Hésiode, *Théog.*, v. 75, 103. Les noms de ces Muses
et leurs fonctions indiquent les divers talents auxquels elles présidoient.

(7) Hésiode, *Théogonie*, v. 937

avoient reçus de la part des Athéniens, élevèrent un autel sur lequel on grava cette inscription tant célébrée par Démosthène : *A celle des Graces qui préside à la reconnoissance* (1).

On sait que le Prométhée des Grecs étoit le dieu de l'industrie. Il avoit dérobé le feu céleste à Jupiter ; il avoit formé des hommes avec de l'argile : cela signifie qu'en enseignant l'industrie aux humains, il leur avoit appris à s'emparer des biens de la nature et à imiter ses œuvres (2). La déesse *Pitho* des Grecs, la déesse *Suadela* ou *Suada* des Latins, étoient les divinités de la persuasion (3) ; le *Thoth* des Égyptiens, le *Taant* des Phéniciens, l'*Hermès* des Grecs, le *Teutatès* des Gaulois, l'*Hermion* ou *Irmensus* des Germains, le *Mercure* des Latins, étoient les dieux de l'éloquence, du savoir (4), et, chez quelques uns de ces peuples, du talent du vol et de la rapine (5), talent que l'histoire des temps héroïques nous représente constamment comme l'un des plus estimés, à cette période de l'état social qui répond à l'époque religieuse que nous parcourons.

On sait aussi que la divinité adorée en Égypte sous les noms de *Neith*, d'*Ogga* ou *Onka* (6), dans la Grèce

---

(1) Hésiode, *Théogonie*, v. 907, 910 ; Pindare, *Olymp.*, ode 14. Discours *sur la reconnoissance de Chrysippe*, dans Sénèque, lib. II, *De beneficiis* ; Démosthène, *Orat. pro Coroná*.

(2) Voyez le *Prométhée* d'Eschyle. Hésiode l'appelle l'industrieux et rusé Prométhée. *Théogonie*, v. 510, 511.

(3) Hésiode, *Des œuvres et des jours*, v. 73 ; Paus., *in Bœot.* et *in Corinth.* ; Cic., *De cl. or.*

(4) Voyez le fragment de Sanchoniaton dans Eusèbe ; Hérodote, lib. I ; Diodore, lib. I ; Hésiode, *Théog.*, v. 938, 939, et *Des œuvres et des jours*, v. 80 ; Tite-Live, dec. 4, lib. VI, cap. 44.

(5) Plutarque, dans ses *Problèmes* ; ce qu'il dit du culte que les Samiens rendoient à Hermès.

(6) Platon lui donne le premier de ces noms ; mais les autres

sous celui d'*Athéné* ou *Pallas*(1), à Rome sous celui
de *Minerve*, et chez les Gaulois sous celui de *Beli-
sama*(2), étoit chez tous ces peuples, à très peu de
chose près, la même, et présidoit aux beaux-arts, aux
sciences, et à l'art de la guerre.

Les dieux *Merumus* et *Ipsurianus*, *Agræus* et *Alieus*,
Chrysor et *Technites*, *Agraï* et *Agrotès*, *Dagon* ou *Siton*,
étoient honorés par les Phéniciens comme présidant
chacun en particulier à un art ou à un métier (3).

La chasse a eu chez un grand nombre de peuples sa
divinité spéciale, et les Gaulois invoquoient *Arduenna*
long-temps avant de connoître Diane (4).

Remarquons enfin que, sans parler du dieu *Théles-
phore* et de la déesse *Méditrina*(5), la magie elle-même
et l'art de la divination ont eu souvent leur divinité
particulière. Tels furent en effet les dieux *Aminus* et
Magus des Phéniciens(6), le *Protée* des Grecs(7), et le
dieu *Nabahas* des Évéens, duquel parle l'Écriture, et
dont le nom, selon saint Jérôme, signifie *qui préside
aux prophéties* (8).

écrivains anciens emploient les deux derniers. Eschyle se sert du
nom d'*Onka Pallas*, pour désigner la Minerve thébaine, dans la tragédie des *Sept devant Thèbes*.

(1) Hésiode, *Des œuvres et des jours*, v. 64 et 72 ; *Bouclier d'Hercule*, v. 197, 200, 325, 340.

(2) Voyez dans l'*Histoire*, déja citée, *de la religion des Gaulois*
ce qui concerne cette déesse.

(3) Le fragment de Sanchoniaton dans Eusèbe.

(4) Voyez dans l'*Histoire de la religion des Gaulois* ce qui y est
dit de cette déesse et de la forêt d'où elle tira son nom.

(5) Divinité qui présidoit à la médecine.

(6) Fragment de Sanchoniaton dans Eusèbe.

(7) Voyez, dans l'*Odyssée*, le discours de Ménélas à Télémaque, et
dans les *Géorgiques* de Virgile, l'épisode d'Aristée.

(8) Voyez le livre IV *des Rois*, chap. 18, et le Commentaire de

N° 13, page 71.

.... *aussi leurs divinités.*

De même que les vertus et les talents, les vices eurent leurs divinités particulières.

La fraude et les amours illicites(1), la volupté et l'impudicité (2), l'imprudence (3), la débauche (4), la calomnie et la raillerie(5), le mépris des lois et le mensonge (6), furent placés chacun sous l'influence d'un dieu ou d'une déesse. *Murcé* et *Stimula* étoient deux divinités qui présidoient aux vices opposés de la paresse et de la précipitation(7). Les larrons pieux invoquoient Hermès dans la Grèce; et Plutarque (8) rapporte qu'en mémoire de cette ancienne prérogative du fils de Jupiter les Samiens toléroient encore les vols qui se commettoient pendant les sacrifices offerts à Hermès Caridote. Dans le Latium, les voleurs dévots avoient aussi leur divinité, qu'ils cherchoient à se rendre propice par des dons et par des offrandes compo-

---

saint Jérôme. Voyez aussi Grotius, sur le chap. 48 d'Isaïe. Il parle de ce dieu comme étant en très grande vénération auprès des Babyloniens.

(1) Hésiode les fait naître de la nuit odieuse. *Théog*, v. 224.

(2) Macrobe, *Saturn.*, lib. I, cap. 10. Ce qu'il dit de la déesse *Volupie.*

(3) Les Latins appeloient cette divinité *Coalemus.*

(4) Philostrate, dans la peinture du dieu Comus, *imag.* III.

(5) Hésiode, *Théogonie*, v. 214; et Lucien, *in Deorum concilio,* ce qu'il dit du dieu Momus.

(6) Hésiode, *Théogonie*, v. 229, 230.

(7) Festus, au mot *Murcé.* Saint Augustin, *De civit. Dei*, lib. IV, cap. 11.

(8) Dans les *Problèmes* cités précédemment.

sés d'une partie de leurs vols : c'étoit la déesse La-
verne(1), à laquelle on éleva des autels dans Rome et
l'on consacra des bois(2). En raison de la dévotion particulière dont cette déesse étoit l'objet, les voleurs reçurent le nom de *laverniones*(3); elle étoit invoquée
par les marchands qui vouloient tromper les ache-
teurs(4); enfin, avec le temps, elle étendit son empire
sur tous les hypocrites, sur les imposteurs de tout
genre, comme l'indique Horace dans ces beaux vers :

Pulchra Laverna,
Da mihi fallere ; da justum sanctumque videri ;
Noctem peccatis, et fraudibus objice nubem (5).

N° 14, page 71.

.... aux différents biens et aux maux divers.

En examinant la religion grecque, nous y trouvons

---

(1) **Nous** trouvons dans la comédie de Plaute intitulée *Cornicu-
laria* la prière suivante, mise dans la bouche d'un voleur :

Mihi, Laverna, in furtis celtrassis manus.

Laverne, rends mes mains adroites pour voler.

(2) La *Porte Lavernale* étoit ainsi appelée à Rome, à cause du
voisinage de l'autel de cette déesse. Varron, *De ling. lat.*, lib. IV.

Il y avoit aussi dans la voie *Salaria* un bois consacré à cette divinité, comme on peut le voir dans le Commentaire d'Acron sur Horace, lib. I, epist. 16.

(3) *Laverniones, quod sub tutelâ deœ Lavernœ essent.* Festus, à ce
mot.

(4) On peut le voir par le passage suivant de Lucien :

Si versus facies, musis, si vendis, Lavernæ.

(5) Lib. I, epist. 16.

Les Chinois eurent aussi des esprits ou divinités pour les vertus
et pour les vices. Voyez le traité déja cité de Longobardi.

des divinités particulières pour les divers biens et pour les maux divers. L'*impétuosité*, la *victoire*, la *valeur*, la *force* (1), l'espérance, la *fortune* (2), la *consolation* (3), la *célébrité* (4), y sont personnifiées et déifiées. Nous y remarquons également le dieu de l'*occasion* sous le nom de *Coros* (5); les divinités des *prières* (6), celle de la *sûreté*, nommée *Asphalie*; *Eunomie*, déesse des *bonnes lois*, et *Irène*, de la *paix* (7).

En opposition à ces divinités se présentent celles de l'*erreur* (8), de la *misère inquiète*, de la *vieillesse*, du *travail*, de la *discorde*, de l'*oubli*, de la *peste*, de la *douleur*, des *querelles*, des *meurtres*, des *batailles*, du *carnage*, des *rixes*, des *différents*, et de tous les fléaux qui affligent l'espèce humaine; divinités, selon l'expression d'Hésiode, toutes alliées et parentes les unes des autres (9). Dans l'*OEdipe* de Sophocle, le chœur adresse des vœux à Jupiter et à Minerve pour se soustraire à l'influence du génie de la peste qui désoloit Thebes (10); et dans l'Électre d'Euripide, Oreste, incertain s'il doit

----

(1) Hésiode, *Théogonie*, v. 384, 385.

(2) Pausan., *in Bœot. et in Corinth.*

(3) Idem, *in Corinth.*

(4) Hésiode, *Des œuvres et des jours*, v. 762, 763; Pindare, *Olymp.*, od. 14; Ovid., *Metam.*, lib. XII.

(5) Voyez la description qu'en donne Ausonius.

(6) Hésiode les appelle les filles de Jupiter, et Homère en fait un beau portrait dans le livre IX de l'*Iliade*.

(7) Hésiode, *Théogonie*, v. 902.

(8) Homère, *Iliade*, liv. XIX, à propos de la naissance d'Hercule.

(9) Hésiode, *Théogonie*, v. 214, 225 et 232. Il parle de toutes ces divinités. Voyez aussi la belle énumération qu'en fait Virgile en parlant des divinités qui occupent le vestibule et les premières portes de l'enfer. *Æneid.*, lib. VI, v. 273, 280.

(10) Ce génie est dépeint comme plus épouvantable que le dieu de la guerre. Sophocle, *OEdipe*, acte I.

commettre le parricide qui lui est commandé par Apollon, s'écrie : *N'est-ce point un génie malfaisant qui m'abuse en revélant la figure de ce dieu* (1)?

Si nous examinons à son tour la religion des Latins, nous y retrouvons la plupart de ces divinités, et plusieurs autres de la même nature ; la déesse de l'*occasion* (2), les dieux de la *sûreté* (*dii securi*), la *consolation*, la *célébrité*, la *fortune*, la *tranquillité*, la *paix*, la *concorde*, le *secours*, la *liberté* (3), et une foule d'autres. *Vacuna* étoit la déesse de la *victoire* chez les anciens peuples du Latium, et les fêtes célébrées en son honneur étoient appelées *Vacunalia* (4). Les noms de plusieurs autres divinités sont autant d'allégories sous lesquelles on reconnoît les biens ou les maux auxquels elles président ; tels sont ceux des dieux ou déesses nommés *Bonus genius*, *Bonus eventus*, *Bona spes* ; *Vitula* est la gaieté, *Libentia* et *Volupia* sont les plaisirs, *Strenua* est le gain imprévu, *Consus* le bon conseil, *Volumnus* ou *Volumna* la bonne volonté, *Salus* la santé, *Quies* le repos ; la déesse *Ageronia* inspire le courage, la déesse *Viriplaca* rétablit la concorde entre les époux, la déesse *Fugia* met en fuite les ennemis, *Pellonia* les repousse, enfin les dieux *Averrunci* sont des protecteurs contre les calamités publiques (5).

---

(1) Eurip., *Elect.*, acte IV.

(2) Voyez la description qu'en fait Ausonius.

(3) Cicéron, *De nat. deor.*, lib. II ; id., *Orat. pro domo suâ* ; Plin., lib. XXXIII, cap. 1 ; Virgil., *Æneid.*, lib. IV, v. 173 et suiv.

(4) Cette déesse fut honorée plus tard comme présidant au repos en général, parceque le repos des fatigues de la guerre est obtenu par la victoire. Ovid., *Fast.*, lib. VI, v. 307.

(5) Voyez, au sujet de ces divinités, Dion, lib. III ; Val.-Max., lib. II, cap. 1 ; Tite-Live, lib. IV ; Varron, *De ling. latinâ*, lib. IV

D'un autre côté s'offrent également à nous les divinités chargées de présider aux maux opposés à ces biens que nous venons d'énumérer. « Les hommes, dit « Cicéron, étoient plongés dans une erreur si grande « que non seulement ils divinisèrent les choses funestes, mais qu'ils établirent même un culte en leur « honneur. On voit sur le mont Palatin un temple élevé « à la *fièvre*, et le mont Esquilin nous montre le temple « d'*Orbona* (déesse qui présidoit à la mort des enfants), « et l'autel dédié à la *mauvaise fortune*.» *Qui tantus error fuit, ut perniciosis rebus non modò nomen deorum tribueretur, sed etiam sacra constituerentur* (1).

Valère Maxime (2) parle d'autres temples consacrés à la *fièvre*, et dans lesquels on avoit coutume d'apporter les remèdes qui étoient administrés aux malades.

On sait aussi que les Romains, indépendamment de la fièvre, d'Orbona, et de la mauvaise fortune, avoient encore la déesse de la tempête, *Salacia* (3); celle de la pauvreté, *Peneia* (4); et le dieu *Vejovis* ou *Vedius*, qui étoit une divinité malfaisante (5).

Dans le nombre de ces maux et des dieux qui les représentent, n'oublions pas la guerre. Ce fléau de l'espèce humaine eut en tout lieu ses divinités particulières. *Arès* (6) étoit le dieu de la guerre chez les Grecs,

---

et VI ; Pline, lib. XXXV, cap. 4 ; Arnob., lib. IV ; et saint Augustin, *De civit. Dei*, lib. IV.

(1) Cicéron, *De nat. deor.*, lib. III ; et Arnob., lib. IV.

(2) Lib. XI, cap. 5.

(3) Varr., *De ling. lat.*, lib. IV ; Fest., à ce mot ; Virg., *Æneid.*, lib. V.

(4) Ovide, *Metam.*, lib. I.

(5) Gellius, lib. V, cap. 12 ; et Cicéron, *De nat. deor.*, lib. III.

(6) Ce mot signifie en grec *dommage*, *tort*

Orion chez les Persans (1); les Scythes honoroient sous l'emblème d'une épée une divinité analogue (2); *Gradivus*, *Quirinus*, *Mars*, étoient chez les Latins les noms donnés au dieu des combats (3). Les Sabins l'appeloient *Mamercus* (4). Le *Néton* ou dieu de la guerre de certains peuples de l'Ibérie (5), celui des Lusitaniens dont parle Strabon (6), celui des Chinois que leurs livres sacrés nous font connoître (7), étoient avec raison regardés par les Grecs et par les Romains comme un *dieu commun*, parceque tous les peuples avoient dû se figurer un dieu pour présider à la guerre. L'imagination féconde de ces deux peuples lui adjoignit chez les uns la déesse *Enyo* (8), chez les autres *Bellone* (9), anciennement appelée *Duellone*, selon ce que rapporte Varron (10), probablement parcequ'elle étoit considérée comme la déesse des guerres particulières et des combats singuliers, très fréquents dans cette période

---

(1) Vossius, *De idol.*, lib. I, cap. 16; Hérodote, lib. V, cap. 50.

(2) Les Romains, selon le témoignage de Varron, rapporté par Clément d'Alexandrie, représentèrent aussi leur dieu de la guerre sous l'emblème d'une lance, avant qu'ils eussent appris à donner à une statue la figure humaine.

(3) Ils se servoient des deux premiers de ces noms pour désigner ce dieu dans les deux états opposés de guerre et de paix; *Gradivus* étoit le nom guerrier, *Quirinus* le nom pacifique. Romulus après son apothéose fut aussi nommé *Quirinus*, parcequ'on le fit passer pour le fils de Mars. Servius, *Æneid.*, lib. III.

(4) Varron, *De linguâ latinâ*.

(5) Macrobe, *Saturn.*, lib. VI, cap. 19.

(6) Strabon, lib. VII.

(7) *Chou-king*, part. III, chap. 3; Duhalde, t. III.

(8) Hésiode la fait naître de Phoreus et de Céto. *Théog.*, v. 273.

(9) Virg., *Æneid.*, lib. VIII, v. 703 *et seq.*; Sil. Ital., *Punic.*, lib. V, v. 221.

(10) Varron, *De linguâ latinâ*, lib. IV, cap. 10.

des gouvernements héroïques qui correspond parfaitement à l'époque religieuse dont il s'agit (1).

Enfin, quoique nous ayons reçu peu de notions sur les religions des autres peuples, nous savons cependant que les Égyptiens avoient aussi, selon le rapport de Plutarque, déifié la victoire sous le nom de *Naphté*; que les Phéniciens avoient déifié la liberté sous celui de *Nisor* (2); que les Syriens en avoient fait de même de la fortune sous le nom de *Gad* (3); que les Mexicains avoient un dieu de la *tempête*, un dieu des *déluges*, un dieu de la *guerre* (4); que les Chinois (5), ainsi que les peuples de l'Amérique septentrionale, avoient leurs génies bienfaisants et leurs génies malfaisants, et qu'ils sacrifioient à ces derniers pour prévenir les effets de leur méchanceté (6); que les Lapons et les nègres africains conservent encore la même idée, et pratiquent un culte semblable, dans des régions si distantes les unes des autres; que chez les Taïtiens, à côté des divinités que l'on invoque pour le succès de la chasse, de la pêche, et de la navigation, figurent deux divinités malfaisantes, *Orometooa* et *Oremehouhouwe*, que ce peuple implore pour les empêcher de lui faire du mal, ou pour obtenir qu'elles en fassent à ses ennemis; ce qui se pratique, à l'égard de la seconde, d'une étrange manière en faisant entendre des sifflements (7). Or,

---

(1) Voyez ce qui a été dit à ce sujet dans le chap. II du troisième livre de cet ouvrage.

(2) Voyez le *fragment de Sanchoniaton* dans Eusèbe.

(3) Seldenus, *De diis Syriis synt.* II, cap. 1.

(4) *Histoire générale des Voyages*, tom. XLIV, p. 394.

(5) *Chou-king*, part. III, chap. 4.

(6) Les relations de tous les missionnaires européens dans les diverses parties du monde sont d'accord sur ce fait.

(7) Voyez la *Relation des voyages du capitaine Cook*, et R. Forster

comme des parties analogues doivent appartenir à des touts analogues, nous nous croyons fondés à avancer qu'il a dû exister chez tous ces peuples un ordre semblable de divinités; et que si nous pouvions les connoître, nous verrions que des noms divers les distinguent seuls, en apparence, de celles que nous avons observées avec plus de certitude.

N° 15, page 72.

.... maîtresse de la pensée et des remords.

On sait que les Latins invoquoient, sous le nom de *Mens*, la divinité qui présidoit à la pensée. On lui demandoit, dit Varron, d'inspirer de bonnes et douces pensées, et d'écarter les préoccupations fâcheuses (1). Les Grecs attribuoient cette fonction au démon particulier de chaque individu, si connu par l'usage que fit Socrate de cette antique et vulgaire croyance (2). Les Taïtiens en ont une tout-à-fait semblable; ils croient que chaque personne a son *techee* particulier, qui est un génie ou un démon instigateur

---

dans son *Voyage à l'hémisphère austral*, part. IV, chap. 10. Il est à remarquer que cette coutume d'invoquer une divinité en sifflant se retrouve à une époque et dans une contrée bien éloignées de celles-ci, chez les Égyptiens. Dans de certaines occasions, en effet, leurs prêtres avoient recours au sifflement pour se faire entendre de quelques divinités. Voyez Nicom. Garas., *Harm. Manual.*, lib. II, *in* Meibom. *Auctoribus antiquæ musicæ*, vol. I, p. 73.

(1) Ovide, *Fast.*, lib. VI, v. 241; Tite-Live, lib. XXIII, cap. 31. Lactance et saint Augustin rapportent tous deux le témoignage de Varron.

(2) Le traité d'Apulée et celui de Plutarque *sur le démon de Socrate* ne permettent pas de révoquer en doute l'existence de cette opinion

des pensées secrètes. On l'appelle *Parou no te oboo*, c'est-à-dire *parole du ventre*, parceque cette langue encore à son enfance n'a pas de mots pour exprimer les idées abstraites, et pour rendre autrement celle de la pensée intérieure (1). Les sacrifices pratiqués de temps immémorial à la Chine, en l'honneur des génies qui ont pris soin des hommes illustres, et dont Confucius recommande si vivement l'accomplissement, nous indiquent un ordre semblable de divinités dans l'antique religion de ce peuple (2).

A l'égard des remords, on sait que les furies ne présidoient pas seulement aux passions de la fureur, de la colère, de la haine, et de la vengeance (comme on l'a remarqué dans la note n° 5), mais qu'elles passoient aussi pour les divinités qui allumoient les remords. Oreste, en proie aux remords causés par son parricide, se regardoit comme poursuivi par les furies (3). Il donna à un rocher situé près de Gitée, dans la Laconie, le nom de Jupiter *Cappautas*, c'est-à-dire qui soulage, parcequ'il avoit eu dans ce lieu un moment de trève à ses remords, et aux tourments dont les furies le déchiroient sans relâche (4). Enfin l'une des plus belles tragédies d'Euripide, qui a pour sujet l'audace que ce

---

(1) Voyez R. Forster dans son *Voyage à l'hémisphère austral*, part. IV, chap. 10. Il est vrai que ce voyageur prétend que ces *techees* ne sont autres que les ames des hommes; mais il suffit de considérer les faits qu'il rapporte, pour remarquer les contradictions qui se présenteroient si l'on vouloit s'arrêter à cette conjecture.

(2) Voyez le traité *Sur quelques points de la religion des Chinois* de Longobardi, vol. IV des *OEuvres de Leibnitz*, p. 118 et 121

(3) Pausan., *in Corinth.*

(4) Pausan., *in Lacon.*

héros montra dans la Tauride, n'est fondée que sur cette croyance universelle.

N° 16, page 72.

.... comme on en reconnoissoit pendant la vie.

La croyance que l'ame ne périt pas avec le corps, cette croyance si souvent ébranlée dans le sein des so-ciétés vieillies, a existé généralement dans leur en-fance, chez tous les peuples, même chez ceux qui n'ont eu aucunes communications connues avec d'autres peuples.

On n'ignore pas ce que les nations de l'antiquité ont pensé à cet égard. On sait quelles étoient sur le même objet les opinions des peuples de l'Amérique, lorsqu'ils furent découverts par les Européens. Les anciennes chroniques nous ont transmis, avec la con-noissance des rites, des usages, des fêtes, des dogmes, des légendes, appartenant aux nations antiques, leurs idées sur l'immortalité de l'ame et sur la vie future. Les relations des voyageurs nous fournissent des do-cuments analogues à l'égard des peuples observés dans les temps modernes; et les faits recueillis par le célébre Cook, dans ses derniers voyages, prouvent d'une ma-nière non équivoque l'existence de cette opinion chez les habitants isolés des diverses îles qu'il a visitées ou découvertes. Ce qu'il nous dit au sujet de l'un de ces peuples confirme admirablement ce que nous avons avancé nous-mêmes, comme principe général, que *le sentiment de la propre perfection* a dû donner naissance à l'idée de l'immortalité de l'ame. Chez cette nation, où le peuple n'est rien et où les patriciens sont tout,

où la classe inférieure est parvenue à un degré d'avilissement et d'oppression qui n'a pu être égalé, ni à
Rome dans les temps héroïques, ni sous aucun autre
gouvernement despotique, l'immortalité de l'ame, selon le rapport de Cook, est regardée comme le partage
de tous les ordres, excepté de cette classe avilie du
peuple (1).

Cette idée si importante et si générale de l'immortalité de l'ame devoit concourir nécessairement à l'accroissement du polythéisme, pour lequel tout sujet
physique ou moral devenoit un aliment. Il étoit naturel en effet d'imaginer des divinités chargées de prendre
soin des ames après la dissolution, et de régler leur
sort en raison de leurs mérites; il étoit naturel d'imaginer un dieu ou un ordre de dieux revêtus de ce ministère. Le *Mouth* des Phéniciens (2), le *Sérapis* des
Égyptiens (3), le *Pluton* des Grecs et des Latins (4), la
déesse *Némésis*, nommée par Hésiode la divinité la
plus redoutable aux mortels (5), et considérée comme
une puissance invisible, inaccessible (6), chargée d'observer éternellement le mal commis sur la terre pour
en assurer le châtiment; *Woldenus*, dieu des récompenses futures, chez les Scandinaves, et leur *Idoggus*,

---

(1) Voyez la *Relation du troisième voyage du capitaine Cook.*

(2) Voyez le *fragment de Sanchoniaton*, dans Eusèbe.

(3) Plut., *De Iside et Osiride.*

(4) Hésiode, *Théogonie*, v. 455 et 720 à 814, où il fait la description du Tartare; poëme *Des œuvres et des jours*, v. 151 à 153 et 166
à 171, où il parle des iles Fortunées.

(5) *Théogonie*, v. 223.

(6) *Ex abditâ quadam æternitate*, dit Ammianus Marcellinu,
lib. XIV, cap. 2. Voyez aussi Callimaque, *Hymne à Cérès*; et Pausanias, *in Arcad.*

qui présidoit aux châtiments futurs(1); l'*Yen-vang* des Chinois(2), le dieu *Taulase*(3) de certains peuples de l'Amérique, étoient autant de divinités des morts, ou, pour mieux dire, des ames séparées des corps qu'elles avoient animés. Si nous ignorons les noms des divinités analogues chez les autres peuples, c'est toujours par la raison que nous avons déja donnée, que, hors de la théogonie grecque, on ne posséde que des fragments isolés pour s'éclairer sur celle des autres nations. Ces fragments considérés séparément nous dirigent et nous abandonnent tour-à-tour; mais rapprochés et combinés les uns avec les autres, ils forment, comme nous l'avons fait remarquer, un faisceau de preuves lumineuses en faveur de notre système; et ce système dèslors nous paroît solidement établi, parcequ'il est fondé sur la nature invariable de l'homme et sur les circonstances communes à tout le genre humain.

N° 17, page 72.

.... *sur les foibles mortels.*

La nuit, les ténèbres, la mort, le sommeil, toutes les puissances négatives de la nature, furent personni-

---

(1) Voyez l'*Edda* ou *Mythologie des Scandinaves.*

(2) Voyez le P. Duhalde et Navarette, *Voyage à la Chine.* Quoique le matérialisme se soit introduit depuis quelque temps parmi les Chinois lettrés, le peuple n'en continue pas moins d'honorer ce dieu dans la même idée.

(3) Ils le considèrent comme une divinité inexorable, qui siège sur un pont par lequel doivent passer les ames des morts, y procède au redoutable examen de leurs actions, et prononce l'arrêt de récompense ou de châtiment.

13.

fiées et déifiées (1) ; mais il ne faut pas croire que l'idée que nous nous en formons aujourd'hui soit la même qu'en avoient conçue ces mortels enveloppés d'ignorance, qui leur adressèrent des vœux et leur consacrèrent un culte. Elles étoient à leurs yeux toute autre chose que des forces privatives ou négatives, et ils les regardoient comme des puissances aussi positives que celles qui leur étoient opposées. Une intelligence obscure, un être ténébreux, engendroient la nuit et les ténèbres. La mort n'étoit pas seulement l'absence de la vie, mais une force employée à la terminer. Il en étoit ainsi du sommeil, qu'Homère et Hésiode appellent le fils de la Nuit et le frère de la Mort (2).

Ce fait résulte évidemment de la manière dont parle Hésiode dans sa description du Tartare (3). Il nous prouve en même temps que ce langage, condamné avec raison dans la bouche du philosophe, mais exigé de la part du poëte et nommé pour cette raison langage poétique, ne doit à l'imagination des poëtes que son perfectionnement et son charme, tandis que son origine remonte aux premières erreurs qui ont régné parmi les fondateurs barbares de chaque nation.

---

(1) Voyez Hésiode, *Théogonie*, v. 123, où il parle de la Nuit et de l'Érèbe, qui signifient l'obscurité et les ténèbres; et v. 211 et 212, où il fait naître de la Nuit la Mort et le Sommeil. Voyez aussi Homère, *Iliad.*, lib. XIV, où le dieu du sommeil exige un serment de Junon.

Voyez enfin Ovide, *Metam.*, lib. XI, dans lequel il fait la description du palais du Sommeil; Pindare, *Olimp.*, ode 11, et Virgile, *Æneid.*, lib. II, ce que disent ces deux poëtes de la déesse de la mort.

(2) Homère, *Iliad.*, lib. IV ; Hésiode, *Théogonie*, v. 755 à 759.

(3) Hésiode, *Théogonie*, v. 720 à 766.

Nº 18, page 72.

. . . . pour présider aux songes.

Il étoit naturel d'imaginer des dieux pour présider aux songes après avoir inventé celui du sommeil. C'est en effet de ce dernier qu'Hésiode fait naître les autres (1). Homère et Virgile parlent de deux portes distinctes, ouvertes, l'une aux songes vrais, l'autre aux songes trompeurs :

Sunt geminæ somni portæ (2).

Ovide, parmi ces dieux, en désigne trois principaux sous les noms de *Morphée*, *Phobétor*, et *Phantase;* il suppose que ceux-ci n'étoient députés qu'aux rois et aux grands, tandis qu'une foule d'autres étoient en relations avec le vulgaire (3).

Nº 19, page 73.

. . . . des semences et des vignes.

Puisque les bois, les forêts, les campagnes incultes avoient des divinités protectrices, il étoit tout simple, lorsqu'on eut découvert l'art de cultiver la terre, d'imaginer aussi des dieux et des déesses pour présider aux divers objets qui se rapportoient à cet art nouveau. Telle fut l'origine de la *Cérès* et de la *Proserpine* des

---

(1) Hésiode, *Théogonie,* v. 202.
(2) Homère, *Odyss.*, lib. XIX; Virgile, *Énéide*, lib. VI. v. 893
(3) Ovide, *Metam.*, lib. XI.

Grecs; celle des *Déesses mères* des Germains et des Gaulois; celle aussi des *Esprits*, que les Chinois ont regardés comme présidant à la culture des terres, aux semences, à la sécheresse, à la pluie, à la chaleur, au froid, et à tout ce qui concerne l'agriculture et ses produits (1). Mais chez aucun peuple cet ordre de divinités ne devint aussi nombreux que chez les Latins. Chaque objet particulier relatif à la culture, chaque occupation rurale, chaque variété de productions, toute chose enfin étant de quelque intérêt pour le cultivateur ou pour le propriétaire, eut chez eux son dieu spécial ou sa déesse particulière.

La déesse *Rurina* (2) présidoit aux champs, le dieu *Occator* (3) aux labours, *Vervactor* (4) aux jachères, *Fructesca* (5) et *Pomone* (6) aux récoltes, et *Terense* (7) à leur consommation.

Quatorze divinités se partageoient l'empire des moissons seulement : l'une veilloit sur la semence encore enfouie dans la terre; l'autre en prenoit soin lorsque la tige commençoit à se nouer; une autre encore au moment où l'épi montroit ses premiers indices; celle-ci lorsqu'il commençoit à se développer; celle-là lorsque tous les épis du champ étoient ouverts; cette autre pendant

---

(1) *Chou-king*, part. I, chap. 2 ; part. III, chap. 3 et 5 ; part. IV, chap. 1 et 16. Chircher, part. III, chap. 2 ; *Traité sur quelques points de la religion des Chinois*, par Longobardi, dans le vol. IV des *OEuvres de Leibnitz*, p. 118.

(2) Ou *Rusina*. Saint Augustin, *De civit. Dei*, lib. IV.

(3) Idem, ibid.

(4) Servius, lib. I *des Géorg*.

(5) Saint Augustin, *De civit. Dei*, lib. IV.

(6) Ovide, *Metam.*, lib. XIV ; et ce que dit Festus du prêtre de cette déesse appelé *Flamen pomonalis*.

(7) Arnob., lib. IV ; et saint Augustin, *De civit. Dei*, lib. V.

que le grain étoit laiteux; une autre encore, lorsqu'il approchoit de la maturité; une autre enfin quand il étoit bon à recueillir. On invoquoit autant de divinités différentes pendant la moisson, lorsqu'on battoit le grain, lorsqu'on le vannoit, au moment de le rentrer dans les greniers, quand on redoutoit le brouillard ou la pluie, enfin lorsque le grain étoit sous la meule (1). Une déesse protégeoit les fruits des collines, une autre les productions des vallons (2). La taille des arbres, la coupe des bois, l'extirpation des épines, avoient lieu sous l'influence de trois divinités distinctes (3): c'en étoit une autre qui présidoit à l'abondance des pâturages (4). Enfin, les abeilles, les troupeaux, les bœufs, les bêtes de somme, tous les êtres, les objets ou les instruments appartenant à l'industrie agricole, eurent autant de divinités spéciales chargées de veiller à la conservation de chacun d'eux (5).

---

(1) *Seja, Nodutus, Volutina, Patellana, Hostilina, Lacturcia, Matura, Segesta, Runcina, Noduterrensis, Deverrona, Tutilina, Robigo* ou *Rubigo,* et *Mola,* étoient les noms de ces divinités, exprimant leurs attributions respectives. Voyez Varron, *De re rustica,* et *De ling. lat.,* lib. V; Macrobe, *Saturn.,* lib. I; Pline, lib. VIII, cap. 12, et lib. XVIII, cap. 2; Arnob., lib. IV; saint Augustin, *De civit. Dei,* lib. IV et V.

(2) Telles étoient les déesses *Collina* ou *Collatina,* selon saint Augustin, et *Vallonia.* Voyez saint Augustin, *Conf.,* lib. IV, cap. 8.

(3) *Puta, Intercidona,* et *Spineusa,* étoient les noms de ces trois divinités. Arnob., lib. IV; et saint Augustin, *De civit. Dei,* lib. IV.

(4) La déesse *Edulica.* Saint Augustin, ibid., cap. 11.

(5) *Mellona* présidoit aux abeilles, *Palès* aux troupeaux, *Bubona* à la conservation des bœufs, *Hyppona* ou *Epona* à celle des bêtes de somme. Voyez Plut., *in Parall.;* Apul., *De Asin. aur.,* lib. III; saint Augustin, *De civit. Dei,* lib. IV; Tertul., *Apol.,* cap. 16; Arnob., lib. IV; et Cicéron, dans le livre II *De divinatione,* où il rapporte l'ancienne tradition que Rome fut fondée par Romulus le

N° 20, page 73.

.... leurs divinités protectrices.

De la supposition de divinités particulières protectrices de chaque famille et de chaque foyer, passer à celle d'autres divinités particulières chargées de protéger la grande famille de la nation, le grand foyer de la cité, rien n'étoit plus naturel. Aussi chaque peuple, chaque cité, eurent-ils un ou plusieurs dieux qui furent considérés comme veillant particulièrement à la sûreté commune (1). On rencontre à chaque instant, dans les poëtes, dans les orateurs, dans les historiens, des invocations adressées aux dieux protecteurs du pays : *Dii patri, dii indigetes, dii præstites,* θεὸς πρόσαται (2). Cette croyance étoit si bien établie que les Romains, avant de donner l'assaut à une ville dont ils avoient l'espoir de se rendre maîtres, adressoient des prières et offroient des sacrifices à ses dieux tutélaires pour les engager à l'abandonner.

---

jour même où les peuples du Latium célébroient les fêtes appelées *Palilies,* du nom de la déesse Palès en l'honneur de laquelle elles étoient instituées.

(1) Voyez Servius, au vers du livre VII de l'*Énéide,* où Virgile parle du dieu tutélaire de Socrate.

(2) On a retrouvé les mêmes idées chez les Indiens de la mer du Sud. Chacune des îles qui environnent Taïti a sa divinité particulière, à laquelle chaque grand-prêtre adresse les prières qu'il prononce dans le grand *moraï,* ou sépulture du prince de l'île. Le dieu tutélaire de Taïti est *Orua-altoo,* celui de Huaheine est *Tane,* celui de Maiedea est *O-roo,* celui de O-taha est *Orra,* celui de Balabola est *Taoo-too,* celui de Maurooa est *O-too,* et celui de Tabuamanoo est *Ta-roa.* Voyez les observations de R. Forster dans son *Voyage à l'hémisphère austral,* part. IV, chap. 10.

Pline nous dit que Varius Flaccus cite plusieurs auteurs pour confirmer l'existence de cette coutume, et il ajoute que de son temps le rituel des pontifes renfermoit encore les cérémonies de ces sacrifices et la formule de ces prières (1). Macrobe a retrouvé cette formule dans le cinquième livre des *Choses secrètes* de Sammonicus Sevenus, et nous l'a transmise dans les termes suivants :

« Si deus, si dea es, cui populus civitasque cartha-
« ginensis est in tutelâ, teque, maximè ille, qui urbis
« hujus populique tutelam recepisti, precor, veneror-
« que, veniamque à vobis peto, ut vos populum, civi-
« tatemque Carthaginensem deseratis, loca, templa,
« sacra, urbemque eorum relinquatis, absque his abea-
« tis, eique populo, civitatique metum, formidinem,
« oblivionem injiciatis, proditique Romam ad me, in
« eosque veniatis, nostraque vobis loca, templa, sacra,
« urbs acceptior, probatiorque sit, mihique, populo
« romano, militibusque meis, præpositi sitis, ut scia-
« mus, intelligamusque : si ita feceritis, voveo vobis
« templa, ludosque facturum (2). »

Il y avoit par la même raison chez les Romains un secret de religion et un secret d'état; le vrai nom de la la cité (3), et la connoissance de la divinité tutélaire de la république, ainsi que de son simulacre, qui étoit le gage du salut de l'état (4). On craignoit que si l'un ou

____

(1) Pline, lib. XXVIII, cap. 2.

(2) Macrobe, *Saturn.*, lib. XXVIII, cap. 2.

(3) Le tribun du peuple Valérius Soranus fut puni de mort pour l'avoir prononcé. Voyez Pline, lib. III, cap. 5. Ce fait est aussi attesté par Varron.

(4) *Romani deorum, in cujus tutelâ urbs Roma est, et ipsius urbis latinum nomen, ignotum esse voluerunt.* Macrobe, *Saturn.*, lib. III, cap. 9. Le vrai nom de la ville de Rome étoit *Valentia*.

l'autre eût été divulgué, cette connoissance n'eût rendu plus facile l'évocation de la divinité ou l'enlèvement du simulacre. Ce dernier étoit renfermé et caché dans le lieu le plus secret du temple de Vesta, et c'eût été un crime exécrable d'y porter ses pas pour tenter de satisfaire une curiosité sacrilége.

La manière dont s'expriment à ce sujet les écrivains anciens nous fait voir que plusieurs ignoroient ce secret; que ceux qui le connoissoient mettoient un grand soin à ne point le divulguer, et que tous plaçoient une confiance extrême dans la protection de la divinité tutélaire (1).

On ne peut plus s'étonner, après avoir observé ces faits, de ce que les Lacédémoniens tenoient enchaîné leur dieu tutélaire Enyalius (2); de ce que les peuples de Tyr traitoient de même leur Apollon (3); de ce

---

(1) Voyez à la fin du cinquième livre de Tite-Live la harangue de Fulvius Camille. Voyez aussi celle de Quintus Falarius, à l'occasion de l'incendie occasioné à Rome par les fils des patriciens de Capoue auxquels il avoit fait trancher la tête. Il dit en parlant du temple de Vesta : *Vestæ ædem petitam, et æternos ignes, et conditum in penetrali fatale pignus imperii.*

Voyez encore la onzième philippique de Cicéron, dans laquelle il compare l'importance dont il est pour l'état de conserver Brutus à celle de conserver ce gage fatal confié à la garde du temple de Vesta.

Voyez enfin le passage déja cité de Macrobe, où il expose les opinions diverses qui ont existé sur cette divinité tutélaire. Les uns croient que c'étoit *Jupiter*, les autres la *Lune*, ceux-ci *Angéronie*, déesse du silence ; ceux-là le dieu *Opis*. Preuve évidente de l'ignorance dans laquelle étoit le plus grand nombre au sujet de ce secret, même au temps de la plus grande puissance de l'empire, où il devoit paroître moins dangereux de le révéler.

(2) Paus., *in Lacon.*

(3) Plutarque, Quinte-Curce, et Diodore de Sicile, l'attestent en parlant du siège de Tyr par Alexandre.

qu'enfin les Athéniens eurent une déesse de la victoire nommée Ἄπτερον, c'est-à-dire *sans ailes* (1).

Tous ces signes extérieurs ne faisoient qu'indiquer la confiance intime que ces peuples plaçoient dans leur divinité protectrice, et leur crainte extrême de perdre son appui.

On ne peut s'étonner davantage de voir déifier certaines villes et certains pays, tels qu'Antium (2), Ferentum (3), le mont Carmel (4), l'île de Ténédos (5), Alabanda, ville de Carie (6); Adrame et Imera, en Sicile (7); Bubracte et Vasione, dans les Gaules (8); et par dessus toutes Rome, à laquelle des temples et des autels furent élevés jusque dans les contrées les plus reculées (9). Cette déification n'étoit autre chose que l'attribution du nom d'une ville ou d'un pays au génie que l'on regardoit comme veillant à sa sûreté.

Lorsqu'on est parvenu à découvrir l'origine et la progression d'une certaine série de faits, quelques étranges et bizarres qu'ils puissent paroître, l'étonne-

---

(1) Paus., ibid.

(2) Sous le nom de la déesse *Antia* ou *Antea*.

(3) Sous le nom de la déesse *Ferentia*.

(4) Tacite, lib. XVII.

(5) Sous le nom de la déesse *Tenes.* Cic., *in Verrem;* et Servius, *in II Æneid.*

(6) Sous le nom du dieu *Alabandus.* Cic., *De nat. deor.*, lib. II.

(7) Plut., *Parall.;* Cic., *in Verrem.*

(8) *Histoire de la religion des Gaulois*, tome II, liv. IV.

(9) Tacite, *Annal.*, lib. IV, cap. 27 et 61; Tite-Live, lib. XLIII, cap. 6; Apulée, *Asin. aur.*, lib. VIII.

La déesse *Roma* (ou si l'on veut le génie de Rome) n'étoit point la même que cette divinité secrète dont on cachoit avec tant de soin le nom et le simulacre, en même temps que le vrai nom de la ville, parcequ'on croyoit qu'il falloit connoître l'un ou l'autre pour l'évoquer.

ment cesse pour faire place à un sentiment plus digne du philosophe, à un sentiment de pitié et d'indulgence pour les erreurs humaines, dont l'enchaînement remonte à une première idée fausse qui a engendré progressivement et insensiblement toutes les autres.

N° 21, page 73.

....*de la santé de l'homme.*

Par un semblable enchaînement de causes et d'effets, par une même progression de conséquences, il étoit naturel qu'après avoir affecté des divinités particulières à la fécondation, au germe et à la végétation des plantes, on imaginât un nouvel ordre d'intelligences divines pour présider à la fécondation de la femme, à l'enfantement, à la prospérité de l'enfant, à la santé de l'homme.

Les Grecs eurent en effet un dieu du mariage, *Hyménée* (1); une déesse de la fécondité, *Latone* (2); une divinité qui présidoit aux enfantements, *Lucine* (3); une autre qui veilloit à la prospérité des enfants, *Hécate* (4).

On peut ajouter à ces divinités les déesses *Génétyllides* ou *Gennaïdes*, dont parle Pausanias, qui composoient une partie du cortége de Vénus, et favorisoient la naissance des enfants.

Enfin, outre les déesses *Hygée* ou *Hygie*, *Jaso*, et *Panacée*, qui étoient trois divinités occupées à conser-

---

(1) Hésiode, *Bouclier d'Hercule*, v. 274.

(2) Hésiode, *Théogonie*, v. 405 à 408.

(3) Ἐλείθυια. Hésiode, *Théog*, v. 922 ; et Homère, *Iliad.*, liv. **XIX**, où il parle de la naissance d'Hercule.

(4) Hésiode, *Théogonie*, v. 449 à 452

ver et à rétablir la santé(1), indépendamment de la déesse *Hébé* qui veilloit sur la jeunesse, et du dieu *Ogéna* qui prenoit soin des vieillards(2), on reconnoissoit encore chez les Grecs un démon particulier à chaque homme, et chargé, entre autres fonctions, de veiller à la conservation de son pupille(3).

Les Latins en avoient un nombre bien plus considérable encore. Chez eux, les mariages se faisoient sous les auspices du dieu *Talassius* (4); on invoquoit le dieu *Domiducus* en conduisant la nouvelle épouse à la maison de son époux (5), et le dieu *Jugatinus* pour la consommation du mariage (6).

La déesse *Égérie* présidoit à la grossesse (7), la déesse *Natio* à la délivrance (8), et le dieu *Vaticanus* ou *Vagitanus* au premier cri du nouveau né (9).

Prosa ou *Prorsa* étoit invoquée dans les accouchements heureux, et *Postverta* dans les accouchements laborieux (10); les dieux *Nixii* pour donner de la force à la femme en travail (11), la déesse *Partula* pour diriger

---

(1) Pline, lib. XXXIV, cap. 8, et lib. XXXV, cap. 11.

(2) Hésiode, *Théogonie;* et Érasme, *Proverbes.*

(3) Théocrite, idyl. 5.

(4) Peut-être est-ce pour cette raison que ce nom se méloit aux cris proférés pendant l'enlèvement des Sabines. C'étoit une invocation au dieu du mariage. Voyez à ce sujet l'autorité de S. Sylla rapportée par Plutarque, *in Rom.*

(5) Saint Augustin, *De civit. Dei*, lib. IV, cap. 9.

(6) Idem, ibid.

(7) Festus, à ce mot.

(8) Cicéron, *De nat. deor.*, lib. III.

(9) Varr., *in libris rerum divinarum apud Gell.*, lib. XVI, cap. 17; et saint Augustin, *De civit. Dei*, lib. IV, cap. 2.

(10) Varron, *apud Gellium*, lib. XVI, cap. 16.

(11) Festus, et Ovide, *Metam.*, lib. IX, v. 585.

le fruit(1), et *Numeria* pour accélérer sa naissance (2);
Vitimnus et *Sentinus* pour le remplir de vie et de sentiment (3); *Genita mana* pour la conservation de l'ac-
couchée (4), et *Genius* pour celle de l'enfant(5); *Levana*
pour engager le père à recevoir son nouveau né et
à le reconnoître (6); *Cunina* pour veiller sur le berceau (7); *Grané* pour en écarter les oiseaux nocturnes
nommés *striges*, et que l'on regardoit comme funestes
aux enfants au berceau (8); enfin, *Rumina* ou *Rumia*
pour que l'allaitement fût heureux et le lait abon-
dant (9).

Pour donner un nom à l'enfant, pour le faire commencer à manger, à boire, à dormir dans un lit; pour
développer et fortifier ses membres, pour lui apprendre à se tenir sur ses pieds, et ensuite à parler; pour
le préserver de charmes funestes et de terreurs, pour
le rendre intelligent, pour le protéger pendant le jeune
âge, on avoit recours à autant de divinités distinctes,

---

(1) Tertul., *De animâ*, cap. 37.

(2) Varron, *Non.*, cap. 4, n. 319.

(3) Cœl. Rod., lib. XXV, cap. 30; saint Augustin, *De civit. Dei*,
lib. VII, cap. 2.

(4) Pline, lib. XXIX; saint Augustin, *De civ. Dei*, lib. IV. cap. 11.

(5) Les Latins avoient la même opinion que les Grecs sur le démon ou génie qui prenoit soin de chaque homme en particulier.
« Major cœlitum populus etiam quam hominum intelligi potest,
« cum singuli quoque ex semetipsis totidem deos faciunt, Junones,
« geniosque adaptando sibi. » Pline, lib. II.

(6) Saint Augustin, *De civit. Dei*, lib. IV, cap. 2.

(7) Varron, *Non.*, cap. 2, n. 756.

(8) Ovide. *Fast.*, lib. VI, v. 101.

Cette déesse étoit aussi appelée *Carna*, *Cardinea*, et *Cardea*; et
on l'invoquoit pareillement pour conserver ou rétablir les entrailles
de l'homme.

(9) Varron, *De re rusticâ*, lib. II, cap. 11.

qui présidoient à ces diverses opérations et étoient invoquées sous des noms analogues à leurs attributions respectives (1).

N'oublions pas enfin de faire remarquer qu'on trouve dans l'Edda, cette antique mythologie scandinave, une multitude de divinités semblables à celles dont nous venons de parler, et qui étoient adorées sous le nom de *Nornes* (2); qu'on en retrouve de tout-à-fait analogues chez les peuples de l'Amérique septentrionale (3), et que, si l'on veut considérer Priape comme le dieu de la fécondité, on le reconnoîtra dans une divinité adorée par plusieurs peuples de l'Amérique exactement sous la même forme et la même figure.

------

(1) Je les désignerai dans le même ordre que j'ai observé pour la désignation de leurs fonctions. Comme le neuvième jour après la naissance étoit consacré à nommer l'enfant dans une forme et avec des cérémonies prescrites à cet effet, la divinité qui présidoit à cette opération étoit appelée *Nundina :* les autres étoient *Edusa, Patina,* et *Cuba; Ossigala, Ossipaga* ou *Ossipanga; Statanus* ou *Statilinus,* et *Statina, Jabulinus, Fascinus,* et *Paventia; Catius,* et *Juventas* ou *Juventus.*

Voyez au sujet de ces différentes divinités, Cicéron, *De nat. deor.,* lib. I, et *Tusc.,* lib. I, cap. 26; Pline, lib. XXVIII, cap. 4; Varron, *dans Nonius,* cap. 12, et le même Nonius, cap. 2, n. 310; Macrobe, *Saturn.,* lib. I, cap. 16; Tertullien, *De animâ,* cap. 29; Arnobius, lib. III et IV; saint Augustin, *De civ. Dei,* lib. IV, cap. 11 et 12.

(2) *Introduction à l'histoire du Danemarck,* tome II.

(3) *Histoire des Voyages,* tome LVIII; *Mœurs des sauvages de l'Amérique,* tome I.

N° 22, page 73.

.... au dieu Crepitus *et au dieu* Stercutius.

Il faut avoir observé la marche de l'esprit humain dans cet enchaînement d'erreurs religieuses, pour concevoir comment des êtres doués de raison ont pu arriver à cet excès d'extravagance d'imaginer que des dieux et des déesses présidassent aux actions les plus étranges, aux choses les moins importantes, aux objets les plus honteux.

Comment concevoir en effet que les Grecs et d'autres peuples se soient crus obligés d'invoquer une divinité pour chasser des mouches(1), et une autre pour effrayer les chevaux ou pour les empêcher de broncher(2)?

Comment expliquer que les Latins aient inventé autant de divinités particulières qu'il falloit invoquer à chaque action, à chaque mouvement qu'on faisoit; pour agir(3), pour aller(4), pour passer par un chemin

---

(1) Le dieu *Myode* ou *Myagron*. Pline rapporte que, toutes les fois qu'on célébroit les jeux olympiques, on ne manquoit point de sacrifier à ce dieu, afin que les mouches ne troublassent pas la solennité. Voyez Pline, lib. X, cap. 28.

Le même auteur nous apprend que les Cyrénéens adoroient le même dieu sous le nom d'*Achor*. (Ibid.). Le *Béelzebuth* des Accaronites, dont il est souvent parlé dans l'Écriture, étoit le *seigneur* ou *prince des mouches*, comme son nom l'indique. Voyez saint Augustin, *Tract. in Joan.*

(2) Le dieu *Taraxippus*. Il étoit invoqué ordinairement dans les courses de chevaux. Voyez Pausanias, lib. VI, cap. 40.

(3) Le dieu *Agonius*, dont les fêtes étoient appelées *Agonalia*. Voyez Festus, à ce mot.

(4) La déesse *Abeona*. Saint Augustin, *De civ. Dei*, lib. IV, c. 21.

inconnu (1), pour retourner à la maison (2), pour assister à des funérailles (3), pour construire un foyer (4), pour réclamer un héritage (5); et que Numa Pompilius en fondant le culte de Rome, n'ait pas même oublié d'instituer, en l'honneur de la déesse des fourneaux, des fêtes qui furent appelées *Fornacales* (6)?

Comment concevoir que les Grecs aient imaginé une déesse *Lisizona*, et les Latins une déesse *Virginensis*, pour présider à l'acte secret par lequel l'époux prend possession des charmes les plus cachés de son épouse (7); que ces derniers aient inventé de plus les trois déesses *Prema*, *Pertunda*, et *Perfica*, pour présider à la consommation du mariage, à la rupture de l'hymen, et à l'accomplissement de l'œuvre charnelle (8); enfin, que ces peuples soient parvenus jusqu'au point de reconnoître une déesse des menstrues, un dieu du pet, et un dieu du fumier (9)?

---

(1) La déesse *Vibilia*, qui empêchoit qu'on ne s'égarât dans sa route. Arnobius, lib. IV.

(2) La déesse *Deverra*. Arnob., ibid.

(3) La déesse *Menia*. Voyez Festus, à ce mot.

(4) Le dieu *Lateranus*. Arnob., lib. IV.

(5) La déesse *Hœres*, à laquelle, selon Festus, on sacrifioit après avoir recueilli un héritage. Voyez Festus, à ce mot.

(6) Ovide, *Fast.*, lib. II, v. 525.

(7) Saint Augustin, *De civit. Dei*, lib. IV, cap. 9.

(8) Saint Augustin, ibid.; et Arnobius, lib. IV.

(9) La déesse *Mena*, et les dieux *Crepitus*, et *Stercutius* ou *Sterculius*. Voyez saint Augustin, *De civit. Dei*, lib. VII, cap. 2, et lib. VI, cap. 9; relativement au dernier, voyez Pline, lib. XVII, cap. 9, et Lactance, lib. I, cap. 20.

On a conservé une figure du dieu *Crepitus*. Il est représenté sous la forme d'un jeune homme dans la posture la plus favorable à l'émission des pets, et qui indique très clairement les fonctions attribuées à cette ridicule divinité.

On ne peut expliquer des faits si étranges qu'en suivant les hommes dans les pas successifs qui les ont conduits d'une erreur à une autre, et insensiblement dans une longue série d'extravagances et de folies. On comprend alors sans peine comment ces faits ont pu exister ; et l'on se convainc en même temps que l'esprit humain ne peut cesser d'être progressif et conséquent, tant que la nature humaine sera ce qu'elle a été et ce qu'elle est encore, tant qu'il y aura des hommes placés dans les circonstances générales où nous les avons supposés, aussi long-temps enfin que ces circonstances, combinées avec les propriétés communes à l'espèce humaine, amèneront ces mêmes hommes à faire un premier pas dans la route du polythéisme. Ce qui est arrivé chez les peuples anciens, ce que nous avons observé chez les peuples récemment découverts, ce que nous observerons encore chez les uns et chez les autres, a eu lieu comme il devoit absolument avoir lieu ; et les choses se passeront constamment de même, à moins que le cours naturel des opinions religieuses ne soit interrompu et détourné par des circonstances extraordinaires.

N° 23, page 75.

.... et toujours le même.

Il n'est pas difficile de concevoir que l'idée attachée à l'Être suprême devoit se restreindre de plus en plus, et en proportion de la multiplication du nombre des dieux. Chaque divinité nouvelle, imaginée pour présider à un objet physique ou moral, étoit un fragment détaché du pouvoir universel, une restriction apportée à l'idée de cette antique divinité, altérée d'abord par l'introduction du polythéisme, et tout-à-fait dénaturée plus tard par son extension progressive.

Observons les faits, et nous les trouverons parfaitement conformes à ce système.

Pour peu qu'on réfléchisse sur la théogonie grecque, on reconnoîtra que Jupiter, Saturne, et le Ciel, étoient évidemment le même dieu. Dans la note n° 2, nous avons rapporté des passages du poëme d'Hésiode, qui ne laissent pas de doutes sur l'identité entre Saturne ou Chronos, et le Ciel ou Uranos; nous pouvons y puiser maintenant des preuves non moins convaincantes de l'identité de ces dieux avec Jupiter.

Après avoir dit dans son invocation aux muses qu'elles chantent les dieux qui sont nés dans le principe du Ciel et de la Terre, le poëte ajoute : Elles célèbrent par-dessus tous *le père des dieux et des hommes*, *le souverain Jupiter* (1).

Lorsqu'il parle ensuite de Jupiter comme *fils* de Saturne et de Rhée, il ne continue pas moins de lui donner le titre de *père des dieux et des hommes* (2).

Il le répète encore en racontant le stratagème au moyen duquel Rhée, lorsqu'elle accoucha de ce précieux enfant, parvint à le soustraire à la cruauté de son père (3). Enfin, cette qualité de *père des dieux et des hommes* est donnée constamment à Jupiter, à l'égard de sa parenté ascendante aussi bien qu'à l'égard de ses descendants (4).

Le même poëte au commencement de sa théogonie

(1) Hésiode, *Théogonie*, v. 43 à 49.
(2) Idem, ibid., v. 453 à 458.
(3) Idem, ibid., v. 467 et 468.
(4) Hésiode, *Scud. Hercul.*, v. 27 et 56.

représente Mnémosine comme fille de Jupiter (1), et un peu plus loin il la nomme fille du Ciel (2).

Par une conséquence du même principe, il nous montre la Terre, épouse du Ciel et mère de Saturne, conservant Jupiter pour détrôner ce dernier (3).

Dans l'hymne d'Orphée à Saturne, le même moyen est employé pour voiler et indiquer à-la-fois la même vérité. Saturne y est appelé, comme Jupiter, père des dieux et des hommes (4), quoiqu'il y soit en même temps considéré comme fils du Ciel (5). Il semble que les poëtes aient voulu cacher cette vérité au vulgaire, et laisser toutefois apercevoir aux hommes éclairés qu'ils ne l'ignoroient point. Cicéron en effet, pour concilier l'autorité d'Homère, qui fait Vulcain fils de Jupiter (6), avec celle des autres poëtes, qui lui donnent pour père le Ciel, nous dit qu'il est tout-à-fait indifférent de le faire provenir de l'un ou de l'autre, puisque Jupiter et le Ciel sont la même divinité.

Or, Jupiter descend de Saturne, et Saturne du Ciel. Jupiter, Saturne et le Ciel ne sont qu'un. Le Ciel est mutilé et détrôné par Saturne, et Saturne par Jupiter (7). Que peuvent donc signifier cet ordre de parenté, ces mutilations, ces usurpations, attribués à un Être unique à l'égard de lui-même, sinon une modification progressive de l'idée de l'Être suprême et de sa puissance?

------

(1) Hésiode, *Scud. Hercul.*, v. 53 et 54.
(2) Idem, ibid., v. 132 à 135.
(3) Idem, ibid., v. 467 à 496.
(4) *Hymne d'Orphée à Saturne*, v. 1.
(5) Idem, v. 6.
(6) Homère, *Iliad.*, lib. I, v. 578.
(7) Hésiode, *Théogonie*, v. 390 à 396, 624 à 670, 717 à 885; Apollodore, lib. I.

Dans ce troisième âge, en effet, l'Être suprême n'est plus, comme dans le premier, la *force inconnue*, ame de la nature, et qui, sous le nom d'Uranos ou Cœlus, embrassoit tout et renfermoit tout : il n'est plus même, comme dans le second âge, la force, l'intelligence qui, sous le nom de Chronos ou Saturne, présidoit au temps, c'est-à-dire aux révolutions des astres et au retour des saisons ; il n'est plus qu'un être qui, sous le nom de ζεύς ou *Jupiter*, dispose des météores, de la foudre, du tonnerre, des éclairs, du beau temps, et de la pluie (1). Quelle diminution de pouvoir ! quelle restriction d'idées !

Les fables égyptiennes de la mort d'Osiris tué par Typhon, des voyages d'Isis pour retrouver son corps, de la dispersion de ses membres après la découverte du cadavre, et enfin de la vengeance d'Isis et de la victoire remportée par son fils Orus sur le même Typhon (2), me paroissent indiquer très clairement que les opinions religieuses des Égyptiens ont suivi un cours tout-à-fait analogue à celui que nous venons d'observer chez les Grecs. Les mêmes progrès du polythéisme avoient dû en effet apporter de semblables modifications à l'idée de l'Être suprême, adoré dans le principe, en Égypte, sous le nom de Kenef (3). Déchu de son pouvoir universel par l'introduction du polythéisme, il reçut le nom d'Osiris (4) ; et lorsque l'idée qu'on attachoit à ce dernier nom fut restreinte de plus en plus par l'accroissement du nombre des dieux, cet

----

(1) Hésiode, *Théogonie*, v. 358, 388, 504, 506 ; et *Scul. Herc.*, v. 53

(2) Voyez cette fable dans Plutarque, *De Iside et Osiride*

(3) Voyez la note n° 1.

(4) Voyez la note n° 4.

ancien Être suprême ne fut plus qu'Orus, fils d'Osiris et d'Isis, ou, si l'on veut, du Soleil et de la Lune. Son pouvoir se borna alors à présider aux apparitions de la matière enflammée répandue dans l'atmosphère; et il fut, selon Hérodote, le dernier dieu qui régna en Égypte, de même que Jupiter le fut chez les Grecs (1).

Le fragment de Sanchoniaton, cité par nous si souvent, nous fait connoître chez les Phéniciens une époque religieuse parfaitement en anologie avec celle dont nous parlons; c'est l'époque où le polythéisme étant parvenu chez ce peuple au même point de développement, l'Être suprême, le roi des dieux, perdit son premier nom, et ne fut plus adoré que sous celui d'Adod (2).

Enfin il suffit d'interroger avec réflexion l'histoire religieuse des différents peuples dont la mythologie est parvenue jusqu'à nous, pour demeurer convaincu que, si l'Être suprême n'a pas subi des changements de nom analogues chez tous ces peuples, l'idée de son pouvoir n'a pas moins dû se restreindre progressivement, à mesure que de nouvelles divinités de plus en plus multipliées sont venues participer à cette puissance.

Ainsi le *Pappæus* des Scythes, d'après ce que dit Hérodote, ne changea point de nom, et ne cessa pas d'être la suprême intelligence; car Hérodote dit aussi qu'il étoit le Jupiter des Scythes. Mais l'idée de son pouvoir fut tellement diminuée, qu'au rapport du même historien, la divinité du feu avoit le pas sur lui dans les sacrifices publics, et que le dieu de la guerre avoit des temples et des autels, tandis que les autres divinités,

____

(1) Hérodote, lib. II, cap. 144.
(2) Voyez le *Fragment* déjà cité, dans Eusèbe.

et Pappæus lui-même, n'en avoient pas(1). Des faits semblables observés en Amérique ont été regardés comme fort étranges, et ne sont cependant que des effets constants d'une cause toujours la même.

N° 24, page 75.

.... été l'auteur.

La puissance de Jupiter se trouvant resserrée dans de si étroites limites, sur quelles bases pouvoit donc reposer l'idée de la supériorité de ce dieu? il seroit difficile d'en supposer d'autres que son ancienneté, qui le faisoit nommer père des dieux et des hommes, et que le dépôt, placé dans ses mains, de cette loi immuable, de ce nœud indissoluble, de cet enchaînement nécessaire des choses, appelé par les Grecs Εἱμαρμένη, et *Fatum* par les Latins; dépôt précieux, naturellement confié à l'antique divinité qui en avoit été le premier auteur, et qui s'y trouvoit enfin soumise comme les autres dieux.

En étudiant d'une manière superficielle la mythologie ancienne, on pourroit à la vérité être induit à croire, au premier aspect, que Jupiter n'étoit pas réellement le dépositaire de cette loi souveraine. On voit en effet, dans Hésiode, les muses dévoiler à ce dieu l'ordre des destinées, le présent, le passé, et l'avenir (2).

Le même poëte représente les trois parques distribuant aux hommes, depuis le jour de leur naissance.

---

(1) Voyez Hérodote, lib. V, cap. 51.
(2) Hésiode, *Théogonie*, v. 36 et 38.

les biens et les maux qui leur sont destinés : il les appelle Μοῖραι, du verbe μειρεῖν, qui signifie *partager, distri-
buer*, pour indiquer le ministère qu'il leur attribue (1).

Homère nous dépeint Clothon, la plus jeune de ces
trois sœurs, présidant au moment de la naissance des
mortels ; Lachésis occupée à filer tous les événements
de la vie, et Atropos à en couper le fil (2).

Selon Platon, la Nécessité a trois filles, qui sont les
trois parques ; elles font tourner, au lieu de fuseau,
l'axe du monde et les huit cieux. Ces déesses sont vê-
tues de blanc et siègent sur des trônes, le front couronné ; elles sont placées à des distances égales sur ces
vastes orbites qui oscillent et se balancent. Sur chaque
orbite est une syrène qui chante de toute sa force ; les
parques répondent à ce chant en exprimant, l'une les
choses passées, l'autre les choses présentes, la troisième les événements futurs ; et toutes ces voix ensemble ne forment qu'une seule harmonie. Image sublime ! qui représente dans cet accord de chants, dans
cette concordance du passé, du présent, et de l'avenir,
la loi immuable d'ordre et l'éternelle harmonie sous
l'empire desquelles subsistent le système et l'économie
de l'univers (3).

On retrouve dans Aristote des idées analogues sur
les parques. Atropos préside au passé, Clothon au présent, et Lachésis à l'avenir (4).

Si l'on écoute Cicéron, les trois parques étoient
elles-mêmes confondues dans cette chaîne d'événe-

---

(1) Hésiode, *Théogonie*, v. 219.
(2) Homère, *Odyss.*, lib. I.
(3) Platon, *De Republ.*, lib. IX et X.
(4) Arist., *De mundo*, lib. IV.

ments nécessaires nommés, comme nous l'avons dit, par les Grecs Εἱμαρμένη, et par les Latins *Fatum* (1). Virgile et Ovide emploient souvent une figure qui a de l'analogie avec ces idées (2).

Pour se convaincre, malgré ces contradictions apparentes, que Jupiter étoit réellement considéré comme le dépositaire de la loi du destin, il faut examiner les rapports qui existoient entre les muses et Jupiter, entre ce dieu et les parques.

Si les muses racontent, ou plutôt, selon le véritable sens de l'expression employée par Hésiode (3), *rappellent* à Jupiter l'ordre des destinées, c'est-à-dire les choses passées, présentes, et futures, c'est que ces déesses ont reçu de Jupiter lui-même cette science dont elles font usage dans leurs chants, pour le recréer et non point pour l'instruire. Aussi le poëte ne laisse-t-il échapper aucune occasion d'avertir qu'elles sont les filles de ce dieu, et que c'est lui qui les a faites ce qu'elles sont (4).

Si les parques ont tant de rapports avec le destin, c'est que non seulement elles sont comme les muses filles de Jupiter (5), mais encore qu'elles se trouvent

---

(1) Cicer., *De naturâ deor.*, lib. I.

(2) Voyez sur-tout le passage du cinquième livre de l'Énéide, où Vénus termine ainsi la prière qu'elle adresse à Neptune pour que les vaisseaux d'Énée abordent sains et saufs aux rivages du Tibre :

> . . . . . . Liceat laurentem attingere Tybrim,
> Si concessa peto, si dant ea mœnia parcæ.
> *Æneid.*, lib. V, v. 796 et 797

Voyez aussi Ovide, *Metam.*, lib. XV.

(3) *Théogonie*, v. 28, déja cité.

(4) Ibid., v. 36 à 38, déja cités, et v. 25, 52, 62, 916.

(5) *Théogonie*, v. 904 à 905.

placées sous son autorité immédiate. L'un des surnoms
de ce dieu étoit Μοιραγέτης, qui veut dire directeur des
parques (1). Les autels, les simulacres de celles-ci,
étoient souvent placés auprès des siens. A Olympie,
selon le rapport de Pausanias, l'autel des parques s'é-
levoit à côté de celui de Jupiter. Dans un temple d'A-
pollon on voyoit les statues de deux parques, et la
place de la troisième occupée par la figure de Jupiter.
A Mégare enfin, la statue de ce dieu, exécutée par Théos-
come, portoit sur la tête celles des trois déesses (2). Le
même Pausanias rapporte encore que, lorsque Cérès
se cacha, et que le lieu de sa retraite fut dévoilé à
Jupiter par le dieu Pan, le père des dieux envoya les
parques auprès de cette déesse, pour qu'elles l'obligeas-
sent par leurs discours à faire cesser la stérilité à laquelle son absence condamnoit la terre (3). Cérès n'est
donc pas soumise à la volonté de Jupiter, puisqu'elle
peut se cacher, puisqu'elle peut de son propre chef
frapper la terre de stérilité ; mais elle est soumise au
destin, car elle est forcée d'obéir aux ordres apportés
par les parques, qui sont les ministres de Jupiter, lorsqu'il s'agit de faire connoître et exécuter les immuables
arrêts de la destinée.

Lorsqu'Hésiode parle des ruses de Prométhée, il
nous représente Jupiter comme un Être à la connoissance duquel rien ne peut se soustraire, comme un
Être éclairé par un flambeau éternel, par une pre-
science infaillible des choses (4). Le même poëte nous
apprend que les secrets du destin étoient connus de

---

(1) Pausanias, *in Eliac.*
(2) Idem, *ibid., et in Phocicis.*
(3) Idem, *in Arcad.*
(4) Hésiode, *Théogonie*, v. 535 à 561.

Saturne (1), et qu'ils furent communiqués par le Ciel à Jupiter (2). Virgile aussi dépeint ce dernier comme dépositaire de la loi fatale, dans ce beau passage de l'Énéide, où le père des dieux rassure Vénus incertaine et effrayée du sort de son fils Énée, et lui dévoile l'ordre des destinées jusqu'à la postérité la plus reculée de ce héros (3). La même opinion se retrouve encore exprimée dans ce poëme, lorsque Junon et Vénus s'entretiennent du mariage de Didon avec Énée (4). Enfin, sans qu'il soit nécessaire de répéter ici ce qui a été dit sur ce sujet dans le texte et dans la note justificative n°. 3, il suffit d'étudier avec attention l'ensemble de la mythologie grecque et latine, pour se convaincre que Jupiter étoit considéré comme la divinité première et comme le dépositaire du destin. On s'assurera en même temps que sa *supériorité* ne peut provenir que de ces deux causes.

N°. 25, page 76.

.... avoient eu lieu.

Rien n'est plus facile à démontrer, par l'observation de l'histoire générale des nations, que ce que nous avons avancé dans le texte au sujet du dernier ordre de divinités qui se compose de mortels déifiés, et dont Hésiode place l'origine au quatrième âge, époque correspondante à celle que nous lui avons assignée.

---

(1) Voyez la note justificative, n° 3.
(2) Hésiode, *Théogonie*, v. 888 et 894.
(3) Virgile, *Æneid.*, lib. I, v. 256 à 295.
(4) Idem, ibid., lib. IV. v. 110, et le v. 614, qui est celui-ci :

Et sic fata Jovis poscunt, hic terminus hæret.

Nous ne reviendrons pas ici sur ce que nous avons déja dit ailleurs, en l'appuyant de raisonnements et de faits, relativement à la forme *théocratique* que devoit avoir le gouvernement dans l'état de la société à l'époque dont nous nous occupons (1). C'est de cette donnée que nous sommes partis pour faire voir à quel point il importoit aux chefs de ces gouvernements foibles et imparfaits de s'attribuer une origine céleste, soit pour acquérir, soit pour conserver une autorité qui, mal soutenue par la force publique, avoit besoin de s'appuyer sur la théocratie. Nous avons prouvé que ce moyen devoit naturellement être employé, parcequ'il étoit le plus efficace pour donner à un individu le pouvoir suprême ou pour l'affermir dans ses mains, parcequ'il étoit également propre à tenir secrétes certaines aventures galantes, et à pallier leurs fâcheuses conséquences, parcequ'enfin il étoit tout à-la-fois très facile et infiniment utile au sacerdoce de le mettre en pratique. Or, les faits viennent confirmer ce que nous avons dit, et ajouter de nouvelles preuves à nos raisonnements.

L'histoire des temps héroïques nous représente partout les chefs des gouvernements comme fils ou descendants des dieux. Télamon, Hercule, Thésée, Jason, Orphée, Castor et Pollux, et tous les héros de la toison d'or; Adraste, OEdipe, Étéocle, Polinice, et tous les chefs des peuples qui combattirent dans les deux guerres de Thèbes; Agamemnon, Ménélaüs, Achille, Diomède, Ulysse, Ajax, Priam, Énée, et tous les princes qui figurèrent dans la guerre de Troie; enfin tant d'autres rois ou chefs des gouvernements héroïques de la

---

(1) Dans le chap. XXXVI de ce cinquième livre.

Grèce, dont les noms seroient inutilement rapportés, étoient considérés comme fils ou descendants de quelque divinité(1).

Turnus, roi des Rutules, a pour mère une déesse(2); Romulus et Rémus sont fils de la prêtresse Rhéa-Sylvia et de Mars (3).

Les princes éthiopiens tiroient leur origine du Soleil (4).

Les noms de *Adad* et *Benedad*, si souvent portés par les rois de Syrie, signifioient, selon le savant Marsame, *Soleil* et *Fils du Soleil*.

Étée, roi de la Colchide, se glorifioit de descendre de la même divinité.

Selon les traditions du Pérou, l'inca Manco-Guina-Capac, de qui l'éloquence retira du sein des forêts et civilisa des hommes qui vivoient sans frein et sans lois, étoit fils du Soleil. On sait qu'Orphée, qui avoit une réputation semblable dans la Grèce, passoit aussi pour être le fils d'Apollon.

Les peuples du Nouveau-Monde qui habitent la partie des Florides voisine de la Virginie, considèrent leur chef comme l'enfant du Soleil, et ils immolent à cette divinité des victimes humaines en présence de ce chef, qui représente le dieu dont on croit qu'il procède (5).

A l'extrémité de l'autre hémisphère, Kai-Souven étoit regardé par les peuples de la Corée comme le fils du dieu d'un fleuve; de même que l'avoit été Aceste dans

---

(1) Homère, Hésiode, et les tragiques anciens, nous les ont transmis comme tels.

(2) Virgile, *Æneid.*, lib. VII, v. 390.

(3) Idem, ibid., lib. I, v. 272 et 273.

(4) Héliodore, *Histor. Æthiop.*

(5) Voyez la relation de Lemoine de Mourgues.

cette partie de la Sicile où Énée célébra les funérailles de son père Anchise (1).

Dans le Nouveau-Monde comme dans l'ancien, le même instinct a fait employer le même moyen pour imposer facilement à des hommes encore barbares, c'est-à-dire encore attachés à leur indépendance naturelle. Par-tout le sacerdoce a exercé la même puissance à cette période de l'état social; il y a eu par-tout des Calchas, des Tirésias, des Amphiaraüs, qui, comme ministres ou interprètes des dieux, ont disposé des opinions des hommes; par-tout à cette même période ils ont dû trouver une égale facilité à profiter des circonstances de la religion, des temps, et de leur propre empire sur l'opinion publique, pour multiplier sur la terre les rejetons des dieux; par-tout enfin ils ont dû avoir, et ils ont eu en effet, deux puissants motifs pour le faire.

Indépendamment de l'autorité d'Aristote qui nous apprend que les rois étoient, dans les temps héroïques, les chefs du sacerdoce (2), nous savons, par Démosthène, que les archontes prenoient, à Athènes, le caractère sacerdotal, parceque les rois et les reines de cette nation ayant été, dans le principe, les souverains pontifes, après l'abolition de la royauté, on avoit conservé un roi et une reine des sacrifices, et que ce ministère avoit passé, avec le temps, aux mains des archontes et de leurs épouses (3). Selon Diodore, la

______

(1) Virgile, *Æneid.*, lib. I, v. 38; ibid., v. 711.

(2) Aristote, *Polit.*, lib. III. Voyez aussi, dans le troisième livre de l'*Iliade*, ce que dit Homère du sacrifice solennel offert par Agamemnon, à l'occasion du combat singulier qui devoit avoir lieu entre Pâris et Ménélas.

(3) Démosthène, *Orat. in Nœeram.* Voyez aussi Apollodore, lib. III.

dignité royale chez les peuples du Nord résidoit dans le sacerdoce (1). Hérodote rapporte qu'Adraste alla se faire absoudre par Crésus, roi de Lydie; Apollodore, que Copréus fut purifié du meurtre d'Iphytus par Euristhée, roi de Mycène. Un passage de Ménandre d'Éphèse, rapporté par Joseph (*Contra App.*), nous apprend qu'Itabal, roi de Tyr, étoit grand-prêtre. On sait enfin que les rois de Rome furent tous en même temps rois des sacrifices, *Reges sacrorum*, et qu'après l'expulsion des rois, ce titre fut conservé au chef des cérémonies religieuses (2).

Il étoit donc dans l'intérêt du sacerdoce de donner aux rois, aux chefs de ces gouvernements héroïques, une origine céleste, afin d'accroître de plus en plus un pouvoir, une autorité, qui finissoient toujours par retomber dans ses propres mains.

Mais le second motif étoit plus pressant encore, et dut sur-tout agir plus souvent.

Dans cet état de la société où les aiguillons de l'amour sont d'autant plus actifs que la force corporelle est plus grande (3), où la jalousie est d'autant plus bouillante qu'elle a plus d'occasions de s'exercer, on devoit voir se multiplier à l'infini les violences, les rapts, les adultères, les incestes, et les vengeances terribles qui en étoient la suite. Afin de tenir ces désordres secrets, et pour éviter leurs redoutables conséquences, le sacerdoce n'avoit rien de mieux à faire que d'établir et de mettre adroitement à profit l'idée d'un commerce amoureux entre les dieux et les mortelles,

---

(1) Diodore de Sicile, lib. II.

(2) Voyez le chap. XXXVI du livre V de cet ouvrage.

(3) Voyez ce qu'a pensé à ce sujet le divin Platon dans son *Cratilus*, où il considère cette époque héroïque comme un *âge d'amour*.

entre les hommes et les immortelles. C'étoit le moyen le plus certain d'assurer, tout-à-la-fois, la tranquillité des amants et le sort futur des fruits de leurs plaisirs clandestins.

Ce motif étoit si naturel et ce moyen si simple, si facile, si favorable à l'objet qu'on avoit en vue, qu'il ne peut y avoir rien d'étonnant à entendre dire qu'on y ait eu recours à des époques diverses, et chez les peuples les plus distants les uns des autres. Un simple exposé de quelques faits nous mettra à portée d'en juger.

Alcmène, femme d'Amphitryon, devient enceinte pendant l'absence de son époux : c'est Jupiter qui l'a engrossée, et Hercule, auquel elle donne le jour, est fils de Jupiter (1).

Anchise, éloigné de son épouse, devient père d'Énée : quelle sera sa mère? Vénus qui a reçu les caresses d'Anchise dans les forêts du mont Ida (2).

Acrise, roi d'Argos, épouvanté par un oracle, renferme dans une tour sa fille Danaë. Prætus, frère d'Acrise, trompe sa vigilance paternelle : il a avec Danaë un commerce auquel Persée doit la naissance. Il faut cacher cet attentat. Jupiter transformé en pluie d'or a fécondé la princesse d'Argos, et l'a rendue mère du jeune héros (3).

Pitthée donne sa fille Éthra pour épouse à Égée ; celui-ci, au mépris de l'oracle d'Apollon, s'unit à son épouse avant l'accomplissement des conditions imposées par cet oracle, et Thésée vient au monde. On veut

---

(1) Hésiode, *Bouclier d'Hercule*, v. 1 à 57.

(2) Hésiode, *Théog.*, v. 1008 à 1010; Homère, *Iliad.*. lib. XIX

(3) Pausanias, *in Corinth.*; Ovide, *Metamor.*. lib. VI.

tenir caché ce commerce prématuré ; on veut en sous-traire le fruit à cette tache originelle. Pitthée publie que Neptune avoit couché avec sa fille, et on ne doute pas que Thésée ne soit le fils de ce dieu (1).

La belle Europe arrive en Créte d'un rivage étran-ger ; elle n'a pas d'époux, et elle met au monde trois fils, Minos, Sarpédon, et Rhadamanthe. Comment co-lorer ce fait? comment rendre respectable une telle progéniture? Jupiter transformé en taureau a enlevé la belle Europe en Phénicie, et c'est de lui qu'elle a conçu ces trois enfants (2).

On trouve un enfant exposé dans un bois consacré à Vulcain. Le prêtre, qui probablement étoit son père et l'avoit exposé dans ce lieu, publie un conte merveil-leux à ce sujet. Il n'en faut pas davantage pour que cet enfant soit regardé comme le fils de Vulcain, et pour lui assurer la considération dont il jouit, dans la suite, sous le nom d'Éricthonius.

Chrysée, fille d'Étéocle, a une aventure amoureuse. Le fils qu'elle met au monde est attribué au dieu de la guerre. Armé de cette réputation, Phlégyas se met à la tête d'une bande de brigands courageux ; il fonde une ville ; il s'empare du trône de son aïeul Étéocle, qui étoit tombé au pouvoir des descendants d'Almon ; il devient enfin roi d'un peuple qu'Homère représente comme le plus belliqueux de ce temps (3).

Juturne, fille de Daunus et sœur de Turnus, roi des Rutules, cède aux desirs du prince latin. Les suites de sa foiblesse deviennent manifestes, et elle se précipite de désespoir dans le fleuve Numicius. On veut cacher

_____

(1) Plutarque, *in Thes.*; Diodore, lib. IV.
(2) Ovide, *in Ep. Paridis ad OEnon.*
(3) Pausanias, *in Corinth et in Bœot*

la véritable cause de cet événement. Les prêtres répandent le bruit que Jupiter, ayant ravi à cette jeune fille sa virginité, lui a donné pour récompense l'immortalité, et l'a transformée en nymphe du fleuve (1).

Le prince d'un peuple de la Tartarie orientale, appelé Kao-Kiuli, avoit en son pouvoir la fille d'un dieu Hoang-Ho, qu'il tenoit renfermée dans une tour; elle devient enceinte. On publie que le soleil l'a fécondée de ses rayons, et que son enfant est sorti d'un œuf.

Ce que rapporte Hérodote (2) vient à l'appui de notre opinion. Souvent, dit-il, lorsqu'un prêtre avoit jeté sur une femme un regard de concupiscence, il lui faisoit entendre que le dieu qu'il servoit étoit devenu épris de ses charmes. La favorite du dieu se disposoit aussitôt à aller dormir dans le temple, où elle étoit ordinairement conduite en grande pompe par ses propres parents. Il n'est pas douteux que le prêtre, revêtu des attributs de sa divinité, n'en remplît alors les douces fonctions. Cette fourberie étoit usitée, selon le même historien, dans le temple de Bélus à Babylone, à Thébes en Égypte, et à Patare dans la Lycie.

Si l'on réfléchit enfin que la naissance de ces héros étoit attribuée à des divinités diverses, mais que cependant c'étoit en général à celles qui étoient le plus en honneur, comme Jupiter, Apollon, et Vénus, chez les Grecs, on remarquera que ce fait s'accorde encore parfaitement avec notre idée. Le dieu le plus honoré étoit en effet celui auquel on rendoit un culte plus général, qui avoit un plus grand nombre de temples, de ministres, de prêtres, et à l'opération duquel, par con-

---

(1) Boccac., *Gen.*, lib. XII.
(2) Hérodote, lib. I.

séquent, on devoit avoir recours plus fréquemment pour cacher les désordres des mortels imposteurs.

Ce fut donc ainsi que se forma ce dernier ordre de divinités composé d'hommes déifiés. On commença par les croire fils ou descendants des dieux, au moment de leur naissance ; puis on finit par les déifier entièrement après leur mort, lorsque le temps qui altère tout eut exagéré leurs actions aux yeux de la postérité, lorsque la crédulité, unie à l'admiration et à la reconnoissance, les fit regarder comme ayant mérité les honneurs divins.

J'ai dit que cet ordre de divinités fut le dernier qu'on imagina. On ne peut en effet considérer comme telles celles qui s'élevèrent à une époque bien différente de l'état social, lorsque des rois, des empereurs, des despotes, furent mis au rang des dieux. Ce n'est jamais dans l'enfance des sociétés que ces apothéoses ont lieu, c'est au temps de leur décrépitude et de leur corruption. Les divinités de cette sorte ne l'étoient que dans les inscriptions, les médailles, les obélisques et les temples, mais non dans l'opinion des hommes, qui se conserve toujours libre au milieu de la servitude, et qui peut détester ou mépriser l'objet d'un culte apparent.

Cicéron nous apprend que, lorsque après la défaite de Pompée à Pharsale et du reste de son parti en Afrique, César fut devenu le maître absolu de l'empire, lorsque le sénat, par un acte de servile dépendance, ordonna que la statue de ce héros fût portée en même temps que celles des dieux et à côté de celle de la Victoire dans les pompes du cirque, le peuple, qui avoit coutume de battre des mains au passage de cette divinité, demeura silencieux et immobile, de crainte que l'usurpateur ne prît sa part de ses religieux applaudissements (1). Après la mort de ce même César, selon le rapport d'Appianus, les consuls condamnèrent au dernier supplice ceux de ses partisans qui lui avoient élevé sur la place publique une colonne pour lui rendre les honneurs divins. Pline nous fait connoître les sarcasmes et le ridicule que Rome entière jeta sur son apothéose ordonnée par l'ambition d'Auguste (2). Nous savons enfin qu'on ne déifioit pas seulement les empereurs les plus cruels, comme Tibère, mais aussi les plus stupides, comme Claude, et qu'Adrien parvint même à faire placer au rang des dieux l'infâme Antinoüs, auquel il fit élever un temple magnifique renfermant un oracle, dans la ville fondée en Égypte en son honneur sous le nom d'Antinopolis.

Certes, de semblables apothéoses, loin d'être un gage de respect pour la mémoire du mort, n'étoient qu'un honteux et servile hommage rendu à la puissance de celui qui les ordonnoit. Même dans les temps de la république, les proconsuls avoient participé de leur vivant aux honneurs divins, dans les provinces confiées à leur gouvernement. Ils avoient vu peu-à-peu instituer des jeux, des fêtes, des cérémonies, et s'élever des temples en leur honneur (3). Mais à peine leur magis-

---

(1) Cicéron, *Epist. ad Att.*, lib. XIV.

(2) Pline, lib. II, cap. 13.

(3) Cicéron (*Orat. in Verr. IV*) parle des fêtes religieuses instituées à Syracuse en l'honneur de Marcellus, et qui étoient encore célébrées de son temps. Asconius (*in IV Verr.*), et Cicéron (ibid.), parlent l'un et l'autre de celles qui furent instituées, sous le nom de *Mutia*, dans les villes de l'Asie Mineure, en l'honneur de Q. Mutius Scévola, qui gouverna cette province en l'an de Rome 654.

Plutarque (*in Flammin.*) nous fait connoître celles qu'on célébroit dans la ville de Chalcide en Étolie en l'honneur de Flammi-

trature étoit-elle expirée, que ces mêmes villes qui les avoient divinisés, qui leur avoient élevé ces temples, et leur y avoient rendu un culte, envoyoient des députés au sénat pour accuser les objets de leurs craintives adorations (1). Qui croiroit que l'une des accusations portées contre Verrès fut d'avoir dérobé les fonds des tinés aux fêtes et aux sacrifices institués en son honneur (2)?

Les orgueilleux Romains étoient exempts de ces bassesses, tandis qu'ils les entendoient avec mépris raconter de plusieurs peuples de l'Asie à l'égard de leurs despotes, et qu'ils les voyoient avec complaisance exercer en leur honneur dans les villes soumises à leur domination (3). Ils ne prévoyoient pas alors qu'ils tomberoient à leur tour dans le même avilissement, lorsqu'ils seroient opprimés par le pouvoir tyrannique qui avoit procuré ces hommages aux despotes de l'Asie et aux proconsuls des provinces soumises. Ce fut ce-

---

nius, auquel des sacrifices étoient offerts par un prêtre particulier. L'historien ajoute que le nom de Flamminius fut placé avant ceux d'Apollon et d'Hercule dans la dédicace des deux principaux édifices de cette ville.

Qu'on lise enfin ce que dit Cicéron du refus qu'il opposa au dessein qu'avoient formé les villes de l'Asie Mineure de lui ériger un temple, lorsque son frère Q. Cicéron y étoit proconsul, et à un semblable projet conçu par les peuples de la Cilicie, pendant son propre proconsulat dans cette province. *Epist.* 21, lib. V, *ad Att.*

(1) Suétone, *in Octav.*; et Cicéron, *Ep. fam.*, lib. III, ep. 8 et 9, et lib. II, ep. 6.

(2) Cicéron, *IV in Verrem.*

(3) La loi qui fut rendue pour mettre un frein à l'arbitraire exercé par les proconsuls dans la levée de nouvelles taxes sous divers prétextes, exceptoit celles qui étoient imposées pour la construction des temples dont il s'agit. *Nominatimque lex exciperet ut ad templum capere liceret.* Cicéron, *epist.* I *ad* Q. F.

pendant ce qui arriva, quoi qu'ils pussent faire; et il fallut avouer que les apothéoses des monstres qui avoient gouverné l'empire n'étoient ni moins honteuses ni moins forcées que celles des proconsuls.

Il est donc essentiel de ne point confondre les dieux imposés à la servitude avec ceux qui sont nés de l'opinion. Nous n'avons dû parler que de ces derniers, parcequ'ils doivent seuls prendre rang dans le système général et vrai du polythéisme.

N° 26, page 83.

.... prodigieusement dénaturée.

Après avoir confirmé par des faits, dans les notes précédentes, ce que nous avons avancé sur l'origine commune et les progrès uniformes du polythéisme, il nous reste à répandre le même jour sur ce qui n'est que l'ouvrage de l'imagination des poëtes. Mais comme ces notes acquièrent malgré nous une étendue beaucoup plus considérable que celle que nous avions compté leur donner, nous nous abstiendrons dans les suivantes de revenir sur les sujets qui nous paroîtront avoir été suffisamment éclaircis dans le texte. Ainsi nous n'ajouterons rien à ce qui a été dit sur le parti que les poëtes ont tiré des anciennes traditions relatives à l'origine et aux progrès du polythéisme, et de celles qui ont perpétué le souvenir des guerres célestes. Il nous semble en effet qu'à cet égard le texte n'a dû laisser rien à desirer au lecteur. Nous nous bornerons donc à parcourir rapidement les sujets qui paroissent réclamer une démonstration plus complète. De ce nombre est ce que nous avons dit des ornements ajoutés par les fictions des poëtes aux anciennes traditions des phénomènes naturels, observés dans un temps où tout étoit considéré comme l'œuvre immédiate des dieux, et devoit par conséquent être transmis comme tel à la mémoire. A cette occasion nous avons indiqué diverses fables qui ont besoin d'être mieux éclaircies.

Celle de la victoire remportée par Apollon sur le serpent Python est expliquée par Platon d'une manière qui confirme admirablement nos idées. Après un déluge ou une inondation, les eaux qui séjournent dans les lieux bas y forment pendant un certain temps des marais infects, dont les exhalaisons sont pernicieuses et empestées. Une longue sécheresse parvient à tarir ces amas d'eau croupissante. Voilà, selon Platon (1), le fait qui a donné lieu à cette fable. Le desséchement de semblables marais est considéré comme un bienfait d'Apollon, et la tradition en est ainsi transmise aux poëtes. Que vont-ils y ajouter? Les eaux infectes se transforment au gré de leur imagination en un affreux serpent né de la fange ; le desséchement des marais empestés est représenté poétiquement par la mort de ce serpent destructeur, terrassé près du fleuve Céphyse qui avoit inondé les campagnes de la Phocide et de la Béotie ; les rayons du soleil deviennent des traits lancés par Apollon, et la longue sécheresse nécessaire pour tarir les eaux fait dire que ce dieu a presque entièrement épuisé son carquois :

> Hunc deus arcitenens, etc.
> Mille gravem telis, exhausta penè pharetra,
> Perdidit, effuso per vulnera nigra veneno (2).

---

(1) Platon, *De republ.*, lib. II.
(2) Ovide, *Metam.*, lib. I.

La fable de la vallée de Tempé peut être expliquée d'une manière analogue. Cette vallée est ouverte par un tremblement de terre, qui fraie un passage vers la mer aux eaux du Pénée dont la Thessalie étoit inondée : voilà le fait. Ce prodige est l'ouvrage de Neptune : voilà l'ancienne tradition. Les poëtes s'en emparent et la rendent plus brillante, en représentant Neptune armé de son trident entr'ouvrant les montagnes d'un coup de cette arme divine, et autres images poétiques du même genre (1).

Il n'est pas plus difficile de remonter à la source de la fable des harpies. Une nuée de sauterelles fond sur la Bythinie et la Paphlagonie : ces insectes désolent la contrée, et y occasionent la disette ; on fait de vains efforts pour les chasser ou les détruire : soudain un vent bienfaisant s'élève, les entraîne, et les précipite dans la mer Ionienne. Ce phénomène est observé et transmis théologiquement : Jupiter a envoyé les harpies (2). Ces intelligences vengeresses ont dû être vomies par le Tartare ; les efforts de Phinée et de son peuple ont été impuissants contre elles ; le dieu des vents du Nord a pu seul les chasser et les disperser dans la mer d'Ionie. Telle est la tradition que trouvent les poëtes, et sur laquelle ils brodent à leur manière. Ils tracent des harpies un portrait capable de faire oublier totalement la forme de l'original ; ils leur donnent pour père l'odieux Typhon, à cause des rapports de ce géant avec le Tartare et avec les vents sinistres qui devoient avoir poussé les harpies vers cette ré-

____

(1) Hérodote, lib. VII.

(2) Ainsi appelées du verbe ἁρπάζειν, qui signifie *ravir, enlever,* parcequ'elles enlevoient et dévoroient les productions de la terre par-tout où elles passoient.

gion (1). Au lieu de dire qu'elles dévastoient le pays, ils rapportent qu'elles enlevoient les viandes de la table de Phinée ; au lieu de dire qu'on ne pouvoit les chasser ni les détruire, ils les représentent comme revenant sans cesse à mesure qu'on les chassoit et comme étant invulnérables ; au lieu de dire que le dieu des vents du Nord les avoit précipitées dans la mer, ils attribuent ce mérite à deux Argonautes qui furent témoins de ce fléau, et qui passoient l'un et l'autre pour être fils de Borée ; enfin, au lieu de décrire leurs propriétés, ils les indiquent par les trois noms donnés aux principaux de ces monstres. *Ocypète*, c'est-à-dire qui vole ; *Céléno*, c'est-à-dire obscurité, brouillard ; et *Aëllo*, tempête, expriment en effet que les harpies voloient, qu'elles obscurcissoient les airs, et qu'elles causoient plus de malheurs que les tempêtes les plus horribles (2).

Les fables relatives aux amours de Jupiter avec les nymphes n'ont pas une origine différente. Jupiter, étant le dieu qui disposoit de la foudre, des météores, de la pluie, devoit exercer sa portion d'influence sur les inondations et sur la sécheresse. Il devoit donc être en relation avec les nymphes, qui étoient les divinités des eaux, et avoir de continuels rapports avec Junon, divinité de l'air. Il étoit naturel que les phénomènes importants, dans lesquels ces éléments jouoient un rôle, fussent considérés et transmis comme des relations entre les divinités invisibles qui disposoient des forces naturelles agissant dans ces phénomènes. Les poètes,

____

(1) Voyez Hésiode, *Théogonie*, v. 869 et 880 ; et ce qui a été dit sur ce géant dans la note justificative n° 11.

(2) Hésiode n'en nomme que deux, *Ocypète* et *Aëllo* ; mais Homère nomme la troisième. Voyez aussi Hésiode, *Théogonie*, v. 265 à 269.

exploitant par la suite ces traditions à leur manière, en composèrent l'histoire scandaleuse des amours de Jupiter avec les nymphes, et de la jalousie de Junon, si fréquemment excitée par les aventures galantes de son époux.

Le ministère de la déesse Iris, et la place qu'elle occupe dans la fable, s'expliquent avec la même simplicité. L'apparition de l'arc-en-ciel dut naturellement être prise pour celle de la divinité qui présidoit à cet accident naturel. Le phénomène est de courte durée, il se reproduit souvent, il ne laisse aucune trace après lui; il y avoit là de quoi exciter les réflexions religieuses de ces mortels ignorants, qui croyoient pouvoir tout expliquer avec le secours de leurs principes théologiques. Voulant les appliquer au phénomène dont il s'agit, ils imaginèrent que l'apparition de l'arc-en-ciel ne pouvoit être qu'un message des dieux, et la déesse qui y présidoit devint la messagère céleste. Il falloit donner à cette divinité un nom analogue à l'idée qu'on s'étoit formée d'elle; ce fut celui d'*Iris*, qui, selon Platon, dérive du verbe εἰρεῖν, *nunciare*. Dès-lors, si une déclaration de guerre, si des troubles intestins, si la mort d'un personnage considérable, étoient précédés par l'apparition de l'arc-en-ciel, l'ignorance et la prévention ne manquoient pas de regarder ces événements comme ayant été annoncés et comme vérifiant le présage de la messagère des dieux. Or la fragilité de la nature humaine, et l'état tumultueux et belligérant de toutes les sociétés barbares, étoient deux causes qui ne devoient que trop multiplier ces événements à la suite des apparitions d'Iris; et il en résulta que les annonces de mort, de dissensions et de guerre, furent principalement attribuées à son ministère.

Les poëtes trouvèrent les choses en cet état, et les modifièrent à leur gré. Ils représentèrent la déesse Iris sous les traits d'une jeune femme vêtue d'un manteau éclatant des plus vives couleurs, assise auprès du trône de Junon (1), et toujours prête à exécuter ses ordres. Ils en firent une véritable messagère, fidele, éloquente, active, rapide (2). Ils lui attribuèrent le soin de couper le cheveu fatal au moment de la mort des femmes. Modifiée successivement dans ses attributs par l'imagination des divers poëtes qui parlèrent d'elle, s'écartant ainsi de plus en plus de son origine, elle finit par devenir la suivante de Junon. Callimaque nous la montre soutenant sa maîtresse fatiguée ; et Théocrite la représente prenant soin des appartements et faisant le lit de Junon comme une camariste.

C'est ainsi qu'un phénomène naturel peut être progressivement dénaturé par l'ignorance, par la superstition, et enfin par l'imagination des poëtes, jusqu'au point de ne conserver aucun de ses caractères au milieu des fables dans lesquelles il a été fondu.

Qui sait à combien d'autres traditions théologiques ont pu donner lieu l'apparition de quelque parélie, les éclipses de soleil ou de lune, les aurores boréales, et tant d'autres phénomènes du même genre ? Combien en est-il de ces fables qui ont tourmenté les savants, qui les ont fait tomber dans des interprétations injurieuses au bon sens et à la vraie philosophie de l'histoire, et qu'il seroit pourtant facile d'expliquer en les considérant comme le résultat de ce que l'imagination des poëtes a ajouté aux antiques traditions de phéno-

____

(1) Parcequ'elle étoit la déesse de l'air.
(2) Hésiode lui donne l'épithéte de ὠκέα, *velox. Théog.*, v. 266.

mènes naturels observés sous un point de vue religieux et transmis théologiquement? Nous pourrions en citer encore de nombreux exemples, si nous ne voulions être fidéle à l'engagement que nous avons pris au commencement de cette note.

N° 27, page 83.

.... *le peuple d'Athènes.*

« Souvent, dit Hésiode, une ville entière est punie « du crime d'un seul citoyen. Le peuple est frappé de « mort, les femmes deviennent stériles, les familles se « démembrent, les murs s'écroulent, les vaisseaux sont « engloutis dans les ondes, pour expier ce forfait indi- « viduel (1). »

Ce principe de la théologie d'Hésiode résulte des anciennes traditions relatives aux hommes, aux familles, aux peuples, qui avoient attiré sur eux la vengeance du ciel par un sacrilége, ou par une offense commise envers quelque divinité.

Le peuple thébain souffre, ses campagnes sont arides, ses troupeaux périssent. L'oracle interrogé répond que le ciel venge la mort de Laïus (2).

La peste dévore l'armée des Grecs sous les murs de Troie. Achille interroge Calchas : quel sacrifice a été omis? quel dieu a été offensé? qui attire sur les Grecs un semblable fléau? Le devin répond qu'Apollon venge l'outrage fait à son prêtre (3).

---

(1) Hésiode, poëme *Des œuvres et des jours,* v. 238 à 245.

(2) Cette tradition est le sujet de la fameuse tragédie d'*OEdipe roi.*

(3) Homère, *Iliad.,* lib. I.

La stérilité, la famine, les guerres civiles désolent l'Épire. C'est Diane qui se venge de ce que son asile a été souillé par le meurtre de Laodamie, immolée sur son autel même (1).

La mer engloutit Ajax au retour de l'expédition de Troie : chacun attribue ce désastre au courroux de Minerve dont le temple a été profané (2).

Un sanglier dévaste les campagnes de Calydon ; ce monstre est tué, mais une guerre sanglante s'allume entre les Curétes et les Étoliens, qui se disputent ses dépouilles. A qui attribuera-t-on la cause de tant de malheurs ? A Diane, qui a voulu se venger d'avoir été oubliée par Énée dans les sacrifices que ce prince avoit offerts à tous les autres dieux (3). Les malheurs des filles de Tyndare, l'inceste de Canippe dans l'ivresse, sont attribués au courroux de Vénus et de Bacchus, excité par un semblable oubli (4). La passion violente de Phèdre pour le fils de son époux est l'ouvrage de la même déesse, irritée du mépris d'Hippolyte pour son culte et pour ses adorateurs (5).

Souvent la nature même du châtiment indique celle du crime qui l'a provoqué.

Si une jeune fille périt à la fleur de ses jours, c'est qu'elle a voulu surpasser en beauté quelque déesse.

Si Andromède est exposée à la fureur d'un monstre marin, c'est que son imprudente mère a osé comparer ses charmes à ceux des néréides (6).

---

(1) Voyez Justin, lib. XXIII.

(2) Homère, *Odyss.*, lib. IV. Il avoit fait violence à Cassandre dans le temple de cette déesse à Troie.

(3) Homère, *Iliad.*, lib. IX.

(4) Sthésic, *apud Schol.*; Eurip., *in Orest.*

(5) Euripide, dans la tragédie de *Phèdre.*

(6) Ovide, *Metam.*, lib. IV.

Les filles de Prœtus deviennent furieuses, et s'abandonnent à la prostitution. C'est Junon qui les punit d'avoir eu la même audace à son égard.

Le poëte Thamyris perd la vue pour avoir défié les muses elles-mêmes dans l'art des vers et du chant.

Salmonée est foudroyé pour avoir voulu imiter le bruit de la foudre lancée par Jupiter (1).

Capanée, l'un des sept chefs qui combattirent au siège de Thèbes, périt d'une mort semblable. C'en est assez pour le faire considérer comme un impie qui a dû attirer sur lui par quelque blasphème la colère de Jupiter. Ses vertus, si dignement célébrées par Euripide(2), sont impuissantes pour le préserver de cette tache, et pour soustraire son cadavre à l'ignominieuse distinction d'être brûlé sur un autre bûcher que celui de ses compagnons d'armes. Loin de ce bûcher commun, on en élève un pour lui seul; mais son épouse Évadné s'y précipite, afin de réunir ses cendres à celles d'un héros transformé soudain en sacrilége par un coup de foudre (3).

Ce sont là les traditions antiques que trouvèrent les poëtes au sujet des hommes, des familles, et des peuples, qui avoient attiré sur eux la colère et la vengeance des dieux. Quel trésor dans leurs mains! Il suffit de parcourir les passages où ils rapportent ces faits pour

---

(1) Virgile, *Æneid.*, lib. VI, v. 585 à 594.

(2) Euripide, *in Supplicib.*, act. IV.

(3) Idem, ibid.

Peut-être est-ce de la même manière de voir, commune à tous les peuples dans l'état de barbarie, que vint à Rome l'ancien usage dont parle Pline de ne pas brûler les cadavres de ceux qui avoient été frappés de la foudre. *Cremari fas non est: condi terrâ religio tradidit.* Pline, lib. II, cap. 54.

juger du parti qu'ils en ont tiré, et pour reconnoître ce que leur imagination y a ajouté.

N° 28, page 84.

.... personnages divins.

Les anciennes traditions disoient que la guerre entre un peuple et un autre avoit été préparée et excitée par les dieux, qui y avoient pris part en se partageant entre les deux partis. Mais que n'ont point ajouté à cela les poëtes, au moyen de leurs épisodes théologiques? La haine de Junon et de Minerve contre les Troyens est poussée dans Homère à un tel point, qu'il est impossible de contempler sans horreur la conduite de ces deux déesses. Ce que renferme le quatrième chant de l'Iliade suffiroit seul pour causer cette impression. On étoit convenu de part et d'autre de confier les prétentions des deux partis à l'issue d'un combat singulier entre Pâris et Ménélas, de céder Hélène au vainqueur, et de terminer ainsi une guerre déja si longue. Le combat a lieu, et Ménélas l'emporte sur Pâris. La princesse, objet de la lutte, devoit donc être rendue à son légitime époux. Que fait Junon? Au lieu de favoriser la cause de la justice secondée par le sort des armes, elle engage les Troyens à refuser Hélène, à violer tous leurs serments, afin que la guerre continue et que Troie soit enfin détruite.

Minerve ne joue pas un rôle moins scandaleux dans ce poëme. Nous la voyons, tantôt dépouiller Vénus et lancer des rochers contre Mars, tantôt venir au secours de Diomède, et le soutenir lorsqu'il a l'audace de frapper ces divinités. Ici, elle prend la figure de Déiphobe

pour tromper Hector par l'espoir du secours de son
frère ; là, de concert avec Junon, elle refuse de secou-
rir le pieux Énée, parceque ces deux vindicatives
déesses ont fait le serment inviolable de ne prêter aucun aide à aucun Troyen, lors même que les flammes
dévoreroient leur ville, et que les Grecs y mettroient
tout à feu et à sang.

Nous n'entreprendrons point de rappeler tous les
épisodes théologiques ajoutés dans ce poëme à l'antique tradition qui en fut le sujet. Il nous suffit d'avoir
montré par ce petit nombre d'exemples, combien ces
récits font peu d'honneur aux dieux qui y figurent ;
quels effets ils devoient produire sur les idées morales
des hommes ; combien Pythagore avoit raison de dire
qu'Homère étoit châtié dans les enfers pour les avoir
composés ; combien Platon étoit sage de proscrire les
poëtes de sa république (1), et Cicéron de dire : « Nec
« multo absurdiora sunt ea quæ poetarum vocibus fusa
« ipsa suavitate nocuerunt, qui et ira inflammatos, et
« libidine furentes, induxerunt deos, feceruntque ut
» eorum bella, pugnas, prælia, vulnera videremus,
« odia præterea, dissidia, discordias, ortus, interitus,
« querelas, etc. (2). »

N° 29, page 84.

.... à chaque pas.

Afin de nous convaincre de la vérité énoncée dans
le texte, prenons pour objet de notre examen la per-

---

(1) Platon, *De rep.*, lib. II et III.
(2) Cicéron, *De nat. deor.*, lib. I.

sonnage le plus illustre de la mythologie héroïque. Certes, pour peu qu'on réfléchisse sur l'Hercule des Grecs, on sera forcé de reconnoître que ce héros n'est qu'un composé de l'Hercule thébain et de l'*homme fort* de différens peuples, et que ce qui le concerne dans la mythologie ne peut être expliqué qu'au moyen du principe que nous avons établi. On apercevra en même temps les causes des changemens subis par lui depuis son origine jusqu'à ses derniers progrès, et il faudra convenir enfin que tout ce qu'ont pensé et écrit sur ce sujet les anciens mythologues, loin de contrarier notre opinion, ne fait que la confirmer sous tous les aspects.

Avant le temps d'Hésiode et d'Homère, les Phéniciens avoient eu déja des relations avec plusieurs peuples, et entre autres avec les Grecs; ceux-ci, de leur côté, en avoient eu avec leurs voisins. Diverses notions religieuses de ces peuples, altérées et obscures à la vérité, durent néanmoins pénétrer chez les Grecs au moyen de ces rapports. Elles se perpétuèrent jusqu'au temps des poëtes, mais toujours de plus en plus dénaturées et incertaines à mesure qu'elles s'éloignoient davantage de leur origine. L'histoire des héros qui, chez ces différens peuples, s'étoient signalés par de grandes actions, intéressoit plus particulièrement la curiosité des hommes, et devoit par conséquent être communiquée la première et de préférence à toute autre. Il étoit naturel de rencontrer des héros analogues dans des positions et des circonstances semblables. Que firent donc les poëtes? Avec les traditions altérées des actions de l'Hercule national, ils confondirent les traditions également dénaturées des actions attribuées aux Hercules des autres peuples, c'est-à-dire aux hommes qui, sous des noms divers mais par de semblables moyens, avoient excité l'admiration générale, et étoient devenus l'objet d'un culte. Rassemblant ainsi l'espéce entière dans un seul individu, ils composèrent l'histoire imaginaire de leur Hercule national, dans laquelle dès-lors il étoit inévitable que l'invraisemblable et même l'impossible se rencontrassent à chaque pas.

Si l'on énumère les travaux de ce héros, si l'on songe aux voyages qui lui sont attribués, on ne pourra mettre en doute cette vérité. Des villes prises, des tyrans punis, des monstres domptés ou détruits, des rois, ou, pour mieux dire, des chefs de populations héroïques rétablis dans leur pouvoir; des hommes sauvages et féroces combattus et immolés, des entreprises violentes exécutées avec rapidité, les hommes les plus vigoureux vaincus à la lutte et à la course, de nouvelles villes fondées, des fleuves détournés de leurs cours ou rétablis dans leur ancien lit, des routes ouvertes dans des lieux auparavant inaccessibles, des marais desséchés; tels sont ces travaux que la tradition qui altère tout avoit exagérés, que les poëtes ont rendus plus gigantesques encore en les modifiant à leur manière, et qui, dépouillés du voile de l'allégorie, ne sont autre chose que les travaux communs des premiers héros de toutes les sociétés naissantes. Les voyages d'Hercule et ses travaux en Crête, en Égypte, sur les côtes occidentales de l'Afrique, en Espagne, en Sicile, et jusque dans le fond de la Scythie, sont de même le résultat des traditions confuses et exagérées d'actions attribuées à autant de héros étrangers, et de l'art des poëtes qui ont amalgamé toutes ces histoires diverses, pour attribuer à leur héros national ce nombre prodigieux et impossible d'actions et de voyages.

Si l'on réfléchit à l'extension que reçut progressivement cette partie de la mythologie, c'est-à-dire aux
nouveaux *travaux* et aux *voyages* nouveaux qui furent
ajoutés par la suite à ceux dont parlent Hésiode et
Homère, on en trouvera l'explication dans le même
principe. En effet, à mesure que de nouveaux récits
d'actions attribuées à des héros étrangers parvenoient
chez les Grecs, il étoit naturel que ceux-ci s'empres-
sassent de les ajouter à l'histoire de leur Hercule. Ils
étoient tellement remplis d'admiration pour ses travaux et pour ses voyages, qu'il leur paroissoit tout
simple d'en découvrir de temps en temps de nouveaux
dont ils n'avoient pas encore entendu parler (1).

Cette vérité jaillit de tout ce que nous ont transmis
les anciens mythologues sur ce sujet. Hérodote distingue trois Hercules; l'égyptien qu'il regarde comme
le plus ancien, l'olympien, et le thébain (2). On trouve
dans Pausanias l'antique tradition des habitants d'O-
lympie, d'après laquelle le plus ancien Hercule seroit
celui de Crète, auquel on devroit l'institution des jeux
olympiques attribuée mal à propos au thébain (3). Diodore de Sicile confirme l'assertion d'Hérodote, et dis-

---

(1) Lorsqu'on apprit que, parmi les divinités des Gaulois, il se
trouvoit un héros semblable à l'Hercule grec sous le nom d'*Ogmion*,
et que les Sabins en avoient un aussi sous le nom de *Semo-Sangus*,
on expliqua ces faits en disant que ces deux héros n'étoient autres
qu'Hercule lui-même, qui, revenant d'Espagne avec les bœufs de
Gérion, avoit passé par les Gaules et par l'Italie dans le voisinage
du mont Aventin, et s'étoit fait connoître pour ce qu'il étoit aux
habitants de ces contrées.

(2) Hérodote, lib. II.

(3) Pausanias, lib. V, cap. 7.

tingue l'Hercule égyptien, le crétois, et le thébain (1). Cicéron en compte six dans autant de pays différents (2). Enfin les mythologues grecs qui ont écrit les derniers portent le nombre des héros de ce nom jusqu'à quarante.

Que faut-il induire de tout ceci? Hérodote, Pausanias, Diodore de Sicile, Cicéron, et ceux qui ont écrit après eux, ont trouvé chez divers peuples le souvenir d'un héros national et particulier semblable à l'Hercule célébré par les poëtes; ils ont reconnu plusieurs des travaux attribués à cet Hercule, dans l'histoire de *l'homme fort* que ces peuples se glorifioient d'avoir eu pour compatriote; ils ont compris que le même homme n'avoit pu parcourir tant de pays, et mettre à fin de si nombreuses entreprises; que d'ailleurs les époques auxquelles ces entreprises se rattachoient, embrassoient un espace qui excédoit de beaucoup la durée de la vie humaine; ils ont remarqué, comme on le voit dans Hérodote, que le héros égyptien, par exemple, qui étoit compris au nombre des douze grandes divinités de ce peuple, devoit être fort antérieur au héros grec, quoiqu'il eût une grande ressemblance avec ce dernier. Enfin, au lieu de conclure de toutes ces réflexions que l'Hercule thébain n'étoit qu'un composé de plusieurs héros étrangers, ils en ont déduit la conséquence qu'il avoit existé plusieurs Hercules. Je laisse aux lecteurs le soin d'apprécier à quel point l'opinion de ces anciens mythologues confirme le principe que nous avons posé; mais je les invite, pour y réussir plus facilement, à remarquer la diversité des noms de ces héros tout à-la-

---

(1) Diodore de Sicile, lib. IV.
(2) Cicéron, *De nat. deor.*, lib. III.

fois distincts et semblables(1), et la variété de leurs attributs chez les différents peuples auxquels ils ont appartenu. La figure sous laquelle Lucien nous apprend qu'étoit représenté l'*Ogmion* des Gaulois fait découvrir, en même temps, l'origine distinctive de ce héros, et la manière dont il a été confondu par la suite avec l'Hercule grec(2).

Ce que nous venons de dire sur celui-ci pourroit être également appliqué à Bacchus et à Orphée. On trouve dans les poëtes les mêmes indices d'une confusion des traditions nationales relatives à ces deux personnages avec l'histoire de héros semblables appartenant à des peuples étrangers. On les voit l'un et l'autre voyager dans un grand nombre de contrées, et cela doit être. Dans toutes ces contrées, en effet, un homme a dû le premier enseigner à ses concitoyens l'art d'extraire la liqueur de la vigne, et les exciter par ce moyen à des entreprises importantes et multipliées ; un autre a dû inspirer l'admiration par l'harmonie de ses vers et par la mélodie de son chant, à une époque où les hommes étoient naturellement chanteurs et poëtes ; il a dû enflammer, attirer, maîtriser ceux qui l'entouroient, et les contraindre en un mot à seconder ses propres desseins.

C'est ainsi que s'est formée et progressivement étendue la mythologie de ces deux héros, de même que celle d'Hercule. Les mêmes considérations ont fait dis-

---

(1) Le héros égyptien se nommoit *Orocor* ou *Con* ; le phénicien, *Desanaüs* ; celui de Tyr, *Tasius* ; l'indien, *Dorasne* ; celui des Sabins, *Semo-Sangus* ; et celui des Gaulois, *Ogmion*.

(2) Voyez Lucien, *Dial.* La fameuse inscription trouvée en Espagne et portant ces mots, *Herculi patrio Endovellico*, semble renfermer une indication du même genre.

tinguer aux anciens mythologues plusieurs Bacchus et plusieurs Orphées, nés dans des pays divers à des époques différentes (1). Si l'on isole enfin les travaux de Bacchus, d'Orphée, d'Hercule, ou des autres personnages de la fable, de ceux des héros étrangers que les poëtes ont confondus avec les héros de leur nation ; si l'on en retranche ces voyages inventés pour couvrir cette fraude poétique ; si l'on distingue l'exagération des traditions de celle qu'y ont ajoutée les fictions, les interprétations, les images, les allégories de la poésie, on verra l'histoire réelle de ces héros se réduire à des faits non seulement vraisemblables, mais certains et nécessairement arrivés dans l'enfance des sociétés (2).

Nº 3o, page 85.

.... *dans les mêmes lieux.*

Quoique les notions sur d'autres objets des religions étrangères offrissent moins d'attrait à la curiosité, et

---

(1) Hérodote, lib. II, distingue trois Bacchus, et regarde ceux d'Égypte et de Phénicie comme antérieurs à celui de la Grèce. Diodore de Sicile, lib. III, en compte également trois nés dans des lieux divers à des époques différentes. Cicéron en compte cinq, et quelques mythologues distinguent le même nombre d'Orphées. Voyez, outre les auteurs que je viens de citer, Strabon, lib. III, et Arrian., *Hist. ind.*, n. 320.

(2) La descente d'Orphée aux enfers, par exemple, de même que celle de plusieurs autres héros dont parlent les poëtes, n'étoit autre chose qu'une évocation des ombres des morts ; évocation qui devoit avoir lieu très souvent à cette époque, parcequ'elle étoit la conséquence des opinions générales qui régnoient alors. Quand Orphée dans sa douleur et son enthousiasme évoquoit Eurydice, il pouvoit facilement se figurer la voir et l'entendre ; mais l'illusion

fussent moins intéressantes pour la vanité nationale;
quoiqu'elles dussent par conséquent être moins fréquemment employées par les poëtes, ceux-ci ne les
négligèrent cependant pas entièrement. On les trouve
assez souvent confondues avec les traditions nationales
dans Hésiode, dans Homère, mais sur-tout dans les
poëtes qui vinrent après eux.

Hésiode, dans l'énumération qu'il fait des fleuves,
divinités, selon lui, filles de Thétys et de l'Océan,
nomme le Nil, qui étoit en si grande vénération chez
les Égyptiens, et le Méandre, fleuve adoré dans l'Asie
Mineure. On prétend même qu'il y comprend le Da-
nube sous le nom de ἴστρος, et le Pô sous le nom d'Ἠρι-
δανον (1).

Il résulte clairement d'un passage de Diodore de Sicile, que tout ce qu'Hésiode et Homère ont dit des
Enfers et des Champs-Élysées n'est qu'un mélange
poétique des idées théologiques des Grecs sur l'état
des ames après la mort, avec les rites mortuaires et les
cérémonies funèbres des Égyptiens. Je ne transcris pas
ici ce long morceau, parceque chacun peut le consulter dans l'auteur lui-même, pour se convaincre de la
vérité de la conséquence que j'en tire (2).

Plusieurs autres passages de ces deux poëtes offrent
une semblable confusion des opinions religieuses étrangères avec celles de leur nation. Ils devoient en effet
ne rien dédaigner de ce qui pouvoit étendre le champ

---

ne pouvoit se prolonger long-temps, et Eurydice devoit disparoître.
N'est-ce pas là l'origine vraisemblable et l'explication naturelle de
la fable inventée sur ce sujet?

(1) Hésiode, *Théogonie*, v. 338 et 339.
(2) Diodore de Sicile, lib. I, cap. 36.

ouvert à leur imagination, et multiplier les matériaux qu'ils mettoient en œuvre.

Mais cette combinaison a donné naissance à une erreur d'opinion. Les mythologues, soit anciens, soit modernes (1), voyant les notions religieuses d'un peuple mêlées à celles d'un autre, remarquant que les dieux de celui-ci étoient, sous des noms divers, les mêmes que ceux de celui-là, ont cru que la source des fables et de la religion avoit toujours été dans la transmission des idées théologiques d'un peuple ancien à un peuple moderne. Au lieu de voir que des causes semblables devoient produire par-tout de semblables effets; au lieu de reconnoître que le polythéisme a pris naissance et s'est développé chez un peuple par les mêmes causes qui l'ont fait naître et qui l'ont développé chez un autre; au lieu d'observer que chaque peuple n'a eu connoissance de la religion des autres que fort tard et lorsque la sienne propre étoit déja parvenue au terme de son développement; au lieu de voir enfin que cette connoissance n'a eu d'autre résultat que de fournir aux poëtes de nouveaux matériaux pour enrichir la mythologie nationale, on n'a vu que l'analogie des effets, et l'on n'a pas su en déduire celle des causes; on a pris le parti le plus facile et le moins philosophique, celui de soutenir que tous les peuples ont reçu les uns des autres leurs dieux et leurs fables, et l'on s'est appliqué à rechercher quel étoit le peuple le plus ancien pour re-

---

(1) Voyez les autorités relatives à ce sujet et rapportées par Vossius dans ses *Observations sur le traité de Maimonide concernant l'idolâtrie.* Evang., cap. 6 et 9; et Lactance, *De Fals. relig.*, lib. II. Je prie d'observer que lorsque je dis *les mythologues*, je n'entends pas parler de tous, mais du plus grand nombre.

trouver chez lui le principe et la source du polythéisme et des fables de tous les autres peuples. Ainsi, par exemple, de ce qu'on a reconnu que le *Teutatès* des Gaulois, l'*Hermion* ou *Irmensus* des Germains, l'*Hermès* des Grecs, le *Mercure* des Latins, étoient semblables entre eux, et les mêmes que le *Thoth* des Égyptiens; que le *Bélénus* des Celtes, l'*Apollon* des Grecs, le *Mithra* des Perses, étoient semblables à l'*Osiris* des mêmes Égyptiens; que l'*Alilat* des Arabes, la *Marzane* des Sarmates, l'*Astarté* des Phéniciens, et la *Vénus* des Grecs, étoient chez ces peuples divers la même intelligence, c'est-à-dire la divinité de l'amour; que le *Pluton* ou l'*Adès* des Grecs, le *Mouth* des Phéniciens, le *Dis* des Celtes, le *Sumanus* des Latins, le *Suranus* des Sabins, le *Lacton* des Sarmates, étoient autant de divinités semblables entre elles, on en a conclu que l'idée de ces dieux avoit été transmise d'un peuple à un autre, et on a placé leur origine chez la plus ancienne de ces nations.

Mais je demande par quelle raison ces dieux auroient ainsi constamment changé de nom, au lieu de conserver celui sous lequel ils avoient reçu les hommages de leurs premiers adorateurs? pourquoi les Grecs, qui, en adoptant le culte d'Isis, lui laissèrent le nom et les attributs qu'elle avoit en Égypte (1), n'auroient pas agi de même à l'égard des autres divinités, si, comme on le prétend, ils les avoient aussi reçues du même peuple? pourquoi les Gaulois et les Suèves,

---

(1) Pausanias dit qu'il y eut à Athènes jusqu'à quatre temples élevés à Isis égyptienne et pélasgienne, c'est-à-dire protectrice de la navigation. Pausanias, *in Att.*

qui avoient également conservé à Isis son nom primitif(1), n'en auroient pas fait autant pour leurs autres dieux, s'ils avoient eu de même une origine étrangère? Tous ces peuples adoroient la lune, c'est-à-dire l'intelligence que l'on supposoit présider au cours de cet astre, et cette divinité portoit dans chaque pays un nom distinct et particulier (2). Pourquoi donc ne lui auroit-on pas donné par-tout le nom d'Isis, si ce culte de la lune avoit été transmis par les Égyptiens? Lorsque les Gaules furent conquises par les Romains, Jupiter, et les autres dieux de Rome, conservèrent leurs noms latins dans ces nouvelles contrées ; pourquoi donc les divinités qu'on y adoroit antérieurement auroient-elles reçu des noms nouveaux, si elles y eussent été apportées par d'autres peuples (3)? Cybéle, au rap-

---

(1) *Pars Suevonum et Isidi sacrificant : unde causa et origo peregrino sacro, parum comperi.* Tacite, *De morib. German.*

(2) Voyez la note justificative n° 4.

(3) Lucien dans un de ses dialogues fait dire à Mercure qu'il ne sait comment inviter les dieux des Gaulois, parcequ'il ne connoît ni leurs noms ni leur langage. Il est vrai que César, en parlant des divinités adorées par les Gaulois, se sert des noms latins pour les désigner ; mais il est aisé de voir que César n'a fait en cela qu'imiter les autres historiens et mythologues, auxquels il suffit de trouver quelque analogie dans les objets du culte d'un peuple étranger, pour leur donner les noms qui désignent dans leur propre langue les divinités analogues. Ainsi quel que soit le lieu où le soleil est adoré, c'est, selon eux, Apollon qu'on adore ; par-tout où la lune reçoit un culte, c'est à Diane qu'il s'adresse, etc. Il est rare qu'ils prennent la peine de rapporter les véritables noms sous lesquels ces divinités sont invoquées chez les étrangers ; ce qui n'a pas peu contribué à fortifier et à prolonger l'erreur que nous combattons. Hérodote, quoique fondateur de cette école de mythologues, est plus exact que les autres. Il dit, en parlant de la religion des Scythes, qu'ils adoroient Vesta, Jupiter, la Terre, Apollon, Venus-

port de Tacite, conserva son nom lorsqu'elle fut adorée dans le fond de la Germanie (1); pourquoi les autres dieux de cette contrée auroient-ils été traités différemment, s'ils fussent aussi venus du dehors?

De ce que les poëtes grecs ont enrichi leurs compositions religieuses sur les Enfers et sur les Champs-Élysées d'idées puisées dans les cérémonies et les rites funèbres des Égyptiens, faudra-t-il conclure que le fond de ces idées n'ait pas pris naissance chez les Grecs aussi bien que chez tous les autres peuples? Lorsque le Nouveau-Monde fut découvert par les Européens, ne trouvèrent-ils pas établie parmi ses habitants la croyance que les ames de ceux qui avoient mal vécu alloient habiter après la mort des rivages fangeux, très analogues aux bords du Styx et de l'Achéron des Grecs, et que celles des justes qui avoient mené une vie irréprochable étoient admises dans des lieux de délices très analogues aux Champs-Élysées (2)? Ne reconnut-on pas chez ces peuples nouveaux la distinction entre l'ame et son ombre ou son simulacre, ainsi que l'opinion semblable à celle de plusieurs nations de l'antiquité, que durant le séjour de l'ame dans les lieux de délices son ombre erroit autour du lieu de la sépulture (3)? Quoiqu'ils n'eussent connu ni les Perses ni les Latins, la garde du feu sacré n'étoit-elle pas chez eux l'objet de la plus religieuse attention; et les Natchez

---

Uranie, Neptune, etc.; mais il ajoute qu'ils nommoient Vesta *Tabiti*, Jupiter *Papæus*, la Terre *Api*, Apollon *Estosirus*, Vénus-Uranie *Artimpasa*, et Neptune *Tamismade*. Hérodote, lib. V, c. 51. Il suit la même méthode en parlant des dieux des autres peuples.

(1) Tacite, *De morib. German.*

(2) Voyez Laffiteau. *Mœurs des sauvages.*

(3) Idem, ibid.

de la Louisiane n'entretenoient-ils pas une troupe armée pour veiller à sa conservation (1)?

N'a-t-on pas retrouvé au Pérou, sous l'empire des
Incas, des temples destinés à la garde de ce feu sacré,
des prêtresses vierges chargées de l'entretenir, et me-
nacées, de même que les vestales romaines, d'être ensevelies vivantes, si elles violoient leur vœu de chas-
teté? Le même usage existoit avec les mêmes formes
au Mexique. Chez les Iroquois, les Hurons, et d'autres
peuples moins avancés dans la civilisation, à défaut de
temples, le feu sacré étoit entretenu dans les lieux
où se tenoient les assemblées publiques, et ces lieux
étoient devenus peu-à-peu semblables au prytanée
d'Athènes (2).

Si donc le fond du polythéisme et de la mythologie
de tous les peuples est le même, cela ne provient point
d'une transmission d'idées d'un peuple à un autre,
mais de la combinaison des propriétés générales de
l'espèce humaine avec les circonstances générales où
elle s'est trouvée placée, combinaison qui a dû produire des résultats constamment uniformes. Il me semble que ce qui a été dit dans le texte et dans ces notes
ne peut laisser aucune obscurité sur cette matière.

N° 31, page 85.

.... l'imagination poétique.

Un petit nombre d'exemples suffira, je l'espère, pour
donner cette nouvelle clef de la fable, qui consiste dans

---

(1) Laffiteau, Mœurs des sauvages.
(2) Idem, ibid.

la connoissance de la pauvreté du langage primitif des peuples, et de l'emploi ou plutôt de l'abus que les poëtes en ont fait.

La fable du cheval que Neptune fit sortir de la terre n'est fondée que sur un événement très simple, transmis théologiquement, et altéré jusqu'à ce point par les poëtes, au moyen de cette pauvreté de la langue primitive.

Une source nouvelle se montre et jaillit tout-à-coup. Ce phénomène physique est observé et transmis théologiquement. On répand que Neptune a fait jaillir de la terre une nouvelle source. La tradition s'en conserve ainsi dans l'ancien langage. Or, dans ce langage primitif, le même mot ἵππος signifioit tout à-la-fois *eau* et *cheval*. Les poëtes, courant avidement après le merveilleux, s'emparent de cet effet de la pauvreté de la langue, et au lieu de dire que Neptune a fait jaillir une source de la terre, ils proclament qu'il en a fait sortir un cheval. Par une suite de la même équivoque, l'ancienne épithète d'ἵππιος donnée à Neptune, et qui signifioit *aquatique*, finit par signifier aussi *cavalier*; les cavaliers invoquèrent ce dieu, et l'hippopotame ou cheval marin lui fut consacré. En remontant à la même cause, on explique l'histoire fabuleuse des deux ruisseaux Érypha et Parthenia changés en chevaux (1). Une tradition ancienne rapportoit qu'après la retraite des eaux du déluge, Jupiter donna un peuple à Deucalion, c'est-à-dire que le pays se repeupla; mais comme le mot de l'ancien langage *laos* (2) signifioit en même temps *pierre* et *peuple*, les poëtes profitèrent de ce

---

(1) Pausanias, lib. VI, cap. 21.
(2) Voyez le scoliaste de Pindare, *in Gram. menil.*, p. 532.

double sens pour publier qu'après l'écoulement des eaux, Jupiter avoit donné à Deucalion des hommes de pierre.

Dans cette même langue primitive de la Grèce, le mot κέρατα exprimoit l'idée des cornes et celle des ramifications d'un fleuve. Selon Suida, le mot ταῦρος ou ταύριος signifioit à-la-fois *taureau*(1) et *fleuve;* peut-être parceque les premiers Grecs, trouvant une sorte de rapport entre le mugissement d'un taureau et le bruit d'un fleuve en courroux, exprimèrent par un seul mot les objets de cette analogie apparente. Or, l'antique tradition disoit qu'Hercule avoit coupé une *corne,* c'est-à-dire une branche ou ramification, du *taureau Achélaüs,* c'est-à-dire du fleuve Achélaüs; et les poëtes dirent que le fleuve Achélaüs s'étoit changé en taureau, et qu'Hercule lui avoit coupé une corne (2).

N° 32, page 86.

.... *l'imagination humaine.*

Il suffit de jeter les yeux sur les généalogies des dieux, pour voir qu'elles sont entièrement l'œuvre de

---

(1) Ταῦρος est le nom d'un fleuve dans Sophocle; Ταύριος est l'ancien nom du fleuve Ilicus; Ταῦρος est le canal de l'urètre. Voyez Suida.

(2) Au moyen de ces faits il est facile encore d'expliquer pourquoi Neptune étoit appelé *Taureus* et *Tauriceps,* pourquoi Euripide dans Iphigénie dit que Nestor portoit pour enseigne sur son vaisseau le fleuve Alphée aux pieds du taureau, et pourquoi enfin les anciens sculpteurs avoient coutume de représenter les fleuves sous la figure de taureaux. Voyez Elian., lib. II.

l'imagination des poëtes(1). C'est sans doute ce qu'Hérodote a voulu indiquer, lorsqu'il a dit que la théogonie grecque, c'est-à-dire la généalogie des dieux de la Gréce, n'étoit pas plus ancienne qu'Hésiode et Homère (2). En effet, si ces généalogies eussent été imaginées par les mêmes hommes dont les erreurs donnèrent naissance au polythéisme ; si elles eussent été transmises en même temps que les autres traditions religieuses, pourquoi les poëtes s'accorderoient-ils si mal dans leurs récits? Pourquoi ces différences qu'on rencontre à chaque pas dans les généalogies données par Hésiode, par Homère, et par d'autres poëtes? pourquoi celles qu'on remarque souvent entre deux ouvrages d'un même poëte? pourquoi enfin celles qui se rencontrent dans le cours de la même composition du même auteur?

Selon Hésiode, par exemple, Vénus est née de l'écume produite dans la mer par les parties génitales de Cœlus coupées par Saturne (3) ; selon Homère, cette déesse est fille de Jupiter et de Dioné (4).

Selon Hésiode, Junon engendre Vulcain sans la participation de Jupiter ; et selon Homère, ce dieu est fils de Jupiter et de Junon (5).

---

(1) On n'en peut pas dire autant de la généalogie des héros déifiés ; celle ci dépendoit des traditions du commerce prétendu des dieux avec les mortelles, des mortels avec les déesses, dont nous avons parlé dans la note justificative n° 25. Les poëtes ne firent à cet égard qu'embellir de couleurs poétiques ces traditions d'origines célestes.

(2) Hérodote, lib. II, cap. 69.

(3) Hésiode, *Théogonie*, v. 1885 et 2000.

(4) Homère, *Iliad.*, lib. V, v. 570.

(5) Voyez Hésiode, *Théogonie* ; et Homère, *Iliad.*, lib. I, v. 578

Selon Hésiode, Typhon est fils du Tartare et de la Terre, tandis que les hymnes attribués à Homère représentent ce géant comme formé par les vapeurs que Junon, irritée contre Jupiter, fit sortir du sein de la terre (1).

Selon Hésiode, les Graces sont filles de Jupiter et de la belle Eurynome ; dans l'un des hymnes de l'Orphée supposé, elles figurent comme filles d'Eunomie, fort différente d'Eurynome ; d'autres poëtes les font naître de Jupiter et de Junon ; quelques uns de Vénus : tous les considèrent comme vierges, à l'exception d'Homère, qui en donne une pour épouse au Sommeil, et une autre à Vulcain (2).

Dans la théogonie d'Hésiode, les Furies naissent du sang de Cœlus tombé sur la terre après la mutilation de ce dieu (3) ; selon Lycophron (4) et Eschyle (5), elles sont filles de la Nuit et de l'Achéron ; Sophocle (6) les fait naître de la Terre et des Ténébres ; Épiménide, de Saturne et d'Euronyme ou Éronyme ; enfin, l'auteur d'un hymne adressé aux Euménides dit qu'elles doivent leur origine à Pluton et à Proserpine.

Le même Hésiode qui, dans sa théogonie, fait naître les Furies du sang de Cœlus, dans un autre poëme (7) leur donne pour mère la Discorde.

---

(1) Hésiode, *Théogonie*, v. 820 ; et le *Recueil des hymnes attribués à Homère*.

(2) Hésiode, *Théogonie*, v. 907 à 911 ; *Recueil des hymnes précités*, et Homère, *Iliad.*, lib. XVIII.

(3) Hésiode, *Théogonie*, v. 183.

(4) Lycophron, *in Alex.*

(5) Eschyle, *Eumenid.*

(6) Sophocle, dans *Œdipe*.

(7) Poëme *Des œuvres et des jours*.

La généalogie des Parques varie, non seulement chez le même poète, mais encore dans le même poëme. Un passage de la Théogonie d'Hésiode les représente comme filles de l'Érébe et de la Nuit (1), un autre comme filles de Jupiter et de Thémis (2).

Que peuvent donc signifier ces variations arbitraires, ces inconséquences sans nombre de l'imagination des poëtes qui ont inventé les généalogies des dieux? Il est aisé de le voir : ils ont fait usage de cette espéce d'allégories pour indiquer et cacher en même temps ce qui pouvoit devenir, par ce moyen, apparent et mystérieux tout à-la-fois. Ils en ont tiré parti, comme on l'a remarqué, pour exprimer ce que les antiques traditions rapportoient confusément sur le passage d'une idée religieuse à une autre, ou sur l'extension progressive des objets du culte polythéiste. Ainsi Cœlus est père de Saturne et Saturne de Jupiter, parceque l'idée de l'Être suprême, qui avoit été attachée au nom de Cœlus, s'étoit modifiée et réduite à celle qui fut exprimée par le nom de Saturne, et que celle-ci s'étoit à son tour modifiée et réduite à l'idée exprimée par le nom de Jupiter. Ainsi chaque goutte du sang de Cœlus tombée sur la terre engendre, selon Hésiode, une nouvelle divinité, et ses parties génitales donnent le jour à Vénus, parceque la même cause, qui en mutilant l'Être suprême avoit enfanté le polythéisme, devoit bientôt lui donner de l'extension, et unir les forces morales aux forces physiques dans le culte des mortels.

Ces allégories furent un moyen de représenter les rapports des divinités les unes avec les autres. Hésiode

____

(1) Hésiode, *Théogonie*, v. 217.
(2) Idem, ibid., v. 904.

rapporte que *Métis*, déesse de la prudence, et première
épouse de Jupiter, étant devenue enceinte de Minerve,
déesse de la sagesse, est avalée par son époux qui fait
sortir sa petite-fille de son propre cerveau (1). *Thémis*,
déesse de la justice, qui préside à la proportion, à la
convenance, et à la juste distribution des choses, est
mère d'*Eunomie* qui préside à la sagesse des lois, de
Dicé qui préside au droit et à l'équité, et d'*Irène* qui
préside à la paix (2). La *Nuit* est mère de tout ce que
les hommes regardent comme odieux ou redoutable,
de *Némésis* ou de la vengeance divine, de la *Vieillesse*,
de l'*Envie*, de la *Tristesse dévorante*, de la *Discorde*,
des *Parques*; elle est mère encore de tout ce qui se pratique ou arrive dans l'obscurité, de la *Fraude*, de la
Médisance ou *Momus*, du *Sommeil*, et des *Songes*; enfin
des *Hespérides* (3), qui résident dans les régions occidentales considérées comme un séjour de ténèbres.

Il étoit naturel que ces généalogies, inventées dans
une semblable intention, variassent selon l'idée des différents poëtes, et souvent selon les caprices de celui-là
même qui les avoit imaginées, lorsqu'il avoit quelque
chose de nouveau à indiquer ou à cacher sous le voile
de l'allégorie. Ainsi Homère, qui n'avoit point l'intention
de désigner le rang occupé par Vénus dans le développement du polythéisme, mais qui vouloit montrer le
rapport existant entre cette déesse, Dioné, et Jupiter,
change la généalogie inventée par Hésiode, et fait naître
Vénus de ces deux divinités. Par un motif analogue, il
dénature la généalogie de Vulcain et de Typhon, et il

____

(1) Hésiode, *Théogonie*, v. 886 à 900.
(2) Idem, ibid., v. 901 à 904.
(3) Hésiode, *Théogonie*, v. 211 à 224; et poëme *Des œuvres et des
jours*, v. 11 à 26, où il parle de l'envie.

détruit la virginité de deux des Graces, respectée par tous les autres poëtes.

C'est encore ainsi que ce même Homère, pour indiquer que la retraite des eaux, qui avoient inondé la surface de la terre après de grands déluges, laissoit successivement à découvert une foule de choses dont plusieurs devinrent l'objet d'un culte, appelle l'Océan le père des dieux et de tous les êtres, et donne à cette divinité une progéniture beaucoup plus étendue que celle qu'Hésiode lui attribue (1).

Le nom de mère des dieux et des hommes, qui est aussi donné à la Nuit dans les hymnes de l'Orphée supposé, indique de la même manière la retraite des ténèbres qui avoient dû couvrir les régions témoins de désastres funestes au genre humain, et l'apparition des hommes et des choses sortant successivement de cette sinistre obscurité.

Hésiode, dans sa Cosmogonie qui précède la Théogonie, a voulu rattacher l'antique tradition de ce désastreux état des choses à la formation de l'univers. Dans cette partie de son poëme, après la confusion opérée entre les divers éléments de la nature, c'est-à-dire après le chaos, il considère la Terre, l'Amour, l'Érebe, la Nuit, la Sérénité, et les Jours, comme antérieurs à Uranos ou Cœlus (2). De toutes ces choses en effet, le Ciel avoit dû la dernière apparoître aux mortels qui avoient survécu à de telles catastrophes, et qui en

---

(1) L'océan, dans Homère, est l'amas de toutes les eaux, et sa signification est beaucoup plus étendue que celle du mot *mer*. Ce poëte, en effet, fait naitre de l'océan non seulement les fleuves et les fontaines, mais la mer elle-même. Voyez *Odyss.*, lib. X, XII, XX XXIV.

(2) Hésiode, *Théogonie*, v. 116 à 127.

transmirent confusément la mémoire. Lorsque le poëte veut ensuite considérer Uranos ou Cœlus dans ses rapports avec l'histoire religieuse de sa nation, il en fait le *père des dieux et des hommes*, régnant seul dans le principe. Il donne ensuite la même qualité à Saturne, fils de Cœlus, et à Jupiter, fils de Saturne, pour indiquer et pour taire tout à-la-fois que Cœlus, Saturne, et Jupiter, ne furent qu'une même divinité, à laquelle on attacha une idée progressivement restreinte (1).

Ce même Hésiode fait naître les Furies des gouttes du sang de Cœlus, quand il veut indiquer les rapides progrès que dut faire le polythéisme dès son origine, et le rang d'ordre qu'y occupent ces divinités; mais il leur donne, comme on l'a vu, la *Discorde* pour mère, lorsqu'il veut montrer les rapports qu'elles ont avec cette intelligence malfaisante qui divise les hommes. Enfin, pour représenter les Parques comme odieuses aux mortels, il les fait naître de la Nuit; et il leur donne pour auteurs Jupiter et Thémis, quand il les considère comme distributrices des peines et des récompenses.

Tel est l'usage qu'ont fait les poëtes des généalogies des dieux; tels sont les motifs des diversités et des inconséquences dont leurs compositions sont remplies à ce sujet. Ils ont employé cette espéce d'allégorie avec la même liberté que toutes les autres. Il suffisoit que le fait qu'ils vouloient indiquer eût un rapport éloigné avec l'allégorie qui s'offroit à leur imagination, pour qu'ils n'hésitassent point à le déguiser sous ce voile.

Les premiers poëtes en donnèrent l'exemple; ceux

---

(1) Voyez ce qui a été dit à ce sujet dans le texte et dans les notes justificatives n   1 et 23.

qui vinrent ensuite l'imitèrent : l'abus de ce langage
allégorique s'accrut graduellement, de même que celui
de tous les éléments mythologiques dont nous avons
parlé. Les derniers poëtes en effet donnèrent, au dire
de Pausanias, plusieurs têtes à l'hydre de Lerne(1), et
représentèrent les filles de Phorcus avec un seul œil et
une seule dent(2). Ils imaginèrent les cheveux entor-
tillés de serpents des Gorgones et leurs homicides re-
gards(3), auxquels ils attribuèrent le pouvoir de pétri-
fier les êtres vivants. Ils mirent dans les mains de
Persée la tête de Méduse, pour désoler l'île de Sériphe
en pétrifiant ses habitants et son roi par la vue de cette
tête fatale(4). Ils attribuèrent aux gémissements de ces
trois sœurs, combinés avec les sifflements de leurs serpents, pendant l'attaque de Persée, l'origine de l'harmonie à plusieurs parties, imitée ensuite par Minerve
au moyen de la flûte, et enseignée par elle aux hom-
mes(5). Ils ajoutèrent à la fable de Bellérophon le don
que lui fit Minerve du cheval Pégase, la manière dont
ce héros s'en servit pour combattre la Chimère, et sa
chute précipitée lorsqu'il voulut, avec le secours de cet
animal ailé, s'élever jusqu'aux cieux(6).

Au gré de l'imagination de ces mêmes poëtes, les
pierres se meuvent, Thèbes s'élève au son de la lyre
d'Amphion(7), et les centaures d'Homère se changent

---

(1) Le poëte Pisandre fut le premier qui multiplia le nombre de
ces têtes. Voyez Pausanias, lib. II, cap. 37.

(2) Eschyle, *Prométhée*.

(3) Idem, ibid.

(4) Pindare, x^e ode *Pyth*.

(5) Idem, ibid.

(6) Idem, ibid.

(7) Homère, dans le onzième livre de l'Odyssée, où il parle de la
construction des murs de Thèbes par Amphion, ne dit pas un mot

en monstres moitié hommes et moitié chevaux (1).
L'histoire de Méléagre et de la guerre qui suivit la fameuse chasse du sanglier de Calydon est enrichie de
nouvelles fables (2); il en est de même de celle d'OE-
dipe (3). On a vu jusqu'à quel point fut ravalé le ministère d'Iris (4). Cette irrévérence pour les dieux alla
jusqu'à représenter Junon revêtant l'apparence de
Béroé, nourrice de Bacchus, pour troubler les amours
de Jupiter et de Sémélé (5); Prométhée proférant
d'exécrables blasphèmes (6), et Diane promettant à
Hippolyte mourant de le venger par la mort d'un des
amants de Vénus (7), etc.

En un mot, les premiers poëtes qui donnèrent
l'exemple, et leurs successeurs qui l'imitèrent, concoururent également à faire disparoître les véritables
traces de l'histoire religieuse de leur nation, et multiplièrent successivement à l'infini les vices et les absurdités de cette religion naturellement si vicieuse et si
absurde.

---

des prétendues pierres qui venoient d'elles-mêmes s'arranger au
son de la lyre. Cette fable est une addition des poëtes qui vinrent
plus tard. Pausanias nous en avertit, et parle aussi d'un poëme sur
Europe, dans lequel il étoit dit qu'Amphion avoit appris de Mercure l'art de jouer de la lyre, et y avoit fait de tels progrès que les
bêtes sauvages et les pierres le suivoient pour écouter ses accords.
Voyez Pausanias, *in Corinth.*

(1) On sait que dans Homère les centaures ne sont que des hommes sauvages et féroces.

(2) Pausanias, *in Bœot.*

(3) Comparez ce qu'en dit Homère avec ce qu'en dit Sophocle.

(4) Voyez la note justificative n° 26.

(5) Voyez Euripide, *Bacch.*

(6) Eschyle, *Promet.*

(7) Euripide, *Phæd.*

Ce qui est arrivé à cet égard chez les Grecs a dû arriver, ou arrivera de même, chez toutes les nations, pourvu que le cours ordinaire et naturel des idées religieuses ne soit point interrompu ou détourné par des circonstances extraordinaires. Chez tous les peuples, les poëtes seront toujours les premiers théologiens, les premiers écrivains religieux; chez tous les peuples, ces historiens sacrés avec de tels matériaux élèveront un édifice semblable; chez tous les peuples ainsi, les mêmes moyens produiront les mêmes résultats, les mêmes causes donneront lieu aux mêmes effets. J'ose croire que les raisonnements et les faits, dont j'ai cherché à appuyer cette vérité, suffiront pour en convaincre mes lecteurs.

FIN DES NOTES JUSTIFICATIVES.

OPUSCULES INÉDITS.

OPUSCULES INÉDITS.

RÉFLEXIONS POLITIQUES

Sur la loi relative à une réforme de l'administration de la justice dans le royaume des Deux-Siciles.

———

A S. Exc. le marquis Tanucci, chevalier de l'ordre de Saint-Janvier, conseiller et premier secrétaire d'état de S. M. le roi des Deux-Siciles, etc., etc.

Tout homme, destiné d'en haut à éclairer une nation par ses talents et à l'honorer par ses vertus, a droit aux hommages du citoyen honnête, du vrai patriote.

Je vois en vous, monsieur le marquis, cet homme de la Providence; et, à l'exemple des jeunes guerriers de l'ancienne Rome, qui offroient à leurs généraux les couronnes acquises sur le champ de bataille par leurs premiers exploits, jeune encore je viens faire hommage à V. Exc. d'un écrit où sont exprimées quelques vérités que j'ai recueillies de votre bouche même, lorsqu'elle les énonçoit avec ce noble enthousiasme qui caractérise les grandes ames.

Les titres pompeux d'un personnage élevé aux plus éminentes dignités de l'état, les espérances que fait naître l'amitié d'un ministre, les calculs de l'ambition et de l'intérêt, ne sauroient exercer leur influence sur l'esprit du philosophe. Malheur à l'écrivain adulateur qui feroit de l'art de penser un trafic infame! En publiant ici ce que vous êtes, je déclare aux siècles futurs que mon but n'est pas de faire l'éloge d'un homme, mais d'adresser une précieuse leçon aux états et à l'humanité.

Il n'est pas rare de rencontrer dans un ministre les talents qui sont nécessaires à l'homme d'état. La nature, toujours prévoyante dans ses créations, se montre prodigue de ces êtres dont les peuples ont besoin. La France a vu naître vingt Richelieu, vingt Mazarin; mais à peine cette nation peut-elle compter un Sully et un Colbert. Pourquoi? c'est que la vertu, comme l'a dit un philosophe, habite rarement au sein du tumulte; elle se cache dans la solitude, elle se plaît dans le silence et la retraite; et, pour la posséder, il faut en quelque sorte s'isoler du monde. Dans le cours des siècles toutefois, apparoissent de loin en loin quelques rares génies, qui ont eu le don d'entretenir avec elle un commerce sublime au milieu des agitations et des soins pénibles de l'administration publique.

Tels furent, dans l'ancienne capitale du monde, Cicéron, ce consul non moins vertueux qu'éloquent; en Angleterre, le chancelier Bacon, qui s'éleva au-dessus de son siècle, et traça aux siècles futurs la route qu'ils devoient suivre; en France, le chancelier de l'Hôpital; et vous-même enfin, dans ma patrie, monsieur le marquis, car je ne crains point d'associer votre nom à ces noms illustres, et d'imiter ainsi l'éloquent panégyriste du chancelier d'Aguesseau.

Un ministre, qui réunit aux talents de l'homme d'état les vertus privées du citoyen, est un bienfait que la Providence n'accorde qu'aux princes qui s'en montrent dignes par leurs propres vertus. Ainsi le bon Henri méritoit un Sully; ainsi Colbert naquit pour ajouter à la grandeur du siècle glorieux de Louis XIV; ainsi nos deux royaumes, destinés à changer de face sous le gouvernement de deux monarques vertueux, ont vu paroître en vous un ministre digne et capable de seconder leurs vues bienfaisantes, et d'élever avec eux notre édifice politique. Il semble que la force qui fait graviter les astres ait une action semblable sur les grandes ames, et les porte à s'attirer de l'une à l'autre dans leurs sphères respectives.

J'ai dit que vous aviez été ministre de Charles III, que vous l'êtes aujourd'hui de Ferdinand IV; je m'arrête : que pourroit ajouter à cet éloge un citoyen pénétré de reconnoissance pour le bienfaiteur de sa patrie?

Je suis,

De votre excellence,

Le très humble et très
obéissant serviteur,

Le chevalier GAÉTAN FILANGIERI.

MOTIFS ET DISPOSITIONS

De la nouvelle loi relative à la réforme de l'administration de la
justice.

Des plaintes, sans cesse reproduites contre les tribunaux par des plaideurs convaincus de leur droit,
ou intéressés à prolonger les procès, ont déterminé
le roi à prendre des mesures efficaces pour ôter tout
prétexte à la malveillance et à la mauvaise foi, et
pour rassurer complétement l'opinion publique sur
l'exactitude et sur l'intégrité des magistrats. S. M. a
ordonné en conséquence que, conformément à l'u-
sage suivi par les tribunaux les plus renommés, tout
jugement sur le fond d'une cause quelconque ou
sur ses incidents, émanant des tribunaux, colléges,
juntes, ou autres juges du royaume, ayant faculté
de juger, soit motivé sur les raisons qui l'ont dicté.
Afin de rendre l'arbitraire impossible, et pour mettre les juges à l'abri de tout soupçon de partialité,
elle a ordonné en outre que les jugements, appuyés
jusqu'ici sur la simple autorité des docteurs, dont
les opinions n'ont que trop altéré le droit en le ren-
dant incertain et arbitraire, soient à l'avenir fondés
sur les lois positives du royaume et sur le droit commun; que, dans le cas où il n'existeroit point de
disposition expresse pour l'espéce, et où il faudroit
avoir recours à l'interprétation ou à l'extension de
la loi, le juge en fasse l'application de manière que
les deux prémisses de l'argument soient toujours

fondées sur la lettre des lois positives; enfin que, dans un cas nouveau ou absolument douteux, et tel qu'il ne puisse être jugé ni par la loi ni par l'interprétation de la loi, il en soit référé à l'autorité souveraine, et qu'on attende sa décision suprême.

Le roi a également ordonné aux magistrats de faire imprimer leurs jugements motivés; et, afin de procurer la plus grande économie possible aux parties, S. M. veut que ces impressions soient faites exclusivement par l'imprimerie royale au prix d'un carlin pour dix exemplaires de chaque jugement n'excédant pas une demi-feuille, et en suivant cette proportion pour les décisions plus étendues et pour l'augmentation du nombre des exemplaires nécessaires aux parties; elle veut que, dans le cas où les actes seront faits gratis pour cause d'indigence (ce qui devra être mentionné au bas de la décision), l'impression soit de même accordée gratis. Enfin, pour assurer la stricte exécution de cette disposition souveraine, S. M. ordonne que les décisions non imprimées ne puissent désormais avoir l'autorité de chose jugée, et soient considérées comme nulles et non avenues; et elle prescrit en outre que les notifications de ces décisions imprimées soient signées par le juge-commissaire et par le greffier.

PREMIÈRE PARTIE.

INTRODUCTION.

Ce n'est pas la première fois que les meilleures institutions ont heurté l'opinion publique. L'histoire est remplie de faits analogues. Le tribunal de Varus, dit Tacite (1), parut une chose insupportable aux Germains. Le simple projet de remettre en vigueur à Sparte quelques unes des lois de Lycurgue coûta la vie au roi Agis (2). Un plan de réforme dans l'administration du gouvernement suffit pour rendre le nom d'Annibal odieux aux Carthaginois, et pour faire bannir de sa patrie un héros qui avoit porté la guerre jusque sous les murs du Capitole. La liberté elle-même parut intolérable aux nations, toutes les fois que pour l'établir il fallut détruire des abus enracinés par le temps, et favorables en apparence à certains intérêts particuliers.

Rome, opprimée sous le joug de la tyrannie, soupiroit souvent avec transport après la liberté de ses pères. Deux princes la lui offrirent; mais elle n'étoit plus en état de la connoître, plus digne de la recevoir. Les Romains dégénérés auroient voulu être libres au milieu des désordres du despotisme le plus honteux.

Telle étoit la situation de Rome sous l'empire de Trajan et de Marc-Aurèle. Ne seroit-ce point aussi la nôtre sous le gouvernement du meilleur des princes?

____

(1) In Morib. Germ.
(2) Plut. in vitâ Agis.

L'état gémit de la mauvaise administration de la justice. Les plaintes des citoyens parviennent jusqu'au pied du trône. Un ministre philosophe propose au prince le remède le plus convenable. Ses vues profondes tendent moins à guérir le mal qu'à en détruire les causes, et le prince convaincu se détermine généreusement à en faire l'application.

La foudre éclate, la commotion se communique, tout a ressenti cette secousse; l'édifice du barreau s'écroule, la magistrature est rappelée à sa primitive institution, l'empire des lois est rétabli, le sort des citoyens est désormais fixé.

Cependant, contre la juste attente du souverain, le peuple redouble ses plaintes; le désespoir se peint dans les traits d'une portion des citoyens; je ne sais quel murmure alarmant a réveillé de nouveau la troupe des déclamateurs. Les philosophes seuls répondent par des applaudissements et des éloges à la voix bienfaisante du prince.

Je viens me réunir à ces dignes citoyens, et présenter quelques réflexions sur l'utilité de cette loi dont tout le monde parle, et que peu de personnes paroissent comprendre. J'espère que le public lira cet écrit sans prévention. Le but que je me propose doit au moins disposer en ma faveur les amis de la liberté civile. Mes intentions sont pures; je n'écris ni pour flatter le pouvoir, ni dans l'espoir d'obtenir des suffrages. Un tel reproche ne sauroit atteindre l'auteur qui entreprend de combattre l'opinion de la multitude. Le bien de mon pays est le seul desir qui n'anime. Chez toutes les nations, il est des circonstances où les citoyens incertains de leur sort éprouvent le besoin d'être éclairés ; c'est alors que le philosophe qui leur montre la vérité peut espérer de produire les plus salutaires effets.

La mort de Lucréce rendit à Rome la liberté, parceque Brutus comprit que dans un tel moment les citoyens seroient dociles à la voix de l'instruction. Thrasibule (1) sut de même profiter des circonstances pour délivrer Athènes de l'oppression des trente tyrans. Et moi aussi, j'espère me rendre utile à ma patrie en lui faisant connoître ses véritables intérêts, dans un moment où une main bienfaisante lui offre cette liberté qu'elle ne sait pas apprécier, et dont elle pourroit demeurer encore privée par un effet de son ignorance.

Je me dévoue à jamais à mon pays, et je commence par lui consacrer les premières années florissantes et laborieuses de mon printemps. Les clameurs de la multitude ne m'ont point effrayé ; je me suis hâté au contraire de payer ma dette à la patrie (2). Que cette mère bienfaisante et chérie daigne donc recevoir mon serment de ne vivre que pour elle.

Cet opuscule sera divisé en deux parties : dans la première, je ferai voir que toutes les dispositions de la loi sont conçues dans l'intérêt de la liberté sociale ; dans la seconde, je répondrai aux objections qui se présenteront relativement à son application.

---

(1) Pausanias.

(2) L'auteur a dû achever cet opuscule dans l'espace d'un mois.

§. Ier. Esprit de la loi.

« Dans les gouvernements despotiques, ce sont les
« hommes qui commandent; dans les gouverne-
« ments modérés, ce sont les lois. » Ainsi répondoit
un Spartiate à un satrape de Persépolis, qui préten-
doit comparer le gouvernement de la Perse à une
monarchie constituée. Cette vérité exprimée en termes simples par un homme libre, renferme l'esprit
de la dernière loi relative à la réforme de l'administration de la justice.

Dans une loi si simple et si claire, il n'est pas difficile de reconnoître les vues du législateur. L'arbitraire judiciaire est ce qu'il cherche à détruire : il
faut donc dépouiller les magistrats de tout ce qui les
rendoit supérieurs aux lois; tel est le but de celle-ci.
Examinons les moyens.

Le roi veut que toute décision soit fondée sur
un texte précis, que le langage du juge soit celui
des lois, qu'il parle lorsqu'elles parlent, qu'il se
taise lorsqu'elles sont muettes ou qu'elles ne s'expriment pas assez clairement, que toute interprétation
soit abandonnée (1), que l'autorité des docteurs soit

---

(1) Ceci ne doit point s'entendre de l'interprétation littérale, mais
seulement de l'interprétation arbitraire si commune dans nos tribunaux. Voici le texte de la loi : « Lorsqu'il n'y aura pas de loi ex-
« presse applicable à l'espèce, et qu'on aura recours à l'interpréta-
« tion ou à l'extension de la loi, le roi veut que cette interprétation
« ou extension soit conçue par le juge de telle manière, que les deux
« prémisses de l'argument soient toujours fondées sur les lois ex-
« presses et littérales. »

bannie du barreau, et que le magistrat soit tenu de publier les motifs de sa sentence. Telles sont les digues opposées au torrent de l'arbitraire.

Avant de discuter les dispositions de cette loi, il est nécessaire de poser quelques principes fondamentaux, desquels résulteront, comme conséquences, la nécessité de proscrire dans les gouvernements modérés l'arbitraire judiciaire, et l'efficacité des moyens que notre souverain a employés pour arriver à ce but.

§. II. Principes fondamentaux.

Il n'y a pas lieu de s'étonner si la plupart des hommes s'égarent dans la recherche de la vérité. Le raisonnement *à posteriori* a été de tout temps le défaut de la logique vulgaire. Je m'empresse d'abandonner cette méthode ; et remontant aux principes de la politique, je vais m'efforcer d'en faire découler des conséquences qui, considérées isolément, paroissent des paradoxes aux esprits peu exercés.

La liberté politique des citoyens, dans toute espéce de gouvernement, se compose de deux choses : la sûreté, et la conscience de cette sûreté. L'une est de fait, l'autre est purement imaginaire (1). Or ces deux éléments de la liberté civile sont si étroitement unis entre eux, qu'il est impossible de les séparer sans détruire cette liberté elle-même. Que serviroit

----

(1) Tous les écrivains politiques sont d'accord sur ce point. Il seroit superflu d'ajouter de nouvelles preuves à celles qui ont été recueillies par tant d'hommes éclairés, et entre autres par l'immortel auteur de l'*Esprit des lois*, liv. XI, chap. 3, 4 et 5.

à un homme de ne pouvoir être opprimé par personne, s'il étoit sans cesse tourmenté par la crainte
d'être d'un moment à l'autre privé de ses biens, de
son honneur, de la vie?

Pour prévenir cette crainte funeste, les premiers
régulateurs des sociétés eurent recours à l'influence
des lois qui, en faisant connoître aux citoyens leurs
devoirs, en les obligeant à les remplir sous peine de
châtiments, inspiroient en même temps une heureuse confiance née de la certitude de ne pouvoir
être opprimé si l'on obéissoit soi-même à la loi.

Ces principes posés, je passe aux conséquences.

§. III. 1ʳᵉ CONSÉQUENCE. L'arbitraire judiciaire est incompatible
avec la liberté civile.

Si la liberté des citoyens est fondée sur les lois,
elle sera d'autant mieux affermie que ces lois auront
acquis plus de vigueur. Mais l'arbitraire exercé par
les magistrats est destructeur de la force des lois;
car que signifie ce mot arbitaire, sinon modifications, exceptions, apportées à l'ordre légal? La liberté des citoyens s'affoiblira donc à mesure que
l'arbitraire judiciaire gagnera.

Je présume que cette conséquence, quelque simple qu'elle soit, et déduite d'un principe qui ne l'est
pas moins, ne fera cependant aucune impression
sur l'esprit des personnes qui, habituées à entendre
répéter l'adage *summum jus, summa injuria*, croient
que l'équité et la justice sont deux choses distinctes,
et qu'il est du devoir du magistrat de suppléer par
l'équité à la rigueur inflexible de la loi. Cette mys-

térieuse invention, imaginée pour couvrir les injustices les plus évidentes, a été dévoilée par les philosophes dans toute sa difformité. La philosophie depuis long-temps a prouvé que l'équité est inséparable de la justice, et que ce qui n'est pas juste ne sauroit jamais être équitable.

Mais cette équité inséparable de la rigoureuse justice n'est point celle du magistrat ambitieux. Celui-ci, pour étendre les limites de son pouvoir, pour déguiser l'atteinte sacrilége qu'il porte aux lois, a besoin de recourir à une équité arbitraire, dont la flexibilité complaisante puisse recevoir toutes les impressions de sa volonté.

Or cette autre espéce d'équité incertaine, irrégulière, qui adopte pour chaque cause une balance particulière et un poids à elle, a été funeste à la plupart des nations. C'est celle-là que Cicéron reprochoit aux magistrats de Rome, à l'époque de la décadence de la liberté. Nos magistrats, dit cet orateur philosophe, ne cessent de parler d'équité, tandis que tout gémit sous une oppression qui a pris naissance le jour où l'arbitraire judiciaire s'est introduit dans le forum romain.

En général, par-tout où se montre cette espéce d'équité, il y a arbitraire; et là où paroît l'arbitraire, il n'est plus de liberté.

Un coup d'œil philosophique jeté sur l'histoire des premiers siécles de Rome, nous rendra sensible l'incompatibilité absolue de l'arbitraire avec la liberté.

Dans les temps postérieurs à la monarchie, lorsque le sénat voulut gouverner despotiquement, il vit dans l'arbitraire judiciaire le moyen le plus sûr d'arriver à ses fins. Les lois royales, dont la connoissance appartenoit exclusivement aux patriciens, devinrent l'instrument de ce funeste arbitraire. Le mystère dont on voiloit ces lois aux regards du peuple, les avoit rendues nécessaires à la magistrature, et lui offroit en même temps un moyen de prononcer arbitrairement dans toutes les controverses qui s'élevoient entre les citoyens, sans que ceux-ci pussent connoître ou apercevoir l'instrument de l'oppression qui pesoit sur eux.

Ceci explique pourquoi le sénat demeura pendant plusieurs années sourd aux instances des tribuns, qui réclamoient au nom du peuple un code de lois que tous les citoyens pussent connoître.

On ne lit pas sans frémir cette partie de l'histoire romaine qui embrasse l'époque de l'incertitude du droit public. Pour ne pas m'égarer dans un trop long détail, je me contenterai de dire que le despotisme des premières familles étoit devenu intolérable, au point de réduire le peuple à regretter sa condition sous le gouvernement même des Tarquins. Pour se convaincre de cette vérité, il suffit de lire la réponse de Lucius Junius aux envoyés du sénat, lors de la première retraite du peuple sur le mont Sacré. « Nous « n'avons jamais, dit ce plébéien, souffert une oppression si dure, ni sous nos rois, ni même sous les « Tarquins (1). »

____

(1) Denys, *Antiq. rom.*, lib. VI. « Nostra respublica... toto illius « imperii tempore nihil detrimenti plebs accepit a regibus, præser- « tim novissimis... »

Je n'ajoute à tout ceci qu'une réflexion que je me borne à indiquer, et dont j'abandonne le développement et les conséquences à la sagacité de mes lecteurs. Quelle est la cause qui rend le gouvernement despotique incompatible avec la liberté civile? L'arbitraire du despote. Eh bien, que l'on forme un gouvernement dans lequel les magistrats pourront décider arbitrairement, et l'on aura un corps de despotes dont le pouvoir absolu sera d'autant plus intolérable qu'ils seront plus nombreux. Un despote peut du moins être un homme de bien; mais il n'en est pas de même d'un corps de magistrats exerçant le pouvoir arbitraire : leur nombre ne permet pas de l'espérer; et les causes qui peuvent induire un magistrat à abuser de son ministère sont infinies, en comparaison de celles qui agissent dans le même sens sur un despote.

Le tribunal suprême des éphores établi à Sparte offre une preuve frappante de cette vérité. Ce tribunal, quoiqu'il fût composé de ce qu'il y avoit de plus recommandables citoyens à Lacédémone, devint avec le temps un tribunal oppresseur, parcequ'il étoit arbitraire (1); et l'injuste sentence qui condamna à mort le roi Agis fut prononcée et exécutée en présence des éphores (2).

---

(1) Ce tribunal n'avoit pas de lois fixes auxquelles il fût tenu de se conformer.

(2) Plutarque, *in vitâ Agys*.

§. IV. 2ᵉ CONSÉQUENCE. L'interprétation arbitraire des lois est
contraire aux principes de la liberté sociale.

Telle est la seconde conséquence que je tire des
principes que j'ai posés. Si la liberté sociale se compose, non seulement de la sûreté des citoyens, mais
encore de la conscience, de l'opinion de cette sûreté,
comment espérer d'établir une telle opinion, lorsque
chacun saura qu'à chaque moment sa tranquillité
peut être troublée, ses droits envahis, par une interprétation achetée ou par l'ignorance d'un magistrat?
L'uniformité et l'égalité sont les caractères les plus
importants des lois. Supposons des magistrats également instruits, des juges également intègres, cela
n'empêchera pas que le droit d'interpréter l'esprit
de la loi ne détruise cette uniformité si intéressante
pour la liberté sociale. La manière de penser des
hommes varie à l'infini. Nos connoissances et nos
idées sont unies par un lien réciproque; mais la
combinaison de ces idées produit une somme de
résultats incomparablement plus grande que celle
qui naît de la combinaison des nombres. Comment
donc auroit-on la présomption de maintenir l'uniformité dans l'effet, tant que la cause seroit à ce
point incertaine et susceptible de variations?

S'il y a unité dans la volonté du législateur, et par
conséquent dans la loi, pourquoi donc voyons-nous
tous les jours deux tribunaux en contradiction l'un
avec l'autre, deux jugements s'annuler récipro-
quement? Je le répète, c'est une erreur en morale

comme en politique, de distinguer l'équité de la justice. Ce qui est juste est équitable, et ce qui est injuste ne peut être réellement conforme à l'équité.

Lorsque François Ier, roi de France, s'empara de la Savoie, les nouveaux magistrats qu'il établit dans cette province s'écartèrent quelque peu de la loi, toujours sous le prétexte de l'équité. Les sujets, qui ne furent pas long-temps à sentir le poids de cet arbitraire, supplièrent le roi de défendre à ses magistrats d'être équitables.

L'expression, à la vérité, étoit impropre; mais le sens de la demande étoit parfaitement raisonnable. *Équité, interprétation, arbitraire*, sont des mots synonymes lorsqu'on les considère sous le rapport de leurs effets; il existe entre eux une liaison telle que si le calcul pouvoit être appliqué à la politique, l'arithmétique en formeroit une progression, dont le premier terme seroit l'équité, et le dernier le despotisme.

Cyrus, dans son enfance, fut puni pour avoir prononcé un jugement injuste dans un différent entre deux citoyens. Un jeune homme d'une très haute stature avoit un habit beaucoup trop court; ayant rencontré une personne moins grande que lui, et qui portoit un habit beaucoup trop long, il l'avoit dépouillée de son vêtement en lui donnant le sien en échange. Chacun des deux s'étoit alors trouvé vêtu d'une manière convenable à sa taille.

Le jeune Cyrus appelé à prononcer sur cette action crut devoir, en suivant les principes de l'équité, absoudre le jeune homme qui avoit enlevé à l'autre son habit. Mais son directeur, après l'avoir vivement réprimandé, lui donna une leçon qui devroit demeurer gravée dans la mémoire de tous ceux qui exercent le ministère sacré de la judicature: Rappelez-vous, prince, lui dit-il, que ce n'est ni l'équité ni la convenance, mais la justice seule, la rigoureuse justice, qui doit décider de la propriété (1).

§. V. Réflexions sur les Romains.

Je m'affermis toujours un peu plus dans mes principes, quand je les vois s'accorder avec les vicissitudes subies par cette grande nation. Aux jours de la liberté romaine, les lois étoient inviolables ; toute modification, toute altération de leur sens littéral, étoient interdites aux magistrats, dont le ministère se bornoit à connoître du fait, et à appliquer textuellement la loi. C'est ainsi que l'entend également le savant Bon (2).

Je trouve en outre dans les *feintes de la loi*, si fréquemment employées chez les Romains, une preuve de cette vérité. Ils préféroient souvent feindre ce qui n'étoit pas dans la loi, plutôt que de la modifier ou

(1) Diodore de Sicile, lib. XV.

(2) « Etsi durum ipsis videatur, quod vel in lege est expressum,
« vel ex justà ejus interpretatione descendit, non tamen ab eo sibi
« discedendum putant, nè propriam rationem ipsi præferant
« legi... Hinc cernimus quantum curæ ipsis fuerit ea omnia a juris-
« prudentià amovere, quibus fieret, ut incerta interpretatio certis
« regulis præferretur, aut aliquid ipsis legibus detraheretur. » Joan.
Bon. *in Præf. ad partem Jurisprudentiæ G. G. Leibnitii.*

de l'altérer par une interprétation qui se seroit écartée tant soit peu du sens littéral. Ainsi, par exemple, une loi ordonnoit que le testament fût regardé comme non valide quand le testateur n'étoit pas citoyen romain (1). Or, on sait que les prisonniers étoient privés du droit de cité pendant la durée de leur captivité ; ils n'étoient donc pas aptes à tester dans cette situation. Cependant, comme le système des lois romaines tendoit à encourager les citoyens à la guerre, il eût été facile d'interpréter l'esprit de cette loi, et de supposer qu'elle ne pouvoit s'appliquer à ceux qui avoient été faits prisonniers en combattant pour la république. Mais cette interprétation auroit altéré le sens exprès du texte de la loi. D'un autre côté, l'intérêt public exigeoit que les testaments de cette sorte fussent rendus valides, afin de ne pas donner aux soldats un nouveau motif de redouter les maux de la captivité. Pour prévenir à-la-fois ces deux inconvénients, on eut recours à une feinte qui consistoit à considérer le testament comme ayant été fait avant la captivité, et le soldat comme étant mort au moment où il étoit tombé au pouvoir de l'ennemi (2). Ainsi les Romains aimoient mieux feindre ce qui n'étoit pas dans la loi, que de recourir à une interprétation qui en eût altéré le sens précis.

---

(1) Lisez le premier et le second chapitre de la loi *Falcidia*.

(2) Voyez la loi *Cornelia* au titre : *Quibus non est permissum facere testamentum.*

§. **VI.** **Autres raisons pour lesquelles l'interprétation arbitraire des lois doit être interdite aux magistrats dans les gouvernements modérés.**

J'attache une grande importance à bien démontrer cette vérité. De tout ce que renferme la loi dont je m'occupe, cette disposition me paroît être la plus intéressante et cependant la moins appréciée. Essayons donc de la considérer encore sous un autre point de vue. C'est dans la constitution même des gouvernements modérés que je chercherai la nécessité d'interdire aux magistrats toute interprétation arbitraire des lois.

Les diverses attributions du corps politique d'un gouvernement se divisent en trois classes, que je nommerai *facultés*: la faculté législative, la faculté exécutive des choses qui dépendent du droit des gens, la faculté exécutive de celles qui dépendent du droit civil, c'est-à-dire la faculté de juger.

Tout le monde sait que les différences qui existent entre les constitutions des gouvernements modérés consistent dans une distribution différente de ces trois facultés, qui emportent avec elles une série de droits et de prérogatives incommunicables par leur nature.

Je dis incommunicables, car puisque la constitution d'un gouvernement modéré exige que ces trois facultés soient séparées, les droits qu'elles comportent doivent l'être également. Je m'explique : dans un gouvernement modéré, la faculté de juger ne peut être réunie à la faculté législative (1). Il seroit superflu de démontrer ce principe incontestable, puisqu'il est adopté par tous les écrivains politiques. Dans une monarchie, par exemple, où les lois émanent du souverain, les magistrats ne peuvent être législateurs, parcequ'ils sont juges. Ils ne peuvent non plus, comme juges, participer aux droits qui appartiennent au souverain comme législateur. Or, au nombre de ces droits du monarque se trouve principalement celui d'interpréter les lois, soit celles qui sont émanées de lui, soit celles qui l'ont précédé (2). Ce droit ne pourroit donc être conféré aux magistrats, sans porter atteinte à la constitution du gouvernement et aux prérogatives du souverain.

Les princes habiles dans l'art de gouverner ont reconnu cette vérité ; et dès le neuvième siècle, Charlemagne comprit que la faculté d'interpréter arbitrairement les lois ne pouvoit être réunie à celle de juger, sans compromettre les droits du prince et la liberté des citoyens. Dans la réforme qu'il fit subir

---

(1) Après l'expulsion des Tarquins, le gouvernement de Rome, comme on l'a déjà observé, étoit plutôt despotique que républicain. Le corps des patriciens exerçoit la faculté de juger ; mais tant que la souveraineté ne fut représentée que dans les comices par centuries et par curies, les nobles furent tout à-la-fois législateurs et juges. Maîtres des suffrages, ils l'étoient aussi des comices. La liberté ne se montra à Rome qu'après l'institution des comices par tribus, où les patriciens ne représentoient que la classe de citoyens privés. Ce fut alors que la faculté législative commença à être séparée de la faculté de juger.

(2) *Ejus est legem interpretari, cujus est legem condere.* Telle est la maxime tirée du droit romain.

à la législation des Lombards, il voulut que, dans les cas où la loi présenteroit de l'obscurité, on eût recours au souverain pour l'interpréter (1).

Quel sera donc le ministère des magistrats? Celui qui a été déterminé par notre monarque d'une manière si positive dans la loi dont je m'occupe : connoissance du fait, application littérale de la loi ; voilà à quoi se réduisent tous les devoirs d'un juge.

§. VII. Raisons qui ont déterminé le souverain à exiger que les magistrats motivassent leurs jugements, et les fissent imprimer. Utilité de cette disposition, déduite des mêmes principes.

C'est ici un nouvel et puissant obstacle opposé à l'arbitraire des magistrats. Lorsque le juge sait qu'il doit exposer les motifs de son arrêt, que ces motifs doivent être puisés dans la loi, que cette loi ne peut être interprétée à volonté, sous quel voile espéreroit-il encore cacher l'injustice de sa décision? Mais en outre, si l'opinion de la sûreté individuelle est la base de la liberté sociale, ainsi que nous l'avons démontré au §. II; si cette opinion est en raison de la somme et de la puissance des obstacles qu'un citoyen doit surmonter pour violer les droits d'un autre citoyen, est-il un meilleur moyen, pour entretenir cette salutaire opinion à l'égard des magistrats, que de les obliger à rendre raison au public de la justice de leurs sentences? Je dis *au public,*

____

(1) L'ordonnance de 1667, tit. 1, art. 8, renferme la même disposition.

parcequ'en ordonnant que les jugements fussent imprimés, le roi n'a pas eu d'autre but que de captiver l'attention des magistrats dans l'exercice d'un ministère, duquel dépendent le sort et la tranquillité des citoyens. Un individu peut être facilement abusé par les inductions trompeuses d'un juge corrompu; mais le public appelé à examiner les décisions judiciaires est lui-même inexorable dans ses jugements. Il n'est pas d'ame si intrépide qui ne tremble devant la censure publique.

Comment se fait-il donc qu'une disposition aussi sage et bienfaisante ait rencontré de si nombreux contradicteurs? Seroient-ils éveillés par l'ignorance des magistrats? Loin de moi une semblable calomnie, qui me rendroit inexcusable au tribunal de la vérité. Le corps de nos magistrats, composé des plus respectables citoyens, a droit à la vénération de tous. Il le faut avouer : la justice a rarement trouvé dans ses ministres autant de conscience et d'intégrité; elle reçoit avec complaisance le culte offert par des mains aussi pures. Chargés de la garde du dépôt sacré des lois, ils se feroient un crime de ne les pas connoître parfaitement. Est-il donc rien de plus facile pour de tels magistrats que de motiver leurs décisions sur ces lois dans lesquelles elles sont puisées?

Il ne faut pas s'étonner au reste que cette disposition ait rencontré tant d'opposants. Tel est le sort de toutes les innovations utiles, qui commencent par exciter le mépris des hommes avant d'obtenir leur reconnoissance.

§. VIII. La loi auroit été inconséquente, si elle n'eût point banni
du barreau l'autorité des docteurs.

Un nombre effrayant d'obscurs interprètes, nés
dans les siècles d'ignorance, presque toujours en
contradiction les uns avec les autres, ont formé ce
chaos inextricable d'opinions, qui remplissent de
doute et d'incertitude la jurisprudence de presque
toutes les nations de l'Europe.

Nos tribunaux particulièrement ont offert jusqu'à
ce jour un spectacle fait pour exciter la pitié du philosophe. Il étoit assurément humiliant de voir dans
ce siècle de lumières un magistrat s'incliner au seul
nom de Barthole, se faire un crime de réfuter un
paradoxe d'Agéta, et méditer une opinion de Cla-
rus avec autant de respect qu'un Spartiate eût jadis
consulté l'oracle d'Apollon.

Quels maux n'a pas causés dans notre barreau ce
système erroné? J'abandonne cet examen à des pu-
blicistes plus patients et plus calmes que moi ; il
m'entraîneroit dans des détails où je ne serois peut-
être plus maître de mes réflexions. Je me borne donc
à dire que la loi dont il s'agit n'auroit pas été con-
séquente, si elle n'eût point banni de notre barreau
l'autorité de ces interprètes. Et en effet, comment
mettre un terme à l'arbitraire judiciaire, si l'on ne
proscrit d'abord la cause qui le renferme et le protége? Voulez-vous renverser un édifice? Arrachez
les pierres angulaires et vous le verrez s'écrouler.
Or la pierre angulaire de l'arbitraire judiciaire, c'est

l'autorité des docteurs. La diversité de leurs opinions prête toujours au magistrat un voile propre à cacher ses injustices. C'étoit pour cela que l'immortel Leibnitz vouloit qu'on brûlât tous les poudreux volumes de ces interprètes embrouillés.

L'histoire de la jurisprudence nous apprend que Jules-César défendit aux jurisconsultes de donner des consultations en matière de droit. Les décisions étoient devenues arbitraires sous la protection de ces interprètes.

Mais cet empereur ne fit qu'arrêter pour un temps les progrès du mal. Il reprit son cours sous l'empire d'Auguste, qui rétablit les jurisconsultes dans leur ancien domaine, toutefois avec quelques restrictions (1). Les maux auxquels cette funeste liberté donna naissance, se perpétuèrent jusqu'au temps de Justinien, qui, instruit enfin par l'expérience, défendit formellement de commenter le nouveau code promulgué par lui. Mais le fanatisme des commentaires ne se manifesta jamais avec plus de fureur qu'après cette défense. L'Italie, la France, l'Espagne, l'Allemagne, virent naître une foule de commentateurs. Ils torturèrent si bien les lois romaines, inventèrent tant d'exceptions, d'amplifications, de modifications, qu'ils offrirent aux magistrats mille moyens d'éluder le véritable sens de ces lois. Je ne

____

(1) Auguste n'accorda la permission de donner des consultations en matière de droit qu'aux plus célèbres jurisconsultes de son temps. Il est aisé de pénétrer l'intention de cet empereur : il crut affermir son despotisme en mettant dans ses intérêts des hommes qui étoient en faveur dans l'opinion publique.

puis aujourd'hui comprendre comment il paroîtroit
étrange que notre souverain, qui a voulu, dans les
mêmes vues que Justinien, rendre aux lois leur vigueur, ait commencé par anéantir l'autorité des docteurs. Un prince éclairé, qui s'est fait un nom glorieux parmi les rois et parmi les philosophes, a rendu
le même hommage à la raison, il y a déja bien des
années, et ses sujets ont ressenti le bienfait de sa
royale sagesse (1).

(1) Frédéric, roi de Prusse, lorsqu'il publia son code, défendit
de citer dans les procès l'autorité des docteurs. Voyez la préface de
ce code, §. 28, nᵒ 9.

DEUXIÈME PARTIE.

RÉPONSE A QUELQUES OBJECTIONS RELATIVES A L'APPLICATION DE LA NOUVELLE LOI.

§. Ier. Première objection, concernant la lenteur des jugements.

Si la nouvelle loi est mise en vigueur, disent quelques opposants, il faudra beaucoup plus de temps au magistrat pour pouvoir rendre une décision. Eh bien, seroit-ce donc là un si grand mal? Une loi de Solon défendoit aux juges de prononcer plus d'un jugement dans le même jour (1). Ce législateur savoit combien il étoit à craindre qu'un juge tombât dans l'erreur, et combien une certaine lenteur dans les jugements étoit préférable à une précipitation toujours ruineuse et favorable à l'intrigue.

Mais, à dire vrai, je suis loin de croire que la loi dont il s'agit puisse devenir un obstacle au débrouillement et à la conclusion des procès. Pour un magistrat instruit, ou seulement disposé à apprendre ce qu'il ignore en consultant les livres de la science civile qui forment toute la législation d'un peuple, rien n'est plus facile assurément que de baser son jugement sur le texte précis des lois. Ce qui embrouille les affaires, ce qui entrave la marche de la justice, ce sont les procédures inutiles et les subterfuges des avocats; ce n'est point la nouvelle loi, c'est

______

(1) *Nemo judex eâdem die duo reddat judicia.*

le monstre horrible de la chicane, qui peut seul engraisser ces défenseurs des causes, et offrir à dévorer à un petit nombre d'hommes les fortunes de plusieurs milliers de citoyens. Il suffit d'avoir une ame pour déplorer un semblable désordre.

Un grand roi, qui vécut pour la gloire de son pays, aperçut ce monstre et chercha à l'étouffer. En 1667, Louis-le-Grand publia une ordonnance qui forme une partie de son code, et par laquelle il établit dans tout le royaume de France une procédure uniforme et infiniment abrégée. Le roi de Prusse a suivi cet exemple dans un plan proposé à son grand-chancelier (1).

Ici se présente une autre réflexion. S'il est permis à la politique de présager l'avenir au moyen de quelques données certaines, j'ose prédire que les procès dureront moins long-temps si la loi nouvelle est religieusement observée.

Il existe dans nos tribunaux deux obstacles principaux à l'expédition des affaires : la multiplicité des moyens que les parties peuvent employer pour faire annuler un jugement, et la multiplicité des procès.

Je démontrerai d'abord que, dans un grand nombre de cas, le recours à ces moyens de nullité sera moins fréquent; et je ferai voir ensuite que le nombre des procès doit diminuer, si la loi dont il s'agit reçoit son exécution.

On a recours aux moyens de nullité par trois

---

(1) Voyez Formey, *Exposition abrégée du plan du roi de Prusse pour la réforme de l'administration de la justice.*

motifs ; ou parceque l'un des plaideurs croit avoir été injustement jugé, ou parcequ'il espère rencontrer de la faveur dans ses nouveaux juges, ou parcequ'il a quelque intérêt à prolonger le cours du procès. Or, aucun de ces trois motifs ne peut engager un plaideur à attaquer le jugement qui l'a condamné en première instance, lorsque le succès de la cause dépend uniquement du droit précis. Qu'on se rappelle ce qui a été dit des circonstances qui, aux termes de la nouvelle loi, doivent accompagner chaque sentence, et l'on se convaincra que tout arbitraire de la part des magistrats est impossible dans aucun de ces cas. Dans les causes où la controverse est un point de fait, le magistrat peut dissimuler son injustice en altérant ou en compliquant le fait. Mais dans celle où il s'agit d'un point de droit, de deux choses l'une, ou la loi parle clairement, et alors le magistrat ne peut l'altérer ; ou bien elle est obscure au point de nécessiter une interprétation, et alors, comme il faut recourir à l'autorité suprême, le magistrat ne peut établir son jugement que sur cette interprétation expresse donnée par le souverain. On ne voit plus, d'après cela, quelle vaine espérance pourroit engager le plaideur à faire annuler un premier jugement. Ainsi, dans les causes qui dépendent immédiatement du droit, il est évident que la marche des procès doit être accélérée plutôt que ralentie. Nous allons voir que leur nombre doit être aussi diminué par l'effet de la même loi.

Une triste et constante expérience nous a trop appris que la plupart des actions intentées devant nos tribunaux, ont pour bases la fraude et l'intrigue plutôt que la vérité. Dire que la source de ce nombre infini de procès est dans le caractère national, ce seroit faire injure aux dispositions paisibles de nos concitoyens. Il ne faut qu'observer les mœurs des différentes nations, pour reconnoître que le même désordre règne par-tout où l'administration de la justice est aussi défectueuse qu'elle l'étoit parmi nous avant la salutaire réforme qui vient de s'opérer. La Poméranie, dit Formey (1), avoit reçu le nom de *terre litigieuse*, à cause des procès sans fin dont cette province étoit le témoin. A peine le grand Frédéric eut-il perfectionné son plan de réforme, que, pour s'assurer des avantages qui devoient en résulter, il voulut que la première expérience en fût faite dans cette même province où les procès étoient le plus fréquents. Le fait confirma les espérances du prince, et les procès devinrent de jour en jour moins nombreux.

La foiblesse des lois, la force de la cabale, et l'incertitude du droit, voilà les sources impures d'où s'élance le torrent des procès. Je laisse au lecteur le soin de calculer la proportion dans laquelle leur nombre devra diminuer, parmi nous, après une réforme destinée à rendre aux lois leur vigueur, à étouffer l'intrigue, et à fixer le droit trop long-temps vague et incertain, grace à l'autorité de docteurs étrangers et barbares.

----

(1) Ouvrage déja cité, §. XI.

§. II. Objection relative aux cas non prévus par la loi.

J'entends dire de tous côtés : Notre législation va se compliquer à l'infini. Si le magistrat est obligé de recourir à l'autorité souveraine, on verra naître autant de lois particulières qu'il se présentera de cas non prévus par les lois antérieures.

Je puis répondre à cette objection en lui opposant la régle générale que, dans la nécessité de faire un choix entre plusieurs maux, il faut choisir le moindre. La multiplicité des lois est un mal ; mais certes c'en est un plus grand de donner aux magistrats le droit de décider dans les cas non prévus par la loi.

La plus injuste sentence met toujours à couvert un juge inique, lorsqu'il n'a pas de loi pour le guider. Or, la certitude de l'impunité est assurément le pire des maux qui puissent affliger la société. Donnez cette certitude à l'homme le plus honnête, et vous l'exposerez à devenir l'homme le plus corrompu et le plus pervers.

Au temps de la théocratie des Hébreux, Moïse, après avoir établi dans chaque ville un tribunal composé de sept juges, voulut que, dans les cas où la loi ne leur paroîtroit pas suffisamment claire, ils en référassent au sanhédrin, qui dissiperoit leurs doutes (1). Le but de cette institution de Moïse étoit certainement de prévenir l'abus qu'un juge com-

----

(1) Joseph. lib. X, *Antiq.*, *cap. ult.*

rompu pouvoit faire du silence de la loi. Tel est aussi l'esprit de la disposition prescrite par notre monarque. Le grand Frédéric l'avoit prescrite également, comme on peut le voir dans la préface de son code (1).

J'ai dit que la multiplicité des lois étoit un mal qu'il falloit tolérer pour échapper à un mal plus grand, celui de permettre aux magistrats de prononcer arbitrairement dans les cas non prévus. Mais n'y auroit-il aucun moyen d'éviter en même temps l'un et l'autre de ces maux, aucun moyen de suppléer au silence des lois sans en multiplier le nombre? Cette utile recherche fera le sujet du paragraphe suivant.

§. III. Nécessité d'un censeur des lois.

L'entendement humain est circonscrit dans une sphère très bornée. Les objets compliqués se présentent difficilement, dès le premier abord, à l'esprit de l'homme dans toute leur clarté. Le temps éclaircit ce qui étoit confus et embrouillé, et souvent des erreurs ouvrent la voie à des vérités. Le vide de Gassendi, corrigé par Newton, remplit les esprits de lumières et de savoir. Un système erroné qui veut que l'univers ne renferme rien conduit ce génie créateur à soumettre au calcul tous les mouvements et toutes les lois de la nature. Tel est le destin des sciences complexes, au nombre des-

----

(1) Préface du code de Frédéric. §. 29.

quelles figure en première ligne la science de la législation.

Un législateur qui fait une loi ne peut avoir présent à l'esprit tous les cas qu'elle doit embrasser ; et cependant il suffit qu'un de ces cas lui échappe pour rendre sa loi imparfaite.

C'est là un mal auquel la politique n'a pas encore trouvé de reméde. On voit, en jetant un regard sur les gouvernemens de l'Europe, combien nous sommes loin de l'avoir découvert.

Si quelque désordre se manifeste chez une nation, il devient aussitôt l'objet d'une nouvelle loi tout-à-fait spéciale, tandis qu'il auroit pu facilement rentrer dans le domaine d'une loi antérieure, à laquelle il n'eût manqué peut-être que deux ou trois mots pour la rendre applicable à ce cas nouveau. Mais le sort des législations est de marcher toujours en avant sans jamais regarder en arrière. C'est là la cause de ce nombre immense de lois qui accablent les tribunaux de l'Europe, et qui rendent l'étude de la jurisprudence semblable à celle des chiffres des Chinois, qu'on parvient à peine à savoir lire après une étude de vingt années.

Quel seroit donc le moyen de suppléer au silence des lois générales, sans multiplier à l'infini le nombre des lois particulières? Ce seroit d'établir un censeur chargé du soin de suppléer aux omissions inévitables que présentent les lois, de les rendre applicables aux cas particuliers non prévus par le législateur, de signaler au législateur vivant celles des lois existantes qu'il devroit abroger comme étant devenues inutiles, ou même nuisibles, par l'effet des vicissitudes naturelles des choses humaines. Ainsi l'on éviteroit de multiplier les lois particulières dont nos codes sont remplis ; on éléveroit un obstacle à l'antinomie qui résulte nécessairement de leur multiplicité ; on retarderoit enfin la décadence du code qui doit être forcément amenée par l'inutilité des lois anciennes.

§. IV. Réflexions sur les Romains.

Qu'on me permette une courte digression très propre à donner plus de poids à ma proposition.

J'ai dit que les fonctions de censeur ne consisteroient pas seulement à suppléer au défaut des lois, mais encore à signaler au législateur vivant celles qu'il devroit abroger, comme étant devenues inutiles ou dangereuses.

Pour mieux développer mon idée, j'ai recours à l'histoire d'un peuple dont les lois, triomphant des obstacles du temps et de la philosophie, sont encore en vigueur chez le plus grand nombre des nations européennes.

Les Romains avoient un censeur des mœurs : ils auroient dû en avoir un des lois. Leur législation, admirable dans son ensemble, étoit défectueuse dans ses parties. Ils ne faisoient aucune attention à ces défauts, et telle est la raison pour laquelle leurs lois étoient souvent en contradiction avec leurs mœurs et avec l'état de la nation. Les lois somptuaires du temps de César auroient pu convenir aux

Romains du deuxième et du troisième siécle(1) ; et cependant elles faisoient partie du code de la nation, à l'époque où cinquante mille dragmes suffisoient à peine pour payer le repas que Cicéron et Pompée reçurent chez Lucullus, qu'ils étoient allés visiter à l'improviste. Au milieu du tumulte d'une troupe d'esclaves qui formoient le cortége des citoyens, les lois prescrivoient une frugalité incompatible avec les idées de luxe et les richesses des Romains de ce temps. Un censeur eût assurément fait sentir la nécessité d'abroger de telles lois, et de les remplacer par d'autres, qui fussent plus en harmonie avec l'état de la nation à cette époque.

Les lois agraires et celles relatives à l'usure me fourniroient mille exemples du même genre, si je ne craignois d'abuser de l'attention de mes lecteurs, auxquels j'aime à laisser toujours quelque chose à méditer.

§. V. Autre objection.

Nos lois, disent quelques personnes, sont remplies d'antinomie et de contradictions. Comment dans un tel chaos le magistrat, obligé de prononcer d'après la loi, parviendra-t-il à découvrir la vérité ?

Je réponds à cette objection par un principe de la logique légale : *Dans les cas d'antinomie, la loi postérieure abroge toujours la loi antérieure.*

Si le droit d'abroger les lois appartient au souve-

---

(1) Les lois *Orchia*, *Fannia*, *Didia*, *Licinia*.

rain, lorsqu'une loi postérieure est contraire à une loi antérieure, on doit supposer que le législateur a tacitement abrogé l'ancienne.

Ainsi, il ne s'agit que de trouver la date des deux lois qui sont en contradiction, pour que tout embarras cesse et que l'antinomie disparoisse.

Je ne sais si c'est ici le cas d'ajouter le *quod erat demonstrandum* des mathématiciens.

§. VI. Autre objection.

Les interprétations des docteurs, dit-on encore, sont d'un grand secours aux magistrats dans l'application des lois; pourquoi donc les proscrire? Mais cette objection naît d'une supposition fausse, et tout-à-fait étrangère à l'esprit de la loi que l'on critique.

Le roi a proscrit l'autorité des docteurs, mais je ne vois pas qu'il en ait défendu la lecture et l'étude. Que, plongé dans la poussière des bibliothèques étrangères, le magistrat se fasse tant qu'il lui plaira un devoir de compulser les volumes poudreux de Barthole et de Baldus; pour mettre à profit leurs interprétations, il n'est pas nécessaire de dire : Je juge de telle manière, parceque telle est l'opinion des docteurs.

§. VII. Conclusion.

J'ai analysé les différentes parties de la nouvelle loi; j'ai fait voir que toutes concourent à affermir et à protéger la liberté sociale; j'ai démontré que l'application en est facile à notre barreau : c'en devroit être assez, sans doute, pour faire ouvrir les yeux sur l'utilité de cette loi. Mais, comme l'a dit un sage, la marche de la vérité est lente ; elle ne se propage qu'insensiblement. Une pierre tombe au milieu d'un bassin, un premier cercle se forme autour du point d'immersion ; ce mouvement imprimé se communique de proche en proche, les cercles concentriques se succèdent, se multiplient, se propagent, jusqu'à ce que la masse d'eau soit ébranlée tout entière, et que le dernier cercle frappe le bord.

Telle est l'image des effets que produira la loi dont nous venons de nous occuper : elle est la pierre tombée dans le bassin ; les philosophes ont à l'instant formé le premier cercle. Le terme des maux qui pesoient sur la patrie est une perspective si douce pour ces hommes de bien ! Ils publient les avantages de cette loi bienfaisante ; à leur voix la vérité se propage comme les cercles concentriques se multiplient. J'ai réuni mes efforts aux leurs pour accélérer ce mouvement.

J'ignore si ces réflexions auront l'effet que je desire ; mais je l'espère, et cet espoir ne naît point d'une vaine présomption. Lorsqu'un corps a reçu une première impulsion, le moindre choc dans le sens de sa direction ajoute à la vitesse de son mouvement.

Jeunesse malheureuse ! qu'on voudroit condamner à l'inaction dans les plus belles années de la vie ; ne sois point intimidée par ce murmure de voix qui

cherchent à t'imposer silence, lorsqu'il s'agit de défendre la cause du roi et de la patrie. Vainement te
citent-elles pour exemple une école où l'on achetoit
par plusieurs années de silence le droit de parler
sensément pendant le reste de la vie ; réponds-leur
qu'il convient aux jeunes gens de prendre la parole
quand les vieillards restent muets.

OPINION

Soumise au roi des Deux-Siciles, sur la proposition d'affermer pour six années les pâturages du domaine royal dit l'Échiquier de la Pouille (*Tavoliere di Puglia*).

AVERTISSEMENT

DE L'ÉDITEUR DE PALERME.

Au nombre des plus anciens revenus du royaume de Naples, on comptoit ceux que produisoient les pâturages de la Pouille, appartenant depuis l'époque la plus reculée au domaine public. Les sites âpres et montueux de l'Abruzze fournissent d'excellents pâturages pendant l'été, et les plaines de la Pouille jouissent d'une température douce en hiver. Il en résulte que l'éducation des brebis est une branche d'industrie naturellement très cultivée dans ces contrées, et que la transmigration des troupeaux d'un pâturage à l'autre a régulièrement lieu selon les saisons.

Varron est le plus ancien écrivain qui ait laissé des traces de cet usage. De son temps, pour le passage des troupeaux du Samnium dans la Pouille, on payoit un droit en raison du nombre de brebis qu'on étoit obligé de déclarer aux officiers de la république ou publicains : *Itaque greges ovium longè ambiguntur*

ex Apuliâ in Samnium æstivatum, atque in publi-
canum profitentur (Varron, *De re rusticâ*, lib. I).

Au temps des Normands et des Suèves, les habitants de l'Abruzze et de la Marche avoient coutume
d'y conduire leurs troupeaux pendant l'hiver. Cet
usage est constaté par la constitution du roi Roger,
cum per partes Apuleæ, et par celle de l'empereur
Frédéric, *ut delicii fines.*

Dans le quinzième siècle, les vastes terrains destinés à ces pâturages appartenoient au fisc, aux ba-
rons, au clergé, et à des particuliers. Alphonse Ier
d'Arragon, vers le milieu de ce même siècle, con-
stitua en droit privatif fiscal la faculté, libre jusqu'a-
lors, de vendre ces pâturages. Au moyen d'une
location perpétuelle, il s'empara des terrains des ba-
rons, du clergé et des particuliers, et les réunit à
ceux du fisc. Cette réunion composa ce qu'on a appelé depuis l'Échiquier de la Pouille (*Tavoliere di
Puglia*), qui comprend une étendue de soixante-
dix milles depuis Civitate jusqu'à Andria. Le fermage annuel de ces pâturages aux propriétaires des
troupeaux produisoit au fisc une rente très considérable, qui, en 1786, s'éleva jusqu'à 499,255 ducats, ou 166,415 onces, environ 2,121,833 francs.

Ce revenu n'étoit plus alors réglé comme anciennement sur le dénombrement effectif des brebis; il
étoit le produit des fermages particuliers des terrains, divisés en nombreuses parcelles. Au moyen
de ces fermages, on introduisit, dans le seizième
siècle, au lieu de l'enchère fiscale, la méthode de
faire déclarer par les propriétaires même, en secret

5.   20

et à un jour indiqué, le nombre de brebis composant le troupeau de chacun d'eux (opération à laquelle on donna le nom de *professazione*), et d'accorder les meilleures portions de pâturages à ceux qui en déclaroient un plus grand nombre. Cela donna lieu à des fraudes sans fin, et rendit la condition des bergers et des troupeaux bien malheureuse. Chaque propriétaire étoit d'une année à l'autre dans l'incertitude sur la portion de terrain qu'il auroit en partage. Errants comme des Tartares, ils ne pouvoient songer à former des abris stables, des établissements commodes, qui sont si nécessaires à la prospérité des troupeaux.

Tel étoit l'état des choses en 1788, époque à laquelle on agita au suprême conseil des finances de Naples la question de savoir si, au lieu du fermage annuel de l'Échiquier de la Pouille suivant la méthode de la *déclaration*, il ne seroit pas plus avantageux d'établir un fermage de six ans, adjugé sur enchères publiques, afin de pouvoir procéder ensuite à une opération plus étendue et plus utile, celle de la répartition de toutes les terres de l'Échiquier en emphytéose perpétuelle.

Le chevalier Filangieri, membre du conseil suprême, requis d'émettre son opinion, l'exposa dans les termes suivants.

AU ROI.

Sire,

Dans tous les états où des maux anciens et des erreurs invétérées affligent le peuple ; où le gouvernement n'a pas encore eu le temps de reconnoître les principes de ces maux, ni la possibilité de former pour les détruire un système d'améliorations successives et amenées les unes par les autres ; où par conséquent la plupart des mesures, même les plus nécessaires, peuvent devenir dangereuses ou inexécutables, parcequ'elles sont adoptées isolément sans préparation et sans harmonie : dans de tels états, dis-je, et dans de semblables circonstances, les seules innovations que l'on puisse tenter impunément se réduisent à un petit nombre d'opérations, qui, sans briser la chaîne des erreurs dont la nation est enveloppée, en retrempent seulement quelques anneaux pour les rendre moins rudes et moins pesants.

Telles sont, Sire, d'une part, la position où nous nous trouvons ; de l'autre, la nature de la mesure qu'on propose relativement au fermage de l'Échiquier royal de la Pouille, et sur laquelle V. M. a daigné me faire demander hier mon avis.

D'après le mode actuel de la *déclaration*, le vaste herbage de l'Échiquier n'est loué que pour un an ; d'après le nouveau mode projeté, l'herbage tout entier seroit affermé pour six années à la même classe de personnes. Il n'y auroit donc rien de changé à la nature du contrat ni à l'espèce des contractants. Les motifs anciens, ou, pour mieux dire, les anciennes erreurs, les anciens vices de nos lois et de notre administration, qui peuvent rendre nécessaire aujourd'hui cet emploi d'un domaine de la couronne, auroient avec le nouveau mode les mêmes rapports qu'avec le précédent. Il n'y a donc, à cet égard, aucun inconvénient à redouter.

Mais le projet présente-t-il quelques avantages? Telle est la question à résoudre ; et, pour le faire avec méthode, il faut examiner d'abord quels sont les vices du mode actuel auquel le nouveau remédieroit; il faut voir ensuite quels avantages résulteroient de cette innovation presque insensible; il faut enfin examiner si les inconvénients qu'on lui attribue sont réels ou imaginaires.

§. Ier. Premier inconvénient du mode actuel. — Le gaspillage.

Au nombre des inconvénients que présente le mode actuel, il faut placer en première ligne le *gaspillage*, c'est-à-dire la dévastation qu'éprouve l'herbage de l'Échiquier avant d'être réparti. Cet abus provient de différentes causes, qui ont dû rendre impuissantes jusqu'à ce jour toutes les lois imaginées pour y mettre obstacle. Les principales de ces causes de désordre sont les suivantes :

1° L'intérêt du fisc. Par la déclaration qu'il fait, chaque locataire cherche à obtenir une étendue de pâturage proportionnée aux besoins de son troupeau. Or, moins l'herbe est abondante dans les prai-

ries de l'Échiquier, plus le terrain doit être recher-
ché par le locataire; afin de s'en faire concéder davantage, chacun porte de plus en plus haut le nombre de brebis dont il fait la déclaration, et cela
augmente d'autant la somme d'argent qui tombe
dans le trésor royal. Tous les locataires font le même
calcul, qui les conduit tous au même résultat. Il s'en-
suit que la déclaration s'accroît à mesure que le
pâturage se dépouille; et la dévastation de l'Échiquier semble ainsi enrichir le fisc en appauvrissant
les locataires. Comment espérer dès-lors que les
agents du fisc, qui n'ont d'autre moyen d'obtenir la
faveur du prince que leur zéle à servir ses intérêts
apparents, veuillent jamais s'opposer à un abus sur
lequel reposent et leur crédit et leurs espérances?

2° L'intérêt que trouvent à entretenir le gaspillage ceux qui sont préposés pour l'empêcher. Les
gardes à cheval paient chacun au fisc 300 ducats
pour acheter le droit de garder l'Échiquier, et d'avoir
une part dans l'amende à laquelle sont condamnés
les auteurs du gaspillage. Il est clair que ces gardes
trouvent leur compte à favoriser la contravention
pour profiter de la peine, et plus encore à tenir le
délit caché, afin d'augmenter leur bénéfice par le
moyen d'une transaction avec les délinquants. Le
fisc se trouve alors privé de la part qui devoit lui
revenir, mais c'est au profit du garde.

Les autres gardiens de l'herbage le sont en même
temps des locations. N'appartenant pas plus à un
locataire qu'à un autre, mais à tout le corps des individus inscrits pour une location, ils peuvent sans

courir aucun risque laisser dévaster l'herbage par
les locataires de la même location, et ils y trouvent
même l'avantage de faire payer leur consentement
criminel. Leur intérêt doit donc les porter à inviter
les locataires au gaspillage, plutôt qu'à les en détourner.

3° La nécessité est la troisième cause de cet abus.
Souvent il arrive que des locataires n'ont aucun pâturage pour faire paître leurs troupeaux hors de
l'Échiquier; souvent aussi la chute imminente des
neiges les oblige à abandonner précipitamment les
montagnes : en pareils cas, ils sont nécessairement
forcés de se jeter dans l'Échiquier, et de le dévaster.
Or, toute loi qui contraste avec la nécessité est non
seulement injuste, mais encore impuissante; et toute
peine qui ne peut balancer l'intérêt des infracteurs
de la loi est sans effet.

4° Enfin une dernière cause du gaspillage consiste dans une sorte d'émulation, que voici. Lorsqu'une partie des locataires sont déja descendus dans
l'Échiquier, et y profitent gratuitement des herbages
communs qui ne sont pas encore répartis, les autres
qui seroient restés quelque temps de plus dans les
pâturages d'été se hâtent de gagner aussi l'Échiquier
pour ne pas abandonner aux premiers la meilleure
part de la jouissance, et ne réserver pour eux-mêmes
qu'une charge sans fruit. Tous les troupeaux affluent
ainsi dans l'Échiquier presque simultanément et
avant la saison. Les montagnes restent désertes,
lorsqu'elles sont encore couvertes de pâturages abon-
dants dont la température permettroit de tirer parti,

et les pâturages d'hiver sont dépouillés dès l'automne. L'Échiquier devient de plus en plus insuffisant à la nourriture des troupeaux, et il en résulte que les herbages des propriétés particulières acquièrent une valeur, qui détermine les propriétaires à convertir en pâturages des terres que la nature semble avoir rendues spécialement fécondes pour la production des grains.

Toutes ces causes de gaspillage, Sire, seroient détruites par le nouveau mode qu'on propose.

1° En effet, le fisc n'auroit plus aucun intérêt à tolérer ou à encourager cet abus; car le produit du fermage ne dépendroit plus de la pénurie ou de l'abondance des pâturages, dès l'instant qu'ils seroient affermés pour six ans, et que la répartition se feroit dès la première année au moment où les brebis vont se retirer dans les montagnes.

2° Il n'y auroit plus de gardes à cheval.

3° Les gardiens des locations seroient remplacés par d'autres appartenant aux locataires.

4° La nécessité, qui pourroit contraindre quelques locataires à descendre dans l'Échiquier avant la saison, les conduiroit dans leur propre herbage, dont ils useroient avec l'ordre et l'économie dictés par leur intérêt même; ils ne seroient plus dans le cas de dévaster l'Échiquier en y errant comme des Tartares, et en retraçant ainsi, au milieu d'un peuple civilisé, les mœurs barbares de l'enfance des sociétés.

5° Enfin l'espèce d'émulation dont j'ai parlé n'auroit plus d'objet, puisque les locataires qui descendroient les premiers ne se porteroient que sur leurs propres herbages; les pâturages des montagnes ne seroient plus abandonnés avant le temps; la Pouille, en consacrant une moins grande étendue de terrain à cette destination, pourroit nourrir la même quantité de brebis : et bientôt les pâturages particuliers, perdant de leur valeur, seroient en partie rendus à la culture à laquelle ils ont été enlevés par une conséquence de l'ancien mode.

Le premier inconvénient de cet ancien mode seroit donc entièrement détruit par le nouveau projet.

§. II. Deuxième inconvénient du mode actuel. — Disproportion entre l'effectif des troupeaux (1) et la déclaration des diverses locations (2).

Il résulte du relevé, qui a été fait pour les six dernières années, que certaines locations ont déclaré jusqu'à dix fois plus que l'effectif de leurs troupeaux; que d'autres ont excédé de beaucoup cet effectif; que d'autres enfin ont fait une déclaration à peu près conforme au nombre de leurs brebis. Le même avantage a donc été payé plus cher dans de certaines locations que dans d'autres.

Cet inconvénient, inévitable avec le mode de la déclaration volontaire, où celle de chaque location varie en plus ou en moins, selon l'accord ou le dissentiment des locataires qui la composent; cet in-

---

(1) *Il possedibile*, c'est-à-dire la quantité de brebis que l'herbage affecté à une location doit réputé pouvoir nourrir.

(2) *Il professato*, la déclaration du nombre de brebis avoué par chaque location.

convénient, dis-je, seroit encore détruit complètement par le nouveau projet, d'après lequel le prix
du fermage général de l'Échiquier se trouveroit réparti entre les diverses locations dans la proportion
de leur valeur effective et relative.

§. III. Troisième inconvénient du mode actuel. — Disproportion
entre le bénéfice et les charges des diverses locations.

Pour arriver à la connoissance des causes, il est
souvent nécessaire de commencer par étudier la nature de leurs effets. Examinons donc quels sont ceux
que produit le mode actuel de la *déclaration volontaire* sur le sort des déclarants. Chaque individu
inscrit pour une location a le droit de déclarer le
nombre de brebis qu'il veut. Cette déclaration est
secrète; elle se fait à l'oreille du président de la
douane, et pendant la nuit, comme pour lui donner une forme plus mystérieuse encore. L'opération terminée, on additionne toutes les déclarations faites par les individus inscrits pour la même
location.

Supposons, ce qui arrive souvent, que cette somme
des déclarations faites pour une même location soit
dix fois plus forte que l'effectif propre à cette location : chaque locataire ne pourra, dans ce cas, placer dans l'herbage de la location que la dixième
partie du nombre de brebis déclaré par lui. Il devra
payer au fisc, pour cette dixième partie qui sera son
effectif, une rétribution calculée à raison de 132
ducats par millier de brebis; et pour les autres neuf

dixièmes, une rétribution à raison de 32 ducats par millier. Dans cet état de choses, supposons encore qu'il y ait quatre locataires pour la même location ; que le premier, ayant mille brebis, en ait déclaré dix mille ; que le second, en ayant mille aussi, n'en ait déclaré que cinq mille ; que le troisième, en ayant deux mille, n'ait déclaré que le double de ce nombre, c'est-à-dire quatre mille ; enfin que le dernier ne possédant pas une seule brebis dans la Pouille, mais usant du droit qu'il a comme tout le monde, en ait déclaré cinquante mille. Voyons après cela quel sera pour chacun le résultat de sa déclaration.

Le premier, qui a mille brebis vivantes et qui en a déclaré dix mille, devra payer pour son effectif, c'est-à-dire pour la dixième partie de ce qu'il a déclaré, 132 ducats ; et pour les autres neuf mille brebis déclarées en sus, 288 ducats, à raison de 32 par millier : en tout 420 ducats. Au moyen de cette dépense, il aura placé les mille brebis qu'il possède réellement dans l'herbage de la location.

Le second, qui a aussi mille brebis et qui n'en a déclaré que cinq mille, devra payer pour son effectif admissible dans le pâturage, c'est-à-dire pour la dixième partie de ce qu'il a déclaré, 68 ducats ; et pour les autres quatre mille cinq cents brebis déclarées, 144 ducats, à raison de 32 par millier : en tout 212 ducats. Mais ce locataire, en payant cette somme au fisc, ne place dans la location que la moitié de ses mille brebis, et il est obligé de placer les cinq cents autres dans les herbages des particuliers à un prix beaucoup plus élevé ; car dans ces herbages il en coûte au moins 80 ducats par centaine de brebis. Ce second locataire, pour fournir des pâturages à tout son troupeau, dépensera donc au moins 612 ducats.

Le troisième, qui a deux mille brebis et qui n'en a déclaré que le double, c'est-à-dire quatre mille, ne pourra en conduire dans la location que quatre cents, c'est-à-dire la dixième partie du nombre déclaré par lui. Pour cet effectif de quatre cents, à raison de 132 ducats par millier, et pour les autres trois mille six cents, à raison de 32 ducats par millier, il paiera en tout au fisc 171 ducats ; mais il lui restera seize cents brebis vivantes à placer hors de la location, et elles lui coûteront dans les herbages particuliers au moins 1,280 ducats ; en sorte que celui-ci, pour nourrir ses deux mille brebis, dépensera au moins 1,451 ducats.

Enfin le dernier, qui ne possède pas une seule brebis dans la Pouille, mais qui en a cependant déclaré cinquante mille, a acquis un droit sur la location pour une quantité de pâturage proportionnée à la dixième partie de ce nombre de brebis, c'est-à-dire qu'il peut y placer cinq mille de ces animaux. Il traite alors avec les autres locataires ; il leur fait payer d'abord la somme considérable qu'il doit au fisc, et s'en fait donner en outre une très forte pour prix de la concession qu'il leur fait de son droit sur l'herbage, où il n'a pas de brebis à placer. C'est là une espèce de rançonnement qui s'exerce en vertu de la loi et sous sa protection.

Le premier locataire pour nourrir ses mille brebis aura donc à dépenser. . . . . 420 ducats.

Le second pour un troupeau du
même nombre de têtes dépensera . . 612

Le troisième pour ses deux mille
brebis 1451

Et le quatrième enfin, sans posséder une seule brebis, s'en retournera
avec un gain considérable acquis par
la ruine des autres.

Si l'on compare ensuite le sort d'un
individu de cette location avec le sort
d'un locataire d'une autre location,
qui aura fait une déclaration conforme (1) ou peu supérieure à son effectif, on trouvera une différence plus
étonnante encore ; car, d'une part, un
locataire pour placer deux mille brebis aura dépensé. 1451
et dans l'autre location, il n'en aura
coûté pour le même nombre que . . 264
ou peu davantage.

Le second aura donc eu sur le premier un avantage de plus de 81 pour 100.

Ce calcul, Sire, fondé sur des données certaines
et vérifiées chaque jour dans la Pouille, suffira pour
faire apprécier à V. M. l'inégalité des chances aux-

____

(1) C'est ce qui est arrivé dans la location de *Tre Santi* en 1778
et en 1779, et ce qui devra arriver toutes les fois que les locataires
d'une même location s'entendront bien entre eux.

quelles sont soumis les locataires de votre douane de Foggia, inégalité qui résulte nécessairement du mode actuel de la déclaration volontaire. Ce grave inconvénient seroit détruit par l'adoption du nouveau mode proposé. D'après ce mode, en effet, le prix total du fermage de l'Échiquier seroit, comme nous l'avons fait remarquer, réparti entre les diverses locations dans la proportion de leur valeur effective et relative; et l'herbage de chaque location seroit réparti entre les locataires dans la proportion du nombre effectif et relatif de leurs brebis. Chaque locataire dès-lors n'auroit à supporter qu'une charge proportionnée à sa part dans le bénéfice de la location.

§. IV. Quatrième inconvénient du mode actuel. — Mortalité des bergers et des troupeaux.

Ici se présente une conséquence plus funeste encore du mode actuellement suivi. Nous avons dit que les pâturages de l'Échiquier sont envahis avant d'être répartis, et que les bergers ne peuvent y construire de cabanes pour eux ni d'abris pour leurs troupeaux, jusqu'à ce que le terrain qu'ils doivent occuper leur ait été assigné. Il en résulte que les bergers et les troupeaux restent exposés, depuis le commencement de novembre jusqu'à la fin de décembre, à toutes les intempéries de l'air, et privés des commodités et des abris nécessaires pour garantir les uns et les autres des maladies et de la mort. Ce déplorable état de choses, qui désole tant de familles, qui ruine tant de locataires, qui couvre de deuil chaque année les villages de l'Abruzze, et coûte tant de larmes à la portion la plus négligée et la plus laborieuse de vos sujets, trouveroit un re-mède dans le nouveau mode. Chaque berger, étant assuré pour six ans de la jouissance du pâturage qui lui seroit échu, pourroit s'y établir convenablement, et y construire à l'avance les cabanes et les abris né-cessaires au bien-être des pâtres et à la prospérité des troupeaux.

§. V. Cinquième inconvénient du mode actuel. —Atteinte à la dignité souveraine.

Un roi, père du peuple, édifie par ses vertus les sujets de son empire, il est pour eux une providence dans tous leurs besoins, il les protége de sa justice impartiale et vigilante ; et cependant les vices des lois qu'il n'a pas faites, les abus de l'administration qui n'y ont pas été introduits par lui, le faux zéle de quelques ministres qu'il n'a pu pénétrer, obscurcis-sent souvent sa gloire dans les provinces, compro-mettent sa dignité, et finiroient par rendre son nom odieux, si les vertus d'un roi pouvoient être igno-rées dans quelque partie de ses états.

Sire, cet attentat à la dignité souveraine n'est, en aucun lieu de vos domaines, commis plus fréquem-ment que dans la Pouille. Si l'on en excepte quel-ques hommes fidéles aux principes de la plus sé-vère morale, les agens de la douane, pour prévenir la fraude des locataires, s'en rendent eux-mêmes coupables au nom de V. M. Tout ce que la cupidité peut suggérer à un marchand rusé et de mauvaise foi a été pratiqué, et se pratique aujourd'hui plus que jamais, parmi ces agens, pour obtenir une déclaration élevée et augmenter par-là les profits du fisc. Il est vrai que, sans un tel subterfuge, le revenu de la douane diminueroit considérablement ; mais une semblable considération, loin de légitimer leur conduite, ne fait que mettre dans un plus grand jour le vice du système actuel. Celui qu'on propose pour le remplacer, en assurant également les justes droits de V. M., lui épargneroit la honte et les regrets que doit inspirer l'emploi de si odieux moyens. Il n'y auroit plus lieu à aucune intrigue, à aucune fraude, lorsque V. M. auroit dit aux locataires : L'herbage de l'Échiquier m'a rapporté telle somme pendant les six dernières années ; j'exige qu'il en rapporte autant pendant les six années suivantes, etc. Ce contrat seroit public, manifeste, clair ; on n'auroit à craindre aucune collusion, ni aucune fraude à commettre pour s'en garantir. La seule abolition d'un semblable abus suffiroit pour rendre précieux le nouveau mode, lors même qu'il ne devroit pas remédier à tous les autres inconvénients de l'ancien.

§. VI. Avantages du nouveau mode.

Il me semble qu'on peut considérer comme le plus important des avantages offerts par le mode proposé, la voie qu'il ouvriroit à l'arrentement de l'Échiquier. Cette mesure a déjà été projetée plusieurs fois; mais V. M. a cru devoir renoncer à son exécution, dans la crainte de fermer à l'Abruzze cet asile accoutumé de ses troupeaux, et de rendre impossible pour ses habitants une acquisition dont les riches se seroien temparés exclusivement. Or, ce danger n'existeroit plus, si l'arrentement étoit amené par un bail de six ans. L'Échiquier seroit alors réparti indistinctement entre les pauvres et les riches, entre les habitants de l'Abruzze et ceux de la Pouille; car dès l'instant que le contrat de fermage seroit converti en un contrat d'arrentement, les individus qui auroient part à ce dernier seroient les mêmes qui auroient eu part au précédent. V. M. n'auroit alors autre chose à faire que de transiger avec les propriétaires des herbages d'été, d'abolir toutes les lois prohibitives qui existent aujourd'hui dans la Pouille, où chacun a le droit de faire de son terrain ce qu'il veut, d'en transférer la propriété entière aux nouveaux concessionnaires; et les salutaires effets de cette mesure seroient, sans aucun doute, d'abord un accroissement de population dans la Pouille, et ensuite l'amélioration de son climat.

Le nouveau mode auroit en outre l'avantage d'assurer à V. M. un produit, non seulement égal à celui qu'ont donné les six années les plus abondantes jusqu'à ce jour, mais qui excéderoit encore ce dernier au moins de 34 mille ducats par an (1).

____

(1) D'après le plan sur lequel le conseil a décidé qu'on devra régler la quotité du contrat, le fisc percevroit vingt et un mille

Ce produit s'accroîtroit encore d'une somme con-sidérable, si V. M. daignoit accorder aux locataires la faveur qu'ils ont sollicitée par l'organe de leurs députés, d'avoir dix mille nouvelles mesures de sel, à raison de 14 carlins par mesure. Aujourd'hui les locataires n'achètent point ce sel, ou ne l'achètent qu'en contrebande. Dans les deux cas V. M. ne le vend pas. Ce seroit donc 14 mille ducats que ce bienfait accordé aux locataires ajouteroit au revenu produit par les pâturages.

§. VII. Inconvénients attribués au mode proposé.

1° On a prétendu que la répartition durable de l'Échiquier, ne laissant point aux locataires la liberté de choisir la qualité ni la quantité d'herbage que réclame la nature variable de leur industrie, une telle mesure seroit moins favorable que nuisible à cette industrie et aux intérêts de ceux qui l'exercent. Nous répondrons à cette objection que les locataires connoissent sans doute leurs besoins mieux que personne, et que ce sont eux qui ont demandé à V. M. que l'Échiquier fût affermé pour six années. Nous ajouterons que, si les besoins d'un locataire sont susceptibles de variations, il en est de même de ceux d'un autre; que si l'un a en abondance une qualité d'herbe qui lui est inutile, et manque de celle qui lui seroit nécessaire, la même chose aura lieu

---

ducats de plus, outre le produit de la distribution, qui, à ce que je crois, s'élèveroit à plus de treize mille ducats annuellement.

en sens inverse chez le second, et qu'alors il pourra s'opérer entre eux un échange, soit de brebis, soit de pâturage.

Relativement à la quantité, de deux choses l'une, ou la population s'accroît simultanément dans tous les troupeaux, ou bien elle diminue dans les uns tandis qu'elle augmente dans les autres. Dans le premier cas, quel que soit le mode suivi, il n'y a qu'un seul parti à prendre, celui de faire émigrer ou d'envoyer à la boucherie les brebis pour lesquelles on manque de pâturages ; dans le second cas, les locataires dont les troupeaux se seront accrus, ou achèteront l'herbage de ceux qui auront éprouvé l'effet contraire, ou bien leur vendront l'excédant de brebis dont ils seront embarrassés. La nécessité de vendre et celle d'acheter étant également impérieuses, l'équilibre se rétablira de lui-même, pourvu que le gouvernement ne s'en mêle pas.

2° Une seconde objection a été faite relativement à la répartition des pâturages entre les locataires. Mais l'auteur de cette objection se seroit assurément dispensé de la produire, s'il eût eu connoissance des moyens adoptés à cet égard par le conseil. Ces moyens sont développés dans le rapport qui a été soumis à V. M. par le conseil suprême des finances. Je crois dès-lors ne devoir pas insister ici sur ce point.

§. dernier.

Il ne me reste qu'une chose à ajouter aux réflexions qui précédent, pour faire connoître à V. M. mon opinion tout entière, avec la confiance que m'inspire sa justice, et avec la franchise que me commandent mes principes et mon devoir. L'idée d'affermer pour six ans l'Échiquier a été insinuée aux locataires par ordre de V. M.; ils ont demandé avec instances l'adoption de cette mesure, dans une assemblée spéciale convoquée par ordre de V. M., et tenue en présence de ses ministres. On a fait connoître à cette assemblée les conditions que V. M. mettoit à cette concession. Par ordre de votre V. M. des députés ont été nommés dans cette même assemblée pour traiter au nom de la communauté des locataires; plusieurs piéces revêtues de l'auguste nom de V. M. ne laissent aucun doute sur la résolution prise en faveur de ce projet. Après s'être avancée aussi loin, je ne vois qu'un seul cas où il fût possible à V. M. de reculer sans compromettre sa dignité souveraine; c'est celui où les locataires eux-mêmes refuseroient de recevoir les conditions imposées en son nom.

Voilà ce que j'ai cru de mon devoir de soumettre à V. M., en exécution des ordres qu'elle a daigné me donner. Je me prosterne à ses pieds, et suis avec le plus profond respect,

SIRE,

De V. M.,

le très fidéle sujet,
GAETAN FILANGIERI.

Naples, le 30 mars 1788.

LETTRE

Du chevalier G. Filangieri au marquis D. T.

Mon cher ami,

J'éprouve le regret de ne pouvoir vous envoyer l'ouvrage de Playfair, que vous me demandez avec tant d'empressement. Il y a plus d'un mois que je l'ai rendu à M. Hamilton. Je tâcherai de me le procurer de nouveau ; mais en attendant, je vous envoie pour satisfaire votre curiosité l'extrait que j'en ai fait pour mon usage. Ce livre est écrit dans des principes sains d'économie publique. S'il s'y trouve un défaut, c'est, selon moi, que l'auteur, après avoir dépeint des plus sombres couleurs les conséquences possibles de la dette de la Grande-Bretagne, conclut en approuvant le fonds d'amortissement d'un million de livres sterling établi l'an passé par le parlement britannique, et dont nous nous sommes longuement entretenus, vous, P..., et moi, un soir de l'hiver dernier. Je n'ai pu comprendre le sens d'un raisonnement aussi étrange. Quoi qu'il puisse dire, je n'en suis pas moins demeuré ferme dans mon idée, et je persiste à croire que ce nouveau fonds d'amortissement n'a d'autre objet que de faire illusion au peuple, et d'augmenter l'influence du gouvernement. Si les administrations précédentes ont prodigué, en toute occasion, l'héritage de la postérité, comment peut-on espérer que les administrations à venir soient plus économes des trésors qui seront dans leurs mains? Qu'une guerre éclate, et le fonds d'amortissement sera le premier sacrifié aux besoins de l'état.

Pour vous procurer un autre sujet de méditations relatif au même objet, j'ai fait transcrire de mes cahiers un article intéressant, extrait des observations de Richard Price sur l'importance de la guerre dAmérique. Vous le trouverez ci-joint.

Adieu, mon cher ami; quittez pour quelques jours la capitale, et venez me les consacrer. Ma santé n'est pas très bonne; celles de ma femme et de mes enfants sont excellentes. Robert est une rose. Venez, j'ai mille choses à vous dire. Je suis avec un inviolable attachement,

Votre dévoué,

FILANGIERI.

Vico-Equense, 14 juin 1788.

EXTRAIT

De l'écrit de G. Playfair sur la dette nationale de la Grande-Bretagne (1), adressé par le chevalier G. Filangieri au marquis D. T.

Il étoit un usage constamment suivi chez les nations anciennes, celui d'amasser pendant la paix des richesses dans le trésor public, pour servir en temps convenable de moyen de conquête ou de défense. Dans le court intervalle, qui s'écoula entre la guerre de Perse et celle du Péloponnèse, les Athéniens réunirent dans la citadelle plus de dix mille talents. Appien d'Alexandrie, qui avoit compulsé les registres publics, assure que les trésors recueillis par les Ptolomées montoient à plus de sept cent quarante mille talents, qui équivalent à deux cent mille livres sterling. Les historiens de l'antiquité nous ont laissé une description des immenses richesses dont Alexandre s'empara à la prise de Suse et d'Ecbatane, et dont une partie y avoit été conservée depuis le temps de Cyrus. Les Lacédémoniens, auxquels leurs lois défendoient d'amasser du numéraire, avoient néanmoins un trésor public d'une richesse extrême. Les anciennes républiques des Gaules elles-mêmes tenoient en réserve, selon le rapport de Strabon, des sommes immenses. Jules-César, lorsqu'il entra dans Rome à l'époque des guerres civiles, y trouva des trésors considérables; et les

---

(1) An Essay on the national debt. — London, 1787.

empereurs qui lui succédèrent, et qui écoutèrent la voix de la sagesse, donnèrent l'exemple d'une économie prudente, et conservèrent toujours en réserve une certaine quantité de numéraire pour subvenir aux besoins imprévus de l'état.

Mais, dans les temps modernes, tout a changé de face. Au lieu d'amasser des trésors pour l'avenir, les nations européennes ont adopté l'usage de dissiper les revenus publics, et de léguer à la postérité les dettes contractées par ses devanciers. Le siècle présent suit l'exemple de celui qui l'a précédé ; et la nécessité est enfin venue nous imposer l'obligation d'engager jusqu'au fonds de la propriété nationale, et de dissiper le patrimoine de nos successeurs après avoir dévoré le revenu qu'il produisoit.

Il ne faut pas un grand effort de raison pour comprendre les funestes et inévitables conséquences qui doivent résulter de ce système politique, puisque l'analogie qui existe entre les individus est la même que celle qui existe entre les états, lorsque les uns ou les autres se trouvent sur le point d'une faillite.

Indépendamment de cette observation et de ce raisonnement, l'expérience du passé devroit suffire pour nous convaincre, que les divers états, qui en sont venus à hypothéquer le revenu public, ont été successivement ruinés par cette mesure. Ce sont les républiques d'Italie qui en ont offert le premier exemple, et ont opéré de cette manière leur propre ruine. Gênes et Venise, les seules qui aient conservé une existence indépendante, s'en sont au moins trouvées considérablement affoiblies. L'Espagne a suivi cet exemple donné par les républiques d'Italie; et, malgré la force dont la nature l'a douée, elle s'est affoiblie par là d'autant plus que la forme et la répartition de ses impôts ont été plus vicieuses. La dette nationale de ce royaume s'étoit accrue à un énorme degré vers la fin du seizième siècle, cent ans avant qu'une dette publique commençât à exister en Angleterre. La France, malgré la fertilité de son sol et les ressources prodigieuses qu'elle tient de la nature, gémit aujourd'hui sous un poids semblable. La république des États-Unis n'est pas moins accablée et affoiblie par ses dettes que ne le sont Gênes et Venise. La Grande-Bretagne enfin, quoiqu'elle ait commencé plus tard, n'a pas fait des progrès moins rapides dans cette carrière qui doit mener en résultat à leur ruine toutes les grandes nations de l'Europe.

La dette publique de l'Angleterre, et la méthode funeste d'hypothéquer le revenu public, ont pris naissance au temps de la révolution, et donnent lieu de douter si le malheur qui doit en résulter pour l'état ne balance pas le bienfait même de cette révolution. Ce ne fut pas la nécessité du moment qui fit recourir à ce moyen; ce fut un plan régulier de politique, emprunté à la Hollande, pour attacher les individus au nouveau système de gouvernement qui suivit l'abdication du roi Jacques. A la conclusion de la guerre, qui commença l'année de la révolution et se termina par le traité de Riswich en 1697, la dette de la Grande-Bretagne, hypothéquée et non hypothéquée, s'élevoit à vingt millions et demi. Mais comme la majeure partie de cette dette avoit été contractée moyennant de petites anticipations et sur des rentes viagères, cinq millions furent acquittés en moins de quatre ans; et cette restitution est la plus forte qu'on ait vu opérer dans un si court délai.

Pendant la guerre qui commença en 1702, la dette publique s'accrut de plus en plus; et au traité d'Utrecht, elle montoit à cinquante-trois millions six cent quatre-vingt-un mille livres sterling. Dans la durée d'une paix profonde de dix-sept ans, il n'en fut remboursé que huit millions.

A la fin de la guerre avec l'Espagne et la France, qui commença en 1739 et se termina en décembre 1748, la dette nationale s'élevoit à soixante-dix-huit millions deux cent quatre-vingt-treize mille livres sterling; elle monta, pendant la guerre qui éclata en 1755, jusqu'à cent trente-neuf millions cinq cent mille livres sterling. Sept années de paix suivirent, et il n'y eut dans cet intervalle que huit millions de remboursés. Vint ensuite la guerre d'Amérique, qui dura sept ans, pendant lesquels on contracta une nouvelle dette de cent vingt millions.

Ce tableau fidéle de l'origine et des progrès de la dette nationale conduit l'auteur à juger de ce qui doit arriver par ce qui est arrivé déja. Dans toutes les guerres qui ont eu lieu depuis la révolution, les dépenses ont été progressivement plus considérables, tandis que les remboursements en temps de paix ont diminué de plus en plus. Il est très probable que les guerres futures seront encore plus dis-

pendieuses. Pour que la Grande-Bretagne puisse
continuer de prendre part dans le système politique
de l'Europe ; pour qu'elle puisse conserver des pos-
sessions lointaines, un empire en Asie, des établissements dans les Indes orientales, on ne sauroit
évaluer à moins de douze millions de livres sterling
par an les opérations de la guerre sur un théâtre
aussi étendu.

Or, comme les guerres, de quelque manière qu'elles
commencent, finissent toujours par favoriser les intérêts de quelques individus, il est bien rare qu'elles
se terminent dans une période de moins de six ou
sept ans. Il est donc très probable que, si le feu de la
guerre se rallumoit, l'Angleterre ne pourroit se dispenser de contracter une nouvelle dette de soixante-
dix ou quatre-vingts millions.

Voici comment l'auteur développe la manière
dont un accroissement de dette publique affecte la
nation, et les conséquences probables qui doivent
en résulter.

« Peut-être, dit-il, le meilleur moyen de recon-
« noître comment la dette publique affecte la nation
« seroit-il de considérer le peuple en général comme
« partagé en deux classes, l'une composée d'hommes
« industrieux, l'autre d'hommes oisifs. Chaque aug-
« mentation de la dette produit d'elle-même une
« augmentation du nombre des oisifs, qui vivent du
« travail et aux dépens de la classe industrieuse. Tant
« que la proportion entre ces deux classes est telle
« que la charge imposée à l'industrie ne soit pas trop
« pesante, cette charge même peut devenir pour elle

« un utile stimulant; mais si cette proportion indi-
« quée par la nature des choses est dépassée, l'indus-
« trie sera opprimée, le commerce avec l'étranger
« sera entravé, l'aisance fera place à la misère, et
« nous ne serons plus qu'une nation sans industrie,
« sans force, et sans considération en Europe.

« Ce malheur est sans doute le plus terrible de
« tous ceux que peut amener l'énormité de la dette
« nationale; il est par cela même le dernier que nous
« ayons à redouter. Une révolution dans le gouver-
« nement est l'événement le plus vraisemblable au-
« quel l'excès des charges puisse donner lieu. Aus-
« sitôt en effet que la destruction se manifestera par
« quelques ruines, la classe industrieuse et celle du
« bas peuple en ressentiront le plus fort ébranle-
« ment; et comme ces classes sont en Angleterre,
« ainsi que par-tout ailleurs, les plus nombreuses,
« elles sont aussi, quand elles le veulent, les plus
« fortes. Lorsqu'elles se sentiront près de succomber
« sous un poids qu'elles n'auront plus la force de
« supporter, il est probable qu'elles refuseront de
« payer les intérêts d'une dette exorbitante qu'elles
« n'ont pas contractée, et qui cependant les écrase
« en épargnant les oisifs et les consommateurs sans
« industrie.

« L'idée d'une égalité absolue des rangs, quoique
« repoussée comme une chimère par tous les hommes
« d'un sens droit, n'a cependant jamais été entière-
« ment effacée de l'esprit humain. Elle est la pre-
« mière base sur laquelle reposent les idées du bien,
« du mal, et de la liberté; elle est un frein pour le

« pouvoir, et lui dit, au moins en Angleterre : Tu peux
« aller jusqu'à ce point, et pas au-delà ; elle inspire
« aux hommes l'horreur qu'ils ressentent de tout ce
« qui leur paroît injuste ; c'est à elle enfin que nous
« sommes redevables de la constitution libérale dont
« nous jouissons.

« C'est assurément un devoir et une justice d'ac-
« quitter les dettes contractées par nos pères ; mais
« cette obligation ne peut s'étendre qu'aux dettes qui
« se trouvent balancées par l'héritage que nos pères
« nous ont laissé, soit en richesse, soit en liberté. La
« justice ne sauroit faire une loi d'acquitter celles
« qui sortent de cette limite. Quoique l'habitude
« fasse supporter aux hommes des charges qu'il se-
« roit naturel de chercher à secouer, le pouvoir de
« cette habitude a cependant des bornes qu'on ne
« peut franchir sans qu'aussitôt les premiers prin-
« cipes et le sentiment de la justice ne reprennent le
« dessus. Ainsi, nous avons hérité de la liberté de nos
« pères, et le dernier des citoyens a sa part dans cet
« héritage ; mais c'est là tout son patrimoine. Cepen-
« dant le fruit de ses travaux, de ses fatigues, de la
« sueur de son front, a été engagé avant sa nais-
« sance. Il entre dans un monde où il voit d'autres
« hommes vivre au sein des commodités et de l'a-
« bondance dont il est privé. Il ne possède pas un
« pouce de ces plaines fertiles qui l'environnent, pas
« un morceau du pain qu'elles produisent. Les pei-
« nes, les veilles, les soins, forment son partage ;
« mais le produit de son travail ne lui appartient
« pas. Le désordre du temps passé l'a chargé de

« dettes, et il n'a pas même la consolation de penser
« que ces dettes ont été contractées pour acheter et
« pour lui léguer la liberté. Avant que ces dettes
« existassent, la constitution avoit été établie par les
« défenseurs de la patrie dans le siécle dernier. Ce
« sont eux qui l'ont transmise à leur postérité comme
« un patrimoine libre de toute charge. Aujourd'hui
« ce n'est pas à l'administration de la justice, ce
« n'est pas au soutien de l'état que doit être em-
« ployé presque tout le produit de l'industrie natio-
« nale, c'est à l'entretien d'une nouvelle espéce
« d'hommes qui ont une propriété idéale dans les
« fonds, d'hommes qui sans être la portion la plus
« utile du genre humain en sont cependant les plus
« opulents, d'hommes enfin qui jouissent sans soins
« et sans peine de toutes les faveurs de la fortune.

« Quels que soient les raisonnements et les sub-
« tilités de l'esprit et de l'intérêt particulier; quelle
« que soit la manière dont la dette nationale agit sur
« certaines classes de la société, il est constant qu'elle
« affectera toujours exclusivement les cultivateurs et
« les habitants des campagnes, de qui les bras pro-
« duisent cette opulence à laquelle ils n'ont que la
« plus petite part, et qui, quoique réduits à la con-
« dition la plus servile dans la nation, sont cepen-
« dant les plus nombreux, les plus puissants, et le
« plus en état de faire la loi quand ils le voudront.

« Nous avons vu, dans le court espace de sept ans
« environ, l'industrie taxée dans notre pays à plus
« de dix-neuf mille livres sterling par chaque jour-
« née de travail, et cinquante ans devront passer

« avant qu'elle soit soulagée d'un aussi énorme poids.

« Avant ce temps, le plus grand nombre de ceux
« qui travaillent aujourd'hui auront fermé les yeux.
« Comme une longue période doit s'écouler avant
« que nous puissions rembourser les dettes qui sont
« déja contractées, il y a tout lieu de croire que,
« dans cet intervalle, nous serons obligés d'en con-
« tracter de nouvelles, et que par conséquent nos
« charges ne peuvent qu'augmenter. Or, si elles con-
« tinuent de s'accroître progressivement pendant cin-
« quante années, le moment où notre patience sera
« tout-à-fait lassée arrivera avant le secours qu'on
« attend du fonds d'amortissement. Alors naîtront
« l'anarchie et la confusion ; alors le gouvernement
« actuel et l'autorité du parlement devront s'écrou-
« ler avec la fortune publique. Lorsqu'un fardeau
« devient incessamment plus pesant, il faut que celui
« qui le porte s'en débarrasse ou qu'il y succombe. »

Article sur la dette nationale, extrait de l'ouvrage de Richard Price,
intitulé : *Observations sur l'importance de la révolution d'Amérique, et sur les moyens de la rendre utile au monde.*

Il paroît évident que le premier objet qui doit
occuper les États-Unis est l'extinction de leur dette
nationale. Leur crédit vient de naître. S'ils ne le conservent pas, s'ils ne l'étendent pas, il doit inévita-
blement tomber, et avec lui leur réputation et leur
honneur national.

Heureusement il est facile de le maintenir. Les

Américains ont de grandes ressources intérieures et
territoriales dans un vaste continent, qui possède
tous les avantages du sol et du climat, et qui renferme une grande étendue de terres non encore concédées. Les établissements s'y multiplieront et aug-
menteront de valeur avec rapidité. Si les États-Unis
en disposent en faveur des troupes et des émigrés,
la dette nationale ne tardera pas à s'éteindre en
grande partie; mais, à défaut même de cette ressource, ils peuvent supporter des impôts assez forts
pour l'amortir graduellement. En supposant que leur
dette s'élève à neuf millions de livres sterling, portant un intérêt de cinq et demi pour cent, un impôt
d'un million suffiroit pour payer cet intérêt, et pour
faire entrer chaque année un demi-million dans une
caisse d'amortissement, au moyen de laquelle le capital seroit remboursé en quinze ans. Un excédant
d'un quart de million produiroit le même résultat
en vingt ans et demi. Le capital une fois amorti,
l'impôt ne seroit plus nécessaire, et l'on pourroit en
diminuer la quotité, car il seroit imprudent de le
supprimer entièrement. Cent mille livres sterling ré-
servées annuellement, et religieusement employées
à défricher les terres non concédées et à quelques
autres améliorations, deviendroient en peu de temps
un trésor, ou plutôt un patrimoine continental, qui
pourroit suffire à toutes les dépenses de la confédé-
ration, et préserver à jamais chaque état de dettes
et de taxes (1).

____

(1) Les terres, les forêts, les rentes, etc., qui composoient le re-

Un fonds de cette nature, en supposant qu'on le fît valoir à cinq pour cent, formeroit un capital de trois millions sterling en dix-neuf ans, de trente millions en cinquante-sept ans, de cent millions en quatre-vingt-un ans, de deux cent soixante-un millions en un siécle. Et si l'on parvenoit à lui faire produire un intérêt de dix pour cent, il s'éléveroit à cinq millions en dix-neuf ans, à cent millions en quarante-neuf ans, à dix mille millions en quatre-vingt-dix-sept ans.

Il est inconcevable qu'on ne puisse pas citer un seul gouvernement qui ait songé à un moyen aussi simple d'accroître sa grandeur et ses richesses. Le plus petit fonds d'amortissement, s'il est fidélement respecté, influe sur l'extinction des dettes, comme l'intérêt de l'intérêt sur l'accroissement du capital dans le commerce de l'argent. Une semblable réserve est donc une spéculation de la plus haute importance (1).

Mais si le gouvernement se permet de changer la

---

venu de la couronne d'Angleterre, suffisoient à la majeure partie des dépenses du gouvernement. Il est heureux pour la Grande-Bretagne que ce domaine ait été aliéné par l'administration angloise, car il eût favorisé d'une manière redoutable l'indépendance de la couronne. En Amérique, au contraire, un semblable domaine deviendroit une propriété continentale, qui pourroit être utilement employée à la prospérité commune sous la direction des représentants du peuple.

(1) Un sou placé à cinq pour cent à l'époque de l'ère chrétienne, et calculé avec l'intérêt de l'intérêt, auroit produit aujourd'hui une somme supérieure à celle que représenteroient deux cents millions de globes d'or massif de la grosseur de la terre; mais calculé avec

destination de ces fonds, tout est perdu. L'Angleterre en offre un triste exemple. Les fonds de la caisse d'amortissement, autrefois l'espérance du royaume, ont été aliénés et sont devenus sans fruits pour l'état. S'ils eussent été employés à leur véritable destination, ils eussent ajouté en 1775 plus de cinq millions par an au revenu public. Loin de là, la nation à cette époque étoit écrasée sous une dette de cent trente-sept millions, qui portoit un intérêt de quatre millions et demi environ, et qui ne laissoit au revenu de l'état qu'un foible et insuffisant excédant. Cette dette s'est accrue depuis jusqu'à la somme de deux cent quatre-vingts millions, qui porte un intérêt de neuf millions et demi, si l'on y comprend les frais d'administration. Quelle faute !

Si l'on ne prend des mesures efficaces pour diminuer l'énormité de cette dette, et pour calmer les inquiétudes de la nation, il doit en résulter tôt ou tard, mais infailliblement, une horrible catastrophe.

Qu'un exemple si frappant serve au moins de leçon aux États-Unis ! Leur dette actuelle n'est pas très considérable. Une caisse d'amortissement religieusement respectée peut l'amortir promptement, et devenir ensuite une ressource assurée dans les circonstances les plus importantes. Qu'on établisse ce fonds, qu'il soit comme l'arche sainte à laquelle

---

le simple intérêt, il n'auroit produit que cinq schellings et six sous. Les gouvernements qui aliènent les fonds destinés aux remboursements, sacrifient pour faire fructifier leur argent le premier au second de ces résultats.

il n'étoit pas permis de toucher, et il protégera les Américains comme elle protégeoit les Hébreux. Les ressources que nous proposons de créer doivent préserver pour toujours l'Amérique d'un accroissement de dette publique, et par conséquent des impôts et des charges nécessaires pour faire face à cette dette; maladie mortelle qui menace d'une ruine prochaine un grand nombre des états de l'Europe.

FIN DES OPUSCULES ET DU TOME CINQUIÈME.

TABLE

DES MATIÈRES ET DES CHAPITRES

CONTENUS DANS CE VOLUME.

—

SUITE DU LIVRE QUATRIÈME.

Des lois relatives à l'éducation, aux mœurs, et à l'instruction publique.

TROISIÈME PARTIE.

Des lois relatives à l'instruction publique.

LIVRE CINQUIÈME.

Des lois qui concernent la religion.

OPUSCULES INÉDITS.

PREMIÈRE PARTIE.

SECONDE PARTIE.

OPINION

FIN DE LA TABLE DU TOME CINQUIÈME.

TABLE

Des chapitres qui devoient former la deuxième partie du
livre cinquième de la *Science de la législation*, et que la
mort n'a pas laissé à l'auteur le temps de composer.

———

9 782329 426167